経営
換

ル経済と日本企業の挑戦

GMS IN
L CORPORATE

NOMY AND
ES

補充注文カード

定価 1,890円（税率5%）

帳合先

年 月 日

特約店名

10/13 ①

部数	冊
発行所	九州大学出版会
書名	国際企業経営の大転換
著者	永池 克明
定価	1,890円（5%税込）（本体1,800円）

9784798500508
ISBN978-4-7985-0050-8
C1034 ¥1800E

売上カード

九州大学出版会

国際企業経営の大転換

定価
1,890円(5%税込)
(本体1,800円)

売上　月　日

注文　月　日

貴店名

永池克明［著］
Katsuaki Nagaike

国際企業経営の大転換

激動するグローバル経済と日本企業の挑戦

NEW PARADIGMS IN INTERNATIONAL CORPORATE MANAGEMENT

THE RAPIDLY CHANGING GLOBAL ECONOMY AND THE CHALLENGES OF JAPANESE COMPANIES

九州大学出版会

はじめに

筆者は二〇〇八年三月に『グローバル経営の新潮流とアジア――新しいビジネス戦略の創造――』（九州大学出版会）を刊行した。その内容は二〇〇〇年ごろから世界で起きつつあるグローバリゼーションの新しい潮流をテーマにしている。ところで、これまでのグローバリゼーションに関する議論を大きく整理すると、対照的な二つの流れがある。一つは、地球の有限性にもとづいてその慎重な取り扱いを訴える視点。もう一つは輸送手段や情報・通信の技術進歩に着目し、スピードと地球レベルの効率的意思決定の推進やマネジメントの変革の推進を図るといった視点である。前者がサミット会場を包囲する環境保護団体や世界の食糧危機や貧富の差を訴える博愛的な活動に代表され、グローバリゼーションを否定的にみる。後者の典型は国境を越え世界市場でビジネスを展開する代表的な欧米、日本、アジアの多国籍企業の戦略展開であり、地球規模のマネジメントに代表される。

前著および本書の立場は、後者の部類に入る。そして本書の領域は単なる経営の効率的意思決定や運営だけでなく、それを超えた国や個人の意識変革、新しい時代に向けての日本の方向付けや、そこを生き抜く個人のための指針にも及んでいる。

さて、企業経営は常に企業環境変化に対応したものでなければならない。しかし、世界の企業環境はここ数年、想定以上のダイナミックな変化を見せた。そのことが、経営の舵取りを一層困難かつ複雑にしている。その変化とは以下のとおりである。

第一に、実物経済を大幅に上回る規模に膨らんだ貨幣経済は国際的投機マネーの暴走を招き、アメリカの低所得者向け住宅ローンの焦げ付きをきっかけに世界の投資銀行など金融機関が連鎖的に経営悪化を来し、リーマン・ブラザーズの破綻で最高潮に達した。それを境に米・欧・日先進国経済は一気に収縮に転じ、二〇〇九年にはマイナス成長となった。

第二に、こうした中、先進国経済の低迷を尻目に、中国、インドをはじめとするアジア、ロシア、ブラジルといった新興国経済が高度成長を持続し、世界経済を牽引する新勢力として存在感を増した。いわば、世界経済の二極分化である。二〇一〇年を境に、世界経済の流れは先進国中心から新興国中心に構造変化を遂げつつある。世界経済の牽引役の欧米からアジアへのシフトが起こっている。また、企業経営もこうした企業環境の変化に応じて大きな変更を余儀なくされている。

第三に、貿易構造の変化が生じている。すなわち、世界貿易の構造が米・欧・日といった先進国の需要を中心にしたものから、アジアや新興国の需要中心への軸足の移動による多極化構造への変化が起こっている。

第四に、貿易構造の相互依存型への変化である。企業の直接投資の増加によって、多国籍企業の事業形態の面で「内部化」、すなわち、海外直接投資による海外子会社設立を中心とした自社中心の海外進出が増加した。そのことは同一企業内、あるいは同一産業内で、一つの製品についてアジア各国で各工程を分担し、それを生産し、輸出・輸入を行うというアジア域内、あるいは世界各地域における産業内貿易、企業内貿易の活発化となって現れている。世界の各地域（アジア地域、ＥＵ、北米地域等）内での業務の工程間分業やアウトソーシングがネットワークで連結され、相互間で部材や中間財の貿易が広がっている。

第五に、グローバリゼーションの進展によって地理的、空間的、時間的距離が短縮化された。その結果、世界各地域間の情報交換の増加、貿易の活発化に伴い、アジア各国地域を中心にいわゆる「中間層」とよばれる、可処分所得に恵まれ、価値観が類似した八〜九億人規模の新しい購買層が出現し、巨大な需要を生み出し始めたこと。

第六に、アジア地域での情報、物流等の拠点（ハブ）機能の獲得を狙う地域間競争、都市間競争が激しくなっていること。

第七に、中国、インド、そしてアジア各国地域の経済的躍進は同時に、エネルギー、資源、食料の大量消費につながり、世界的な需給の逼迫が懸念される。こうした問題をどう解決するかが人類に問われている。

本書執筆中の二〇一一年三月十一日に突如として東日本大震災が起きた。巨大地震と巨大津波は東北地方、関東地方の東海岸を中心に過去最悪の災害をもたらし、東京電力福島原子力発電所の事故はそれに追い討ちをかけている。いわゆる「リーマンショック」以降、日本経済は政治の迷走も加わり景気の低迷と閉塞感を深めている。同時に、この大震災は皮肉にも依存関係を強めつつある世界経済と国際ビジネスのリンケージの中における日本経済の影響力の強さも見せ付けた。世界の製造業のサプライチェーンにとって東日本大震災で被災した日本の素材・部品産業の供給不足は死活問題であり、世界の生産システムがマヒ状態に陥った。このことは今後のグローバルビジネスを考える上で、日本にとってきわめて重要な示唆を与えた。と同時に、世界のグローバル化の波にいかにすばやく乗っていけるかが将来の日本の運命を左右することを教えられた。日本は、大震災が起こる以前から国内経済の潜在成長力は一〜二％程度といわれ、企業は国内市場に固執する限り今後の成長はない。今回の大震災は国内経済に一層の低迷をもたらしている。今後の日本経済、そして日本企業の発展は成長目覚しい東アジアに代表される世界市場でいかにビジネスチャンスを広げられるかにかかっている。

こうした中、ＷＴＯでの一四〇ヵ国を超える加盟国がコンセンサスで進める意思決定方式ではなかなか前に進まない。このため、世界では合意形成が容易な地域統合による市場の囲い込みやＦＴＡの締結による二国間貿易促進などの動きが活発となった。海外にビジネスチャンスを求めることが日本の将来を左右するのにもかかわらず、最近の日本は政治の迷走もあり動きが鈍く、世界から取り残されつつある。ＦＴＡしかり、ＴＰＰ（環太平洋経済連携協定）においてもしかりである。ライバルの韓国は好対照に国と企業が連携し、韓国政府が積極的に開国化にリーダーシップを発揮している。このままでは日本の主要産業は競争優位を失う。日本も視野を世界に拡げ「開国」を急ぐべきである。もはや残された時間は少ない。

本書は第Ⅰ部、第Ⅱ部、第Ⅲ部の構成となっている。第Ⅰ部第一、第二章では、リーマンショック後の世界経済と貿易構造の変化について、新たな問題や現象を描く。第Ⅱ部ではグローバリゼーションの進化と今日の国際分業ネットワーク化の現状を論述している。第Ⅲ部では波動するグローバル経済の現状を踏まえ、国際経営の視点、経営戦略の視点から今後のビジネスの動向と日本企業のとるべき戦略について論及している。

第三章では、グローバリゼーションの意義と現状を国際ビジネスの視点から描いている。科学技術の発展に伴い、地球上の地理的、時間的、空間的距離は限りなく縮小し、現在のビジネスは世界が一つの会議室で議論をするような同時進行的な世界となってきたことを指摘する。そこでは、世界中の経営資源を活用し、その優位性を活用できるようなネットワークが形成され、あたかも世界中の人々が一つのチームのように活動するようになってきた。その輪の中に入ることがその地域の発展につながることを指摘する。

第四章ではグローバリゼーションが数百年にわたって重層的に形成され、現在に至っていることを論じている。十五世紀末の大航海時代、十八世紀の産業革命の時代、そして二十一世紀に入ってから現在までの三つの段階に分けて、その特徴とビジネスの形態の変化を論じる。

第五章では企業の国際化・グローバル化のステップ、国際ビジネス形態の変容、パラダイム転換、そして現在のグローバル経営とその特徴、国際戦略提携とアウトソーシングなどについて論及する。

第六章では、躍進著しいアジア経済と貿易の発展パターンについて論述し、アジアが西欧列強の植民地経済からどのようにして主体性を取り戻し、近代化をなしとげ、産業面で世界経済の一角を占めるまでに進化してきたのかについて論じる。

第七章では東アジアにおける国際分業ネットワークの進展と貿易構造変化を各国地域の地域特性と競争優位性、さらに国際分業ネットワークの中での位置づけを中心に論述する。

第八章では、新興国市場の勃興とビジネスチャンスについて論じる。急速に増大するアジア消費市場の拡大と中間層の所得増加とその需要を狙う日本企業の製品・市場戦略展開について論述する。

第九章では新興国を中心とした新規有望市場の勃興と日本企業にとってのビジネスチャンスについて

論じる。社会インフラビジネス、水資源関連ビジネス、原子力発電等エネルギー関連ビジネス、医療ツーリズムなどを事例にその推進にあたっての成功のカギや産官学連携の重要性を論述する。

第一〇章では、アジアにおける地域間、都市間連携の重要性の増大と同時に一方で地域間・都市間競争の激化も激化していることに触れている。地域が繁栄するためにはハブ獲得競争に勝ちぬかなければならない。地域や都市の繁栄は各地域が何らかの競争優性性を持ち、世界中の市場にどう売り込んでいくか（アウトバウンド）、もしくは、世界中のヒト、モノ、カネ、情報、ノウハウ（経営資源）をどれだけ吸引できるか（インバウンド）にかかっている。

最後に、本書は多くの方々のご支援があって初めて可能となったことを特記しておきたい。筆者が所属してきた大学や学会の先生方、古巣の（株）東芝の方々など多くの方々に感謝したい。また、現所属先の久留米大学商学部からは教育研究振興資金を拠出していただいた。ここに衷心より感謝の意を表したい。最後に、本書の出版にあたっては全体の編集、原稿の校正や装丁など全般にわたってお世話いただいた九州大学出版会の永山俊二氏、古澤言太氏に心から感謝したい。

二〇一一年八月

永池　克明

目次

第Ⅲ部 新興国市場と日本企業の挑戦

第Ⅰ部

リーマンショック後の世界経済と貿易構造の変化

第1章　リーマンショック後の世界経済の構造変化

1　アジアの経済発展と地域内相互依存の進展

1　アジアの経済発展

アジアの経済発展はグローバリゼーションとは無縁ではない。アジアの経済発展は単独でではなく、先進諸国とアジア各国・地域との補完関係の中で進展してきた。アジアの戦後の経済発展は最初に工業化を果たした日本を他の国や地域が追いかける形で進んできた。まず、韓国や台湾など「ＮＩＥｓ（新興工業国群）諸国」が、次にＡＳＥＡＮ（東南アジア諸国連合）が、最後に中国やインドが経済成長を遂げた。雁の編隊が空を飛ぶようなアジア各国の段階的経済発展は「雁行形態的経済発展」といわれるが、アジア各国の急速な経済発展によって、その形は崩れつつある。二〇〇〇年代の平均の経済成長率で日本とアジアは明暗を分ける。日本は〇・七％だが、韓国は四・四％、台湾は三・四％であった。豊かさを示す一人当たりの国内総生産（ＧＤＰ、購買力平価ベース）[1]で、アジアの新興地域が日本を急速に追い上げている。ＩＭＦの世界経済見通し（二〇一〇年）によれば、台湾は二〇一〇年が三五、二二

表1－1　1人当たり購買力平価ベースのGDP

1	カタール	88,558
2	ルクセンブルク	81,383
3	シンガポール	56,521
4	ノルウエー	52,012
5	ブルネイ	48,891
6	アラブ首長国連邦	48,820
7	アメリカ	47,283
⋮	⋮	⋮
21	台湾	35,227
25	日本	33,804
26	韓国	29,835
94	中国	7,518

（注）購買力平価基準 2010 年，単位米ドル
（出典）World Economic Outlook（2011 年 4 月版）

七米ドルと、日本（三三、八〇四米ドル）を上回った。韓国も一〇年間で約一・八倍に増え（二九、八三五米ドル）、日本に肉迫している。円高の影響もあって名目ベースの一人当たりGDPは日本がまだ上だが、生産性の高い製造業が立地するアジアの新興国の生活水準は大幅に向上している。日本は一九九〇年代前半にシンガポールに、二〇〇〇年代に入って香港にも抜かれており、アジア各国・地域が豊かさで次々と追いついてきた。名目ドルベースの一人当たりのGDPでは日本がなお優位に立っている。二〇一〇年には日本の約四一、四〇〇ドルに対して、韓国は半分の約二〇、三〇〇ドル、台湾は約一七、九〇〇ドル。中国は日本の一割に満たない水準である。

実際、サムスン電子やLG電子などは中国やインドなど新興国の需要増にいち早く対応し、安価な商品の開発や販売網の開拓を進めた。台湾もアメリカのIT企業の受託製造拠点を数多く構えている。経済協力開発機構（OECD）は最近の報告書で、長期低迷を続ける日本に代わって、中国やインドがアジア経済を牽引していると指摘した。日本に肩を並べるほどの経済力を身に付けたアジア各国・地域に対して今後、モノの流れを活発化する自由貿易協定（FTA）交渉の加速、相互の投資拡大や企業進

出、そして日本への観光客誘致など豊かさを増すアジアを市場としてどう取り込んでいくかが、将来の日本経済を左右することになろう。

２　グローバリゼーションの進展と相互依存

今日の世界経済や企業経営はグローバリゼーションの進展に伴い国際的な相互依存が極めて高まっている時代である。経済は地球規模でリンケージが形成され、実物経済も貨幣経済も顕著に互いの衝撃を受けやすい状況となっている。二〇〇七年に顕在化したアメリカのサブプライム・ローン問題に端を発した投機資金の混乱は瞬く間に世界の金融システムに影響し、アメリカの投資銀行さらに欧州、そして世界に波及した。いわゆる「リーマンショック(2)」である。世界の裏側で起きた経済・金融面での衝撃が瞬時に世界規模の経済・金融の混乱、そして需要の減退と供給能力の過剰という需給ギャップを拡大させ、世界系規模の経済不況をもたらしたことは記憶に新しい。企業経営においても、世界のあらゆる企業は何らかのかたちで海外とかかわりを持つようになった。多くの企業が原材料の調達、製品の輸入、海外現地生産、海外製品開発等々、様々なかたちで世界とつながっている。海外展開のかたちも、海外企業との戦略提携やライセンス契約、海外企業買収、さらには一〇〇%出資の海外子会社まで色々である。要するに、グローバル経営とは「世界的視野で世界中の市場と顧客を相手にして、世界中のヒト、モノ、カネ、情報、ノウハウといった経営資源を活用して、競争優位を獲得する戦略を実行している経営」である。現在は世界の距離的・時間的・空間的バリアー（障壁）は限りなく縮小し、同時に競争の舞台が平坦に均質化した。すなわち、現在のフラットな世界のプラットホームは世界中の個人が、距離に関係なく世界のどこからでも同じデジタル・コンテンツの共同作業ができるようにした。その中で、多国籍企業は依然としてビジネスの主役である。企業の活動はグローバルにフラット化し、世界中のヒト・モノ・カネ・情報を活用してそれをネットワーク化していく。多くの多国籍企業では、二四時間いつでも全世界のサプライチェーンで重要な役割を果たしている人々とバーチャルな会議を開催できる。現代のビジネスは、三六五日、無休、二四時間体制が時差を利用して可能となっている。世界のグローバル企業は世界市場を単一市場と捉え、付加価値活動（利益を求める経営活動）を幾つかの機能領域において世界規模のオペレーションを標準化し、かつ世界中のオペレーションを統合するマネジメント、といった定義がなされる。

3　リーマンショック後の世界経済：二極分化する世界経済

二〇〇八年に起きたリーマンショック後の世界経済は先進国の不振といわゆる新興国地域とアジア諸国の高成長と大きく二極分化した。最近発表された各種統計をみると、アメリカ、欧州、そして日本経済も二〇〇八年を境に二〇〇九年はマイナス成長に転じ、二〇一〇年は緩やかな回復過程にあるが、その回復力は極めて弱い。株価も大きく落ち込んでいる。その一方、ブラジル、ロシア、インド、中国といったＢＲＩＣｓ諸国や東アジア各国の経済は高い成長を示している。世界経済は二〇一〇年を境目にしてこれまでの欧米主導型の経済から、アジア主導の世界経済に変わっていく可能性が大きくなっている。中でも中国とインドが世界経済を牽引する二つのエンジンになりつつある。最近発表された国際通貨基金（ＩＭＦ）の『二〇一〇年世界経済見通し』によると、経済成長率は世界全体で三・一％程度伸

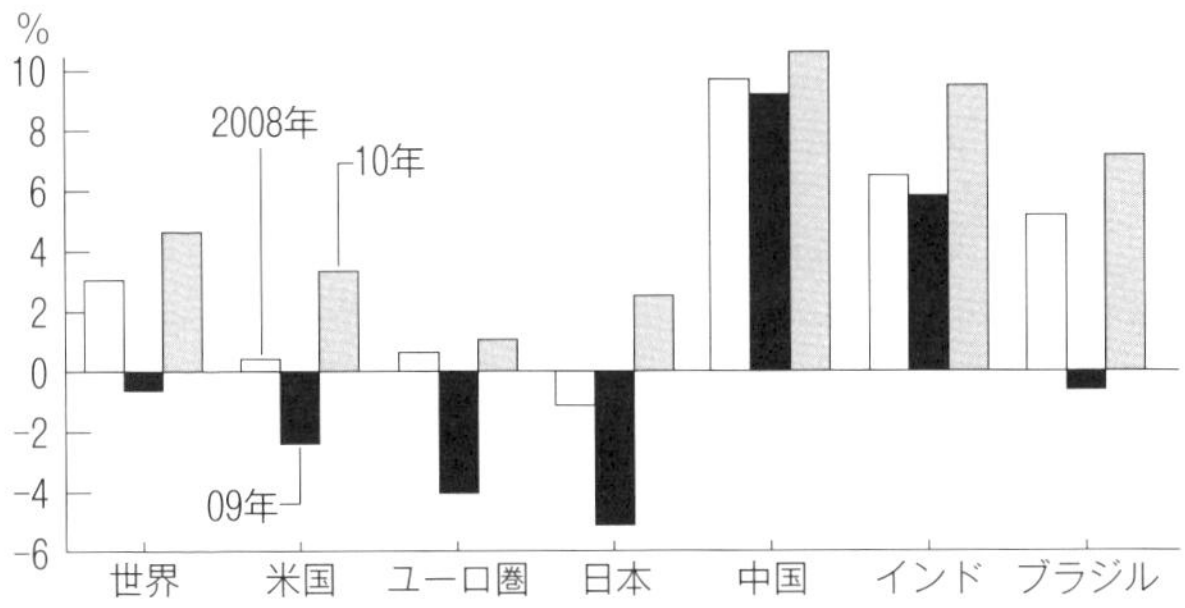

（注）実質 GDP 成長率。IMF 資料より作成。2010 年は見通し

図１－１ リーマンショック後，二極分化した世界経済

びると予想しており、世界経済は二〇〇八年のリーマンショック以降徐々にではあるが緩やかな回復過程にあるといえる。

世界経済全体の成長率三・一％のうち、成長寄与率を見ると、先進国ではアメリカが一・五％、ユーロ圏が〇・三％、日本が一・七％である。それに対して、中国が九・〇％、インドが六・四％ということで、ＢＲＩＣｓの一角であるこの二国が、成長率で日、米、欧を上回る。また、アジア開発銀行は、経済成長率を東アジア全体（中韓台香）で七・三％、東南アジアで四・五％、そしてインドで七・〇％と発表している。

2 アジア消費市場の拡大と中間層の所得増加

1 新興国諸国の離陸とプレゼンスの拡大

アメリカの投資銀行のゴールドマン・サックスが発表した「ブリックスと見る夢――二〇五〇年への夢」[3]というレポートによれば、二〇三九年にはこの四ヵ国の経済規模が主要先進七ヵ国の合計を上回るという驚くべき数字になるという。二〇五〇年の順番では一位中国、二位アメリカ、三位インド、四位

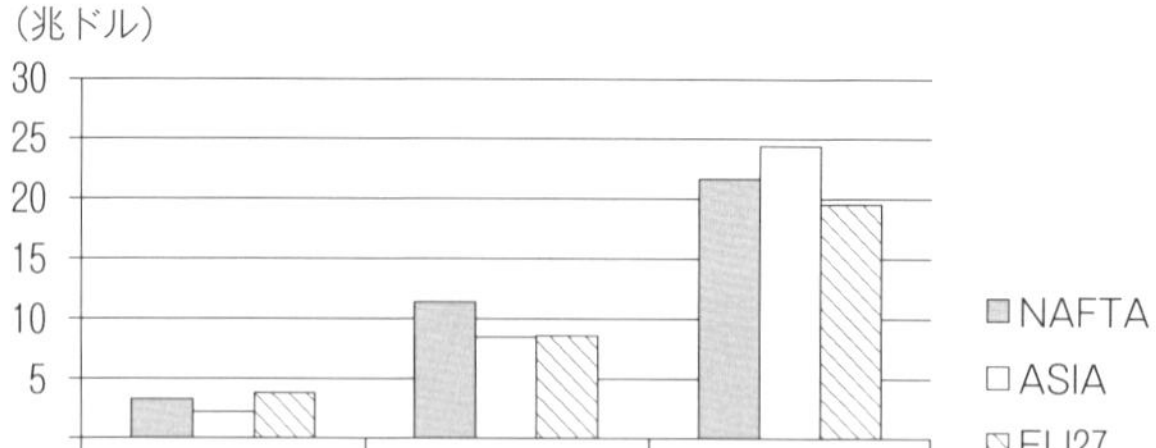

	1980	2000	2015年
NAFTA	3.3	11.3	21.6
ASIA	2.1	8.4	24.4
EU27	3.7	8.5	19.5

（IMF2010，単位：アジアは日本を含む。）
（出典）IMF2010 年経済予測をもとに筆者作成

図 1－2　世界の三極地域名目 GDP の推移

日本、五位ブラジル、六位ロシアと予想している。欧米や日本経済を引っ張る主役はＢＲＩＣｓ諸国であろうと予想される。

ＢＲＩＣｓ諸国の中でも中国、インドは人口も多く、最も有望とみられる。同予測によれば、中国経済は、二〇一六年には日本を凌ぎ、二〇四一年までにはアメリカすらも上回り、世界最大の経済大国となる可能性があるという。インド経済は、二〇三二年までに日本を凌ぎ、アメリカと中国を除くすべての国を超える規模となる可能性がある。現に、中国経済はこの予測よりも六年も早い二〇一〇年にＧＤＰで日本を上回った。

ＢＲＩＣｓ諸国の中でも、これから先、日本とアジアの関係は明らかに変わっていくと予想される。いわゆる新興諸国はＢＲＩＣｓ諸国に続いてベトナム等の国々、さらにアフリカ諸国へと広がりを見せている。

2　アジア消費市場の爆発的拡大

それに伴い大消費市場としてのアジアが注目される。

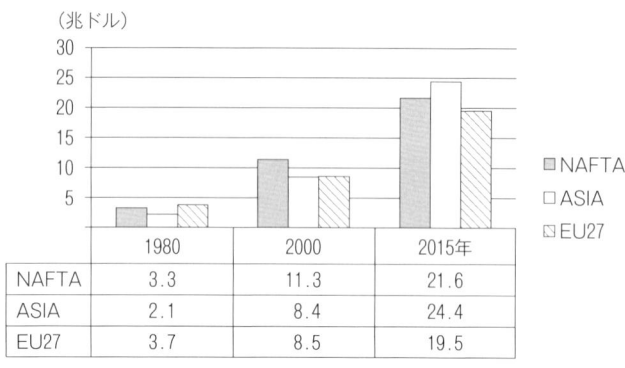

表1-2 新興国市場の拡がり

名　　称 （国　名）	GDP （兆ドル）	人口 （億人）	人口 増加率
BRICs （ブラジル，ロシア，インド，中国）	8.74	28.7	4.60%
VISTA （ベトナム，インドネシア，南アフリカ，トルコ，アルゼンチン）	1.78	4.8	6.30%
アフリカ （ナイジェリア，アルジェリア，モロッコなど50カ国）	1.18	8.9	12.50%

（注）IMF資料から作成。GDPと人口は2009年推定。人口増加率は04年比。

特に人口一三億人の中国、一二億人のインドといった人口大国を中心に、アジア全体で世界人口の約五割を占めている。こうした巨大な人口を抱えるアジアが経済成長し、人々の購買力が向上する影響は大きい。中国やインド等のアジアの個人消費額は、近年増加しており、さらなる経済成長や耐久消費財の普及に後押しされ、今後とも増加し続けると予想される。

二〇二〇年には中国の個人消費額は五・五七兆ドルと、日本を大きく上回ることが予想されている。また、二〇二〇年には、アジア全体の個人消費額は一六・一四兆ドルと、日本の約四・五倍に成長し、欧州を抜き、アメリカに並ぶ見込みである[4]。こうしたアジア新興国における個人消費が拡大する中で、中間層（世帯可処分所得五、〇〇〇ドル以上三五、〇〇〇ドル未満）の拡大が注目される。インド、中国そして新興国における、いわゆる中間層は、二〇〇〇年に二・二億人から、二〇一〇年には九・四億人に拡大しており、アメリカ、EUを合わせた人口規模を上回っている。二〇二〇年には二〇億人と予想されており、世帯可処分所得三五、〇〇〇

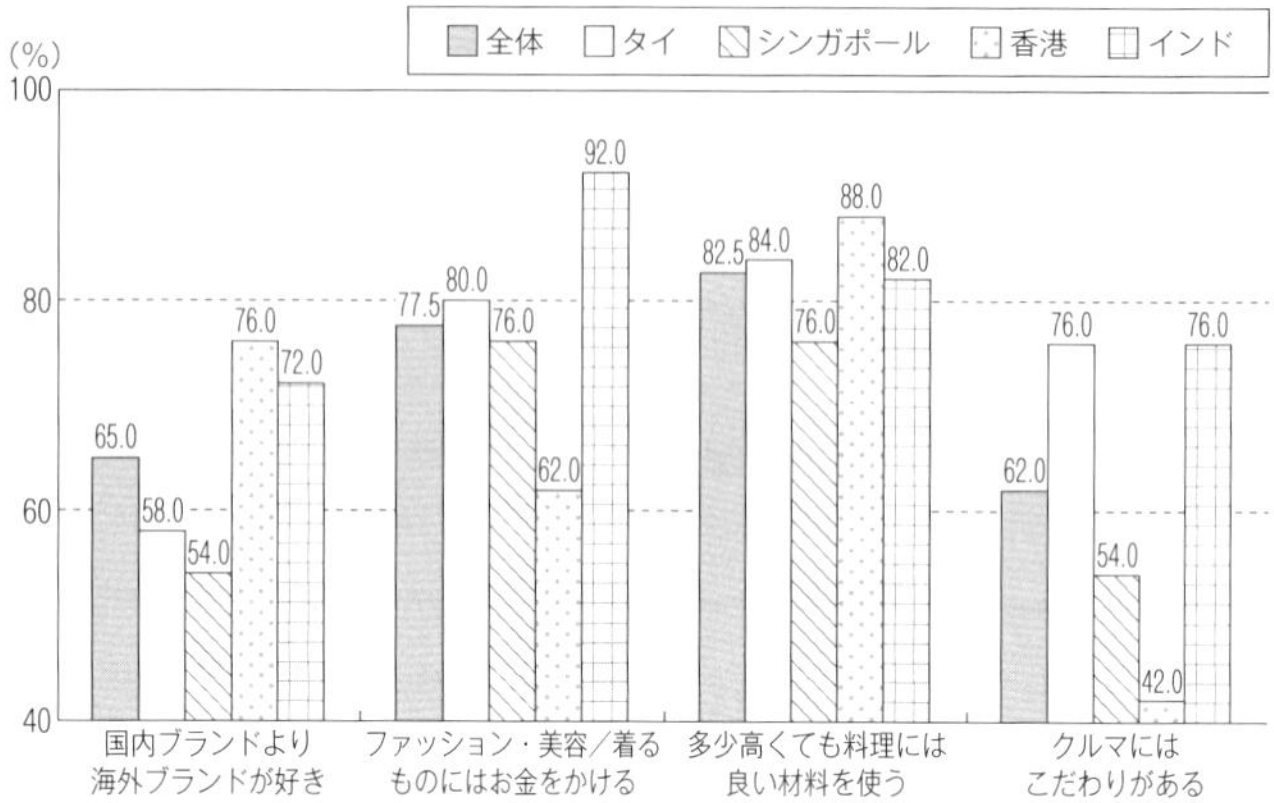

（出典）経済産業省「平成21年度アジア消費トレンド研究会報告書」

図1－3　アジアにおけるライフスタイル意識項目

ドル以上の富裕層二・三億人を合わせると、アジア新興国全体の三分の二まで拡大すると見込まれる。日本企業の今後のターゲットはまさにこの中間層にある。アジア顧客の主役は富裕層から中間層（ボリュームゾーン）の人々が主役になるとみられる。それではその中間層を引き付ける商品をいかに供給していくか、ということが企業にとって重要な戦略課題となる。

3　アジアの消費トレンド

アジアの都市中間層では、全体として経済成長に伴う消費生活の向上が進んでおり、さらなる成熟への欲求がみられる。例えば、最近の経済産業省の調査結果によると、ファッション・美容へお金をかけるという消費者は全ての都市に置いて六割を超え、食の分野でも多少高くても料理には良い食材を使うと答えた消費者は七割を超える。[5] 携帯電話、ＰＣ、デジタルカメラ、白物家電など家電製品も普及が進み、調査対象の中間層以上では八割を超えて普及していることが分

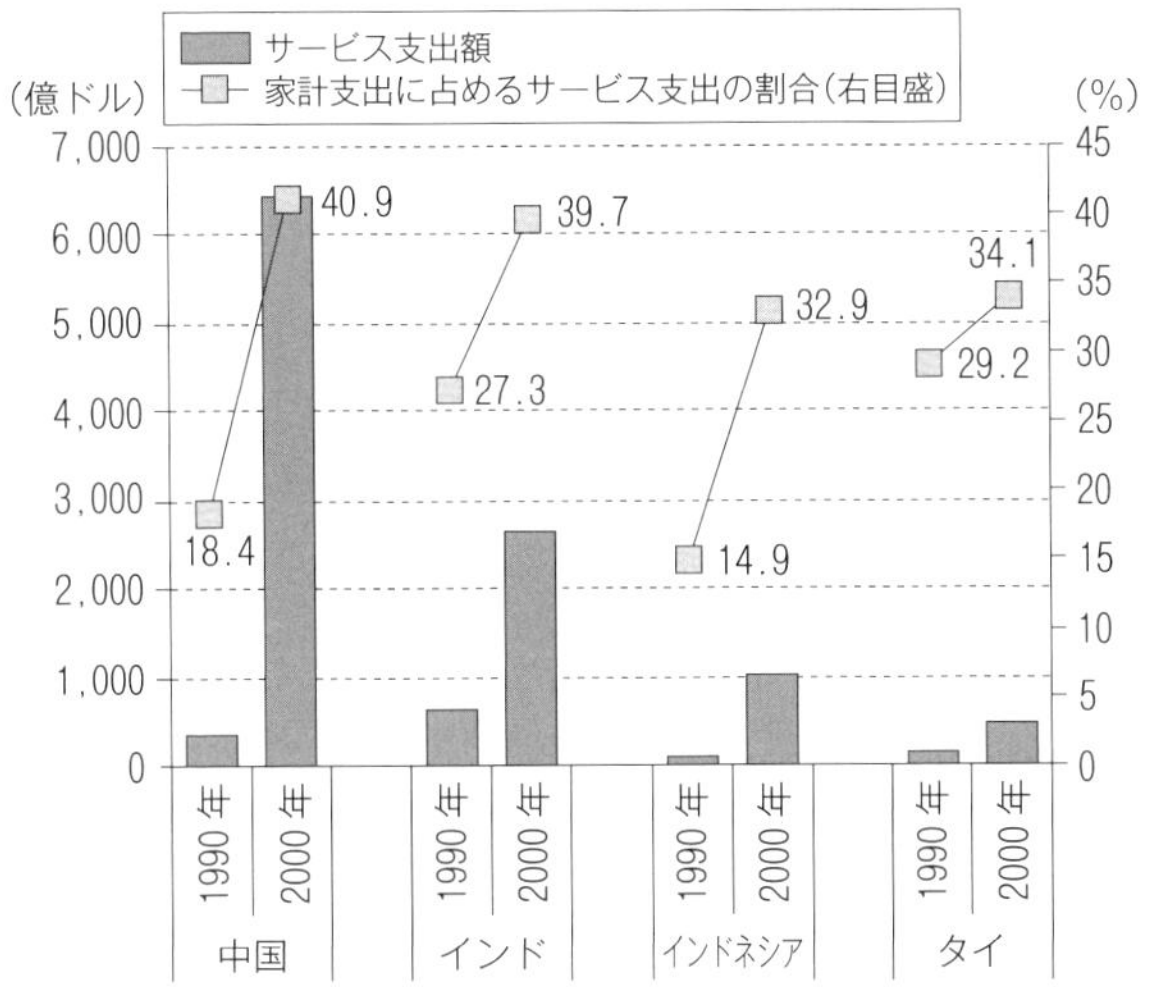

(資料) Euromoniter「World Consumer Spending 2009/1010」から作成。

図1－4 中国, インド, インドネシア, タイのサービス支出及び家計支出に占めるサービス支出の割合

かった。アジアにおけるライフスタイル意識項目については、①国内ブランドより海外ブランドが好き（アジア全体の六五％）、②ファッション・美容／着るものにはお金をかける（同七七・五％）、③多少高くても料理には良い材料を使う（同八二・五％）、④クルマにはこだわりがある（同六二％）、というように極めて高い割合の人々がアジアの全ての都市において六割を超えており、特に食においては八割を超えていたことが注目される。また、アジア各国のサービス支出動向をみると、国によって異なる傾向もある。中国では情報通信、タイ、インドでは旅行、インドネシアでは教育が、サービス支出のうち最も支出額の多い分野となっている。いずれの分野も、二〇〇〇年から二〇〇八年にかけて支出が拡大している。

このように、アジア・中国の中間層消費者

の消費トレンドは、以前のように単純な価格志向からライフスタイル意識が格段に向上し、より高価格・高付加価値の商品やサービスを求めるようになってきている。これは日本企業にとって追い風であり、ビジネスチャンスの拡大でもある。今や多くの日本企業は業種の如何を問わず、アジア・中国市場の中間層をターゲットに販売を飛躍的に拡大しようとしている。

もう一つの傾向は、アジア各国のサービス支出の増加である。アジア各国で耐久消費財の普及率が高まる中で、サービスについても支出が増えている。一九九八年から二〇〇八年の一〇年間に、アジア全体のサービス支出は一・六倍に増えており、二〇〇八年から二〇一八年の一〇年間で更に二倍に増え、二〇一八年には七・五兆ドルに近づくことが予測されている。サービス支出の家計消費に占める割合についても増加しており、中国、インドでは家計消費の四割程度をサービス支出が占めている。

［注］

（1）購買力平価は、為替レートは自国通貨と米国通貨の購買力の比率によって決まるという購買力平価説をもとに算出された交換比率。各国の物価の違いを修正して比較できるため、より実質的な評価・比較ができるといわれている。

（2）アメリカ大手投資銀行リーマン・ブラザーズが二〇〇八年九月、サブプライムローン問題等で行き詰まって経営破綻し、国際的金融危機の引き金となった。

（3）ゴールドマン・サックス・グループ経済調査部予測。"Dreaming with BRICs: The Path to 2050", Oct. 2003. "The BRICs and Global Markets: Crude, Cars and Capital", Oct. 2004. 毎年発表される。

（4）ここでいうアジアはＡＳＥＡＮ＋日中韓＋インド。Euromonitor Int'l 2010から経済産業省作成。

（5）経済産業省調査（二〇一〇年『通商白書』一八八頁）。

第2章　東アジア貿易構造の変化と生産ネットワークの深化

日本、韓国や中国は、東アジア域内においてダイナミックに経済的補完性を高め、域内分業により最適な生産構造を形成、「世界の工場」としての地位を確立してきた。特に中国が、東アジア域内の生産ネットワークと域外の製品消費地とをつなぐ一大拠点として存在感を増している。また、リーマン・ショック後の欧米経済の景気後退と消費の低迷による存在感の低下と中国をはじめとする東アジア域内の消費増大とがあいまって東アジアネットワークが、最終消費地として必ずしも欧米を前提としない自律的なネットワークの様相を示し始めた。経済産業省『通商白書（二〇一〇、二〇一一年）』によれば東アジアの生産ネットワークと貿易構造変化は大要下記のとおりである。

1　東アジア貿易構造の概観

1　東アジア生産ネットワークの成立と中国における製造業生産の拡大

これまでアジア地域では日本企業をはじめとした海外からの直接投資等をきっかけに工程間分業[1]が進展。そして、二〇〇七年以降、世界の加工・組立を中心とした製造センターが日本から中国にシフトし

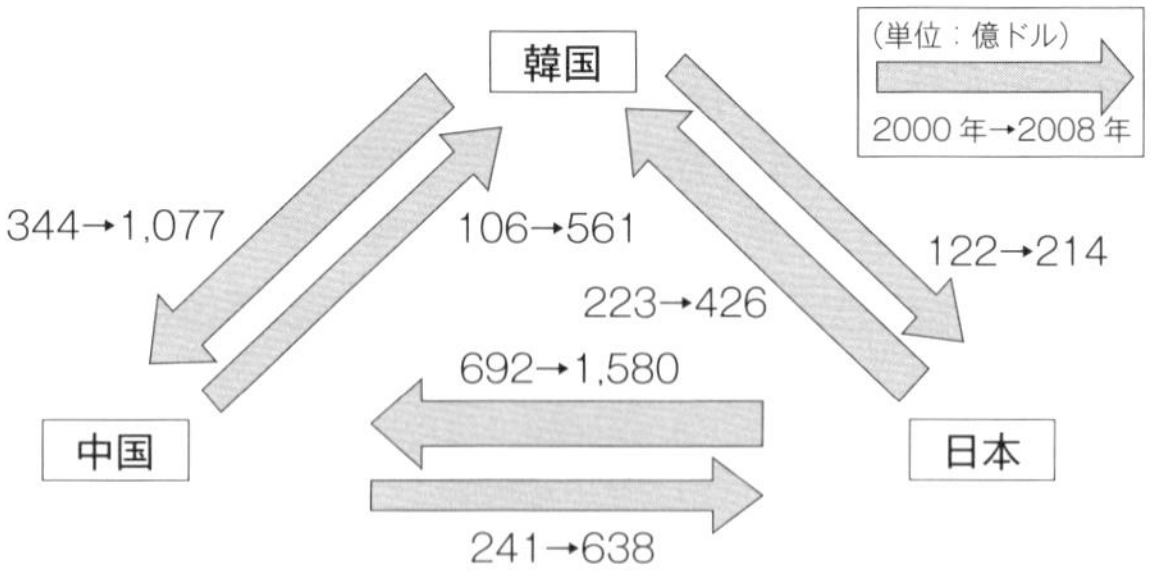

（資料）RIETI-TID2009から作成。経済産業省『通商白書（2010年）』

図2－1　日本・中国・韓国間の貿易額（中間財）の変化

ている。

電子機器、自動車、粗鋼等の各製品ごとの世界生産状況をみると、世界に占めるアジアの存在感は大きい。

電子機器分野では、パソコン等の最終製品については、中国がアジアの中でも最も生産シェアが大きいが、電子部品では日本のシェアが大きい。日本で部品を製造・輸出し、中国で最終組立を行う生産ネットワークによる製造工程の結果と考えられる

世界の工場である東アジアから輸出される最終財の輸出国・地域をみると、東アジア最大の最終財供給センターが日本から中国にシフトしている。また、最終財の輸入国・地域をみると、米国、ＥＵが合わせて約五割となっており、最終財の東アジア向けの輸出は全体の約三割にとどまっている。つまり、東アジアは世界最大の生産センターではあるが、生産された財の最終消費地は、欧米が中心となっている。

次に、東アジア域内における中間財[2]貿易について、一九九八年から二〇〇八年までの一〇年間の変化をみると、日本からＡＳＥＡＮ、ＮＩＥｓへの輸出額が概ね倍増している一方、日本から中国への輸出額が二〇〇八億ドルから一、〇〇五億ドルと四・八倍

に、NIEsから中国への輸出額は二二四億ドルから一、五九三億ドルと七・一倍に、ASEAN4（シンガポール、マレーシア、タイ、インドネシア）から中国への輸出額は六二億ドルから五八六億ドルと九・五倍となるなど、中国向け輸出が拡大していることがわかる。また、中国からNIEs向け輸出も二八五億ドルから一、五七五億ドルと五・五倍に、中国からASEAN4向け輸出も三二億ドルから三五五億ドルと一一・一倍に、中国から日本向け輸出は九二億ドルから五〇四億ドルと約五・五倍に増えるなど、各国・地域ともに中国との輸出入額の伸びが大きく、東アジアの中で特に中国の生産拠点としてのプレゼンスが高まっている。

また、日本、中国、韓国間における中間財貿易について、二〇〇〇年から二〇〇八年までの一〇年間の変化をみると、日本から中国への輸出額、韓国から中国への輸出額はどちらも二〇〇八年に一、〇〇〇億ドルを超えており、それぞれ、二・三倍、三・一倍に拡大していることからも、中国の生産拠点としての存在感の高まりが確認できる（図2－1）。

東アジア域内において最もシェアの大きい中間財について業種別にみると、電気機械が全体の約七割（二〇〇八年）を占めており、一般機械、輸送機械を加えた三業種で約九割を占めている。そこで、電気機械、一般機械、輸送機械の三業種について、それぞれの中間財、最終財の動きをみることとする。

2　東アジア生産ネットワークを活用した電気機械、現地調達の一般機械、現地販売の輸送機械

東アジア域内の貿易を業種別にみると、大きく分けて二つの動きがある。東アジア域内で中間財を輸入し、最終財を欧米中心とした世界へ輸出する形態をとる電気機器・一般機械、と、東アジア域内や現

地で中間財を調達し、現地へ販売する形態をとることの多い輸送機械である。輸送機械については、日本の世界への供給センターとしての位置づけが依然高い。電気機械、一般機械については、日本に代わり中国が最終財のみならず中間財についても供給センターとしての役割を担いつつある

① 電気機械

電気機械分野については、一九九〇年には中間財の東アジア域内からの輸入が約六割であったが、東アジア各国・地域から中国向けの中間財輸出の大幅な増加により、アジア域内からの中間財輸入は二〇〇八年には、約八割にまで拡大している。

一方、東アジアにおいて我が国の中間財輸入が占める割合は二〇〇八年には一割未満にまで低下しており、代わりにＡＳＥＡＮ、中国が中間財輸入国・地域として存在感を高めている。東アジアにおける中間財輸入に占めるＡＳＥＡＮ、中国の割合は、二〇〇八年には合計で五六％までに拡大している。

一方で、東アジアから世界への最終財輸出の状況をみると、一九九〇年には五割以上あった日本のシェアは、急激に減少し二〇〇七年には約一割となっている。日本に代わり存在感を増してきたのは中国である。一九九〇年には一・五割だったシェアは、二〇〇七年には、東アジアからの最終財輸出の五割以上を担うまでに成長している。

電気機械の最終財の主な輸出先は、欧米であり、一九九〇年から二〇〇七年までを通して米国、ＥＵ合わせて約五割の割合で推移している。東アジア域内向け電気機械の輸出は全体でも約三割（二〇〇七年）となっており、近年やや減少傾向で推移している。

② 一般機械

一般機械については、中間財・最終財の供給センターとして日本に代わって中国が存在感を増している。中国は東アジアへの中間財輸出国として世界の約二割のシェアを占めており、最大の中間財供給地となっている。

また、東アジアにおける中間財の輸入国・地域をみると、ＡＳＥＡＮの割合が約三～四割で推移する中、中国が一九九〇年の約一割から二〇〇八年には二割以上にシェアを拡大している。

東アジアにおける最終財輸出については、一九九〇年には六割以上を占めていた日本は二〇〇八年には約一四％に低下する中で、中国が五割以上を占めている。

③ 輸送機械

輸送機械については、中国やＡＳＥＡＮが欧米や日本から中間財を輸入し、加工組立てを行い自国内販売するというのが東アジアにおける主な流れとなっている。

最終財の輸出については、主に日本で生産されたものを欧米向けに輸出するという構造となっているが、近年では、韓国や中国等も最終財の輸出を拡大させている。

このように、輸送機械については、東アジア生産ネットワークを活用した生産形態よりも、現地生産・現地販売といった形態が主流であると考えられる。

ここで、東アジアにおける中間財の貿易額が最も大きい電気機械について、中間財、最終財の輸出額から東アジア生産ネットワークにおける主な貿易の流れをまとめた。

二〇〇八年の輸出額ベースでみると、日本、韓国、台湾、ＡＳＥＡＮから中国・香港に向かって中間

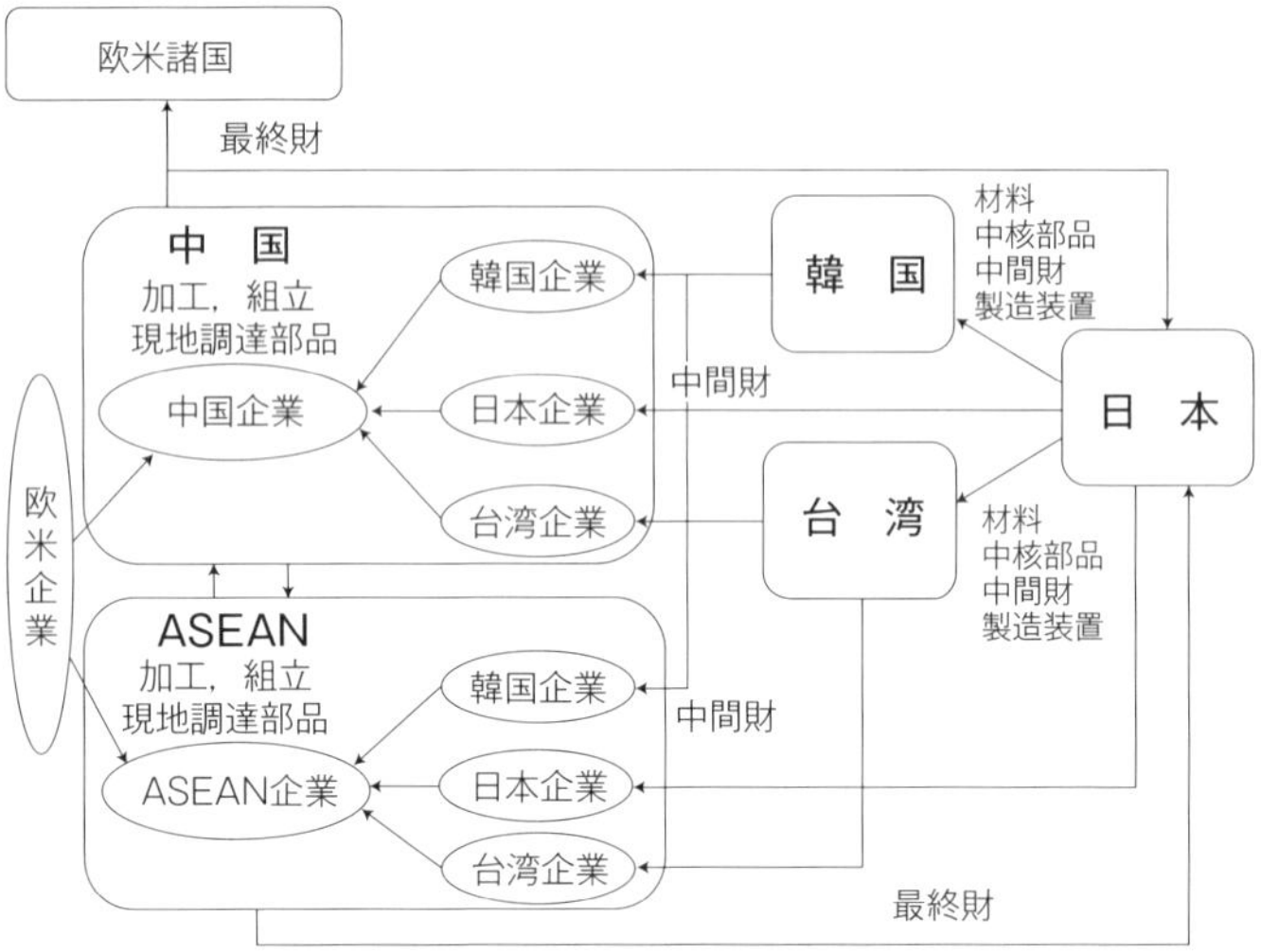

（出典）新宅純二郎［2011］の図をもとに筆者作成

図2－2　東アジアの分業構造と域内貿易

財が輸出され、中国・香港で加工・組立てされた最終財が欧米へ輸出されるというのが、東アジア生産ネットワークにおける主な貿易の流れである。

一方で、日本から、韓国、台湾、ASEANにも中間財が供給されており、また、ASEAN域内でも中間財の貿易が活性化している。欧米向けの最終財輸出（二〇〇八年）は、日本は二七四億ドル、ASEANは二三三億ドルとなっているが、中国・香港の一、二四四億ドルと比較すると五分の一程度と小さい。韓国の一九九八年と二〇〇八年の中間財・最終財それぞれの輸出額をみると、どちらも伸びが大きく（中国・香港向け中間財輸出は一〇・九倍、欧米向け最終財輸出は六・五倍）、同国は電気機械分野における生産ネットワーク内でのプレゼンスを高めていることがわかる。

2　日本企業のアジア進出による東アジア生産ネットワークの形成

1　拡大する日本企業のアジア進出

上記のような東アジアネットワークにおける日本の存在感の低下には、日本企業のアジアへの進出が、深く関係していると考えられる。日本の現地法人企業数をみると、アジアが日本最大の進出地域であり、法人数も年々増加し、アジアでの現地法人数は約一万社を超えている。その内訳は中国が三八%、ASEAN4が二八%と多数を占めている。

こうした日本企業のアジアを中心とした直接投資、すなわち海外進出により、最終財である電子機器の生産額は、海外分が国内分を上回っている。日本企業の二〇〇八年の電子機器生産額は八・九兆円であるが、世界生産のうち日系企業の海外生産によるものは一六・一兆円と世界全体の生産額の一五%を占めている。また、中間財である電子部品・デバイスについても日本企業の生産が三〇%を占めている。日本企業の二〇〇八年の電子部品・デバイスの国内生産額は九・七兆円であるが、世界全体の生産額五七兆円のうち、七・二兆円（一三%）を日系企業が海外生産している。

2　高まるアジア進出企業の現地調達

アジアに進出した日本の現地法人企業の現地調達比率は、上昇傾向で推移している。日系企業の海外進出に伴い、本社や日本の他の部材企業からの輸入による調達が進展してきた。しかし、近年ではアジア現地企業の技術水準が向上しており、現地企業からの調達の動きがみられると考えられる。また、日系企業のアジア進出が進んだことにより、現地日系企業からの調達の機会も増えていると考えられる。

日本のアジア現地法人製造業の仕入高内訳をみると、一九九六年度の日本からの輸入は四〇％、現地での調達は四〇％と同程度であったが、二〇〇六年度には日本からの輸入が三〇％、現地での調達五六％となっており、現地法人の仕入が、日本からの輸入から現地での調達にシフトしている。

3 リーマンショック前後の地域間（東アジア・アメリカ・欧州間）貿易動向の変化

1 世界貿易の中での東アジア域内貿易のプレゼンス拡大

今回の金融危機の影響を受けた欧米の需要減により、危機後の東アジアから欧州、アメリカへの輸出は大幅に減少した。東アジアからアメリカ向け輸出は七、〇一二億ドル（二〇〇七年）から五、八二六億ドル（二〇〇九年）に、欧州向けは六、七八七億ドル（二〇〇七年）から五、八二〇億ドル（二〇〇九年）へと大きく減少した。しかしながら、欧米から東アジア向け輸出についてみてみると、アメリカから東アジアは二、七一六億ドル（二〇〇七年）から二、六九九億ドル（二〇〇九年）と、東アジアから欧米向け輸出と比べると輸出減は小さく、欧州から東アジア向け輸出においては危機後増えていることがわかる（三、一七八億ドル（二〇〇七年）から三、四三四億ドル（二〇〇九年））。また、東アジア内の貿易についても、一、二二四億ドル（二〇〇七年）から一、七〇一億ドル（二〇〇九年）と増加している。

また、素材、中間財、最終財の財別シェアについてみると、東アジアからアメリカ向けの最終財の割合は、六六・三％（二〇〇七年）、六七・九％（二〇〇九年）と全体の約七割を占め、アメリカから東アジア向けについては、中間財、素材の割合が、それぞれ五三・八％、一三・一％（二〇〇七年）、五三・五％、一四・五％（二〇〇九年）と、高い割合を維持している。東アジアから欧州向けについても、東アジアから欧州向けの最終財の割合は、五八・〇％（二〇〇七年）、六〇・三％（二〇〇九年）と六割程度の高い割合を維持しており、欧州から東アジア向けについては、中間財の割合が、五二・四％（二〇〇七年）、五一・六％（二〇〇九年）と五割程度の高い割合を維持している。

2　産業内・企業内貿易の増大

このことは、先進国企業の直接投資の増加による企業内・産業内貿易の拡大が域内貿易を促進したことが大きい。すなわち従来のような完成品のみの貿易から産業内、企業内貿易ということが日本や欧米、韓国・台湾の多国籍企業の間で進展しているような直接投資企業の増加を通じて構築されていることも貿易面でのもう一つの構造変化である。

こうした現象は、企業レベル、産業レベルで見ると、東アジアにおける企業内、産業内貿易の増大ということもできる。すなわち、自動車業界において、たとえば日本の完成車メーカーが東アジア域内各国に生産工程別製造子会社を設立し、生産を分担させている場合、完成車メーカーとその協力企業の間で様々な中間財貿易ネットワークを形成し、それぞれの国々の間で貿易が成立する。こうした動きを企業内貿易というが、それが業界内に広がると産業間貿易という。こうした企業間での、あるいは同一産業間、異なる企業ないし産業の間で貿易が行われるようになっていることが貿易の形態をより多彩にし

表2－1 企業内貿易の事例（生産拠点の国際的機能配置）

業　　種	内　　　　容
電機メーカーA社	ベトナム拠点で製造したプリント基板をタイ・フィリピン拠点へ供給し，ハードディスクドライブを製造。
電機メーカーB社	ベトナム拠点でのテレビ製造に当たり，その他のASEAN諸国に進出している自社グループ企業からブラウン管などの部品を調達。
電機メーカーC社	自動車用ベアリングの製造に当たり，中国，タイの拠点間で部品の相互補完を実施。
自動車メーカーD社	ASEAN各国の拠点において，タイ：ディーゼルエンジン，マレーシア：エンジンコンピュータ，インドネシア：ガソリンエンジン，フィリピン：トランスミッション，などの部品を製造し，拠点間での相互供給を実施。
自動車メーカーE社	ASEAN各国の拠点において，タイ：エンジン，マレーシア：パワーステアリング，インドネシア：ブレーキ，フィリピン：トランスミッション，などの部品を製造し，拠点間での相互供給を実施。
メッキ加工業F社	マレーシア拠点でプラスチック成型を行い，シンガポール拠点でメッキ加工を実施。

（資料）各種報道発表資料，馬田啓一・大木博巳『新興国のFTAと日本企業』（JETRO）（2005）ほか。

ている（表2－1）。

3　ASEAN向け輸出の増加

危機後も東アジア域内の貿易は堅調である。これは特にASEANの輸入が増えていることが大きい。日中韓いずれの国からも、危機後にASEAN向け輸出が増えている。通商白書（二〇一〇）によれば、日本からASEAN向けの輸出は、七七六億ドル（二〇〇七年）から、九二七億ドル（二〇〇九年）に、中国からは九七六億ドル（二〇〇七年）から一、三九三億ドル（二〇〇九年）に、韓国からは二〇八億ドル（二〇〇七年）から三九四億ドル（二〇〇九年）と、日中韓各国からASEAN向け輸出が大幅に増えている。また、ASEAN域内の貿易額も、一、二二四億ドル（二〇〇七年）から一、七〇一億ドル（二〇〇九年）と増加している。

日本からの東アジア向け輸出動向について、中国、ASEAN向けの素材輸出は規模は小さいものの増加している。中国向けは四一億ドル（二〇〇七年）から五一億ドル（二〇〇九年）、ASEAN向けは三億ドル（二〇〇七年）から五億ドル（二〇〇九年）と増加しており、これはアジア各国の景気対策によるインフラ整備等のためのものと考えられる。日本からの中間財輸出についても、欧米向けと比べると東アジア向けの輸出額の減少幅は小さい。日本からの中間財輸出のうち、アメリカ向けは五七九億ドル（二〇〇七年）から四二六億ドル（二〇〇九年）、欧州向けは五三四億ドル（二〇〇七年）から四〇四億ドル（二〇〇九年）と大きく減少しているが、中国向けは一、四六九億ドル（二〇〇七年）から一、四一二億ドル（二〇〇九年）、韓国向けは三九七億ドル（二〇〇七年）から三六七億ドル（二〇〇九年）と小幅な減少となっており、ASEAN6（ASEAN4＋フィリピン、ブルネイ）向けについては五六一億ドル（二〇〇七年）から六五八億ドル（二〇〇九年）と増加している。

日本の最終財輸出についても欧米向けは減少が著しいが、中国、韓国向けは欧米向けに比べると減少が小さく、ASEAN6向けは増加していることがわかる。

4　販売拠点としてのアジア進出

中国における加工貿易制度や外資導入政策の変化のほか、アジア地域の購買層の所得の高まりによっ

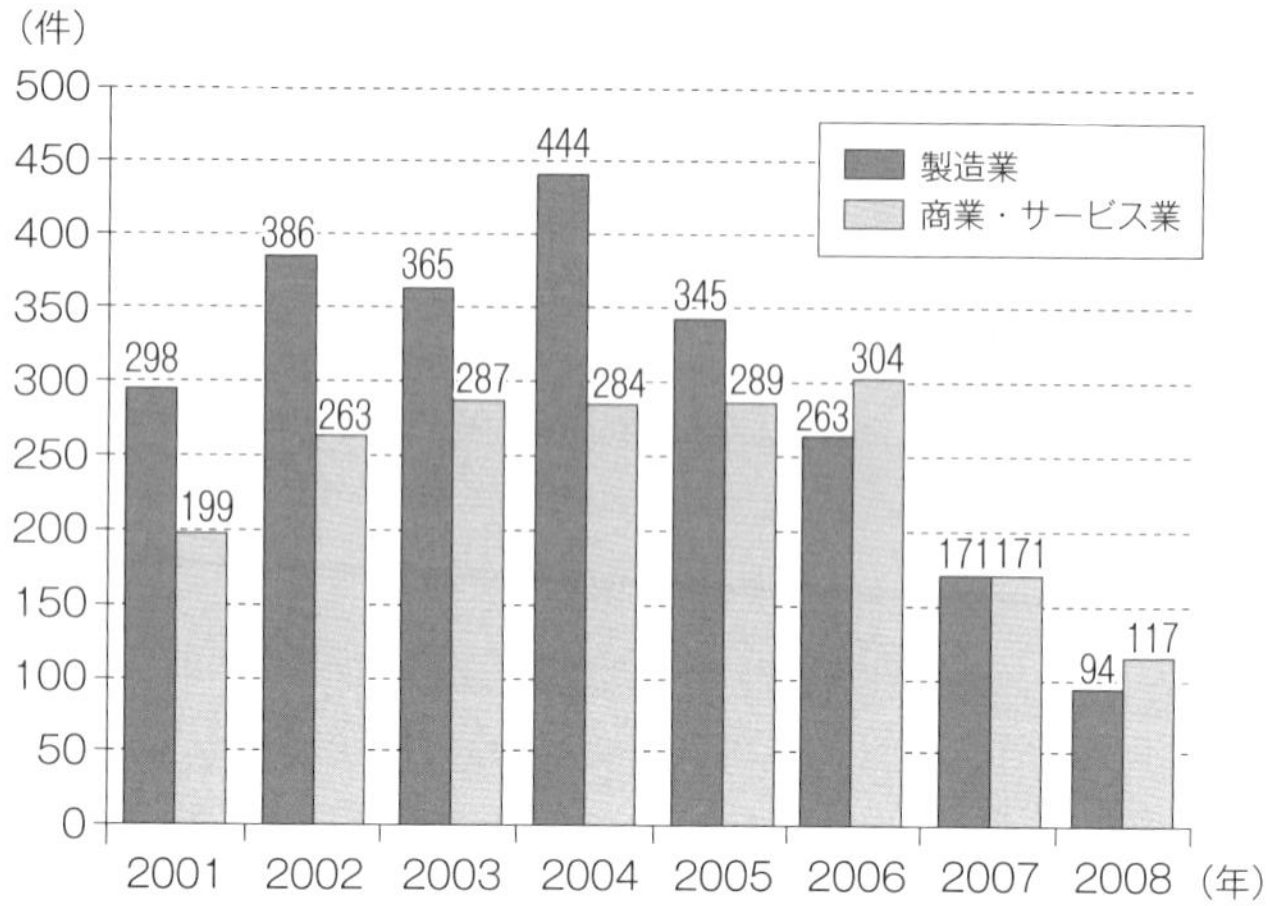

（資料）東洋経済新報社（2009）「海外進出企業総覧」から作成。

図2－3　アジアに進出した我が国法人数の推移（設立年別）

て、日本企業において、中国は製造拠点としてのみならず販売拠点としての進出の意識が高まっている。国際協力銀行の「我が国製造業企業の海外事業展開に関する調査報告」によると、日本企業は、二〇〇二年には中国を対日輸出や第三国輸出拠点と位置づけて進出していたが、二〇〇九年にはマーケットとして進出する傾向が強まっている。

また、業種別にアジア進出法人数の推移をみると、二〇〇五年まではアジア進出法人のうち製造業が商業・サービスを上回っていたが、二〇〇六年以降は、製造業の進出が減少し、販売拠点として、卸・小売業等を含む商業サービス業の進出が目立っている（図2－3）このことが中国をマーケット（市場）として位置づけたあかしでもある。

5　生産拠点と消費市場を兼ね備えた地域へ

中国を中心としたアジア地域は「市場」としての魅力が高まってきているが、日本から中国への輸出動向をみると、部品の輸出は増加しているものの、消費財の輸出は、伸び悩んでいる。

世界経済危機後、欧米の需要が落ち込む中で、東アジアは、欧米向け輸出を減少させる一方、欧米からの輸入を増やしている。日本にとっても中国やＡＳＥＡＮが、生産拠点のみならず消費市場としても発展し、ＥＵにおけるドイツと中東欧のような、部品、消費財ともに活発な貿易が行われることが期待される。

写真2-1　東芝中国社（地域本社），研究開発センター（北京市）

6　アジアで進む研究開発拠点の設置

このように消費市場としても大きく期待されるアジアでは、成長する消費市場を見込んで、現地における消費特性などを踏まえた新たな製品開発を行うための研究開発拠点設置の動きもみられる。

二〇〇〇年以降から北京市や上海市など現地の研究開発拠点の設置が目立っている。電気機械や輸送機械のみならず、食品や日用品等の業種についても、研究開発拠点の設置が進んでいる。アジアにおける研究開発拠点設置については、現地消費市場に対応した製品開発ニーズへの対応に加え、我が国よりも低いコストで質の高い研究者が確保できることも背景として挙げられる。これまで、生産拠点として発展してきた東アジアでは、中国を中心に研究者数が増加している。現地で消費される製品の研究開発拠点をも組み込んだ、新しい東アジアの生産・販売ネットワークへと進化している。

4 アジアにおける産業クラスター（産業集積地）形成と都市化の進展

1 直接投資の拡大による産業クラスターの形成

海外からの直接投資の拡大、蓄積を背景に、アジア地域において産業集積が形成され、同産業集積は輸出型成長モデルを特徴とするアジアの経済成長に大きな役割を果たしてきた。特定の地域に一つの産業が集まる産業集積によって、関連産業が成長し、人材が集まり、企業間の多様な分業関係が生まれて、その産業の競争力がますます強くなる。従来、アジアの輸出生産拠点では、材料や部品を輸入し、現地で安い労働力を利用して単純な組立作業を行って製品を輸出するという単純な加工貿易が中心であった。しかしながら、輸出向け生産の規模が大きくなるにつれ、海外から部材を輸入するより現地で作った方が輸送コストや規模の経済性の面から有利となることから、資本集約的な部材についても現地生産が進展する。また、輸出向け工場等で技術を身につけた人材が自ら起業したり、現地で生産されるようになった材料や部品を利用して現地国内向けの生産を行うなど組立以外を担う企業も誕生してくる。こうして関連産業の発展と人材の集中はますますその地域の魅力を高め、新たな外資系企業の進出を拡大させ、一層の産業集積が形成されることとなる。

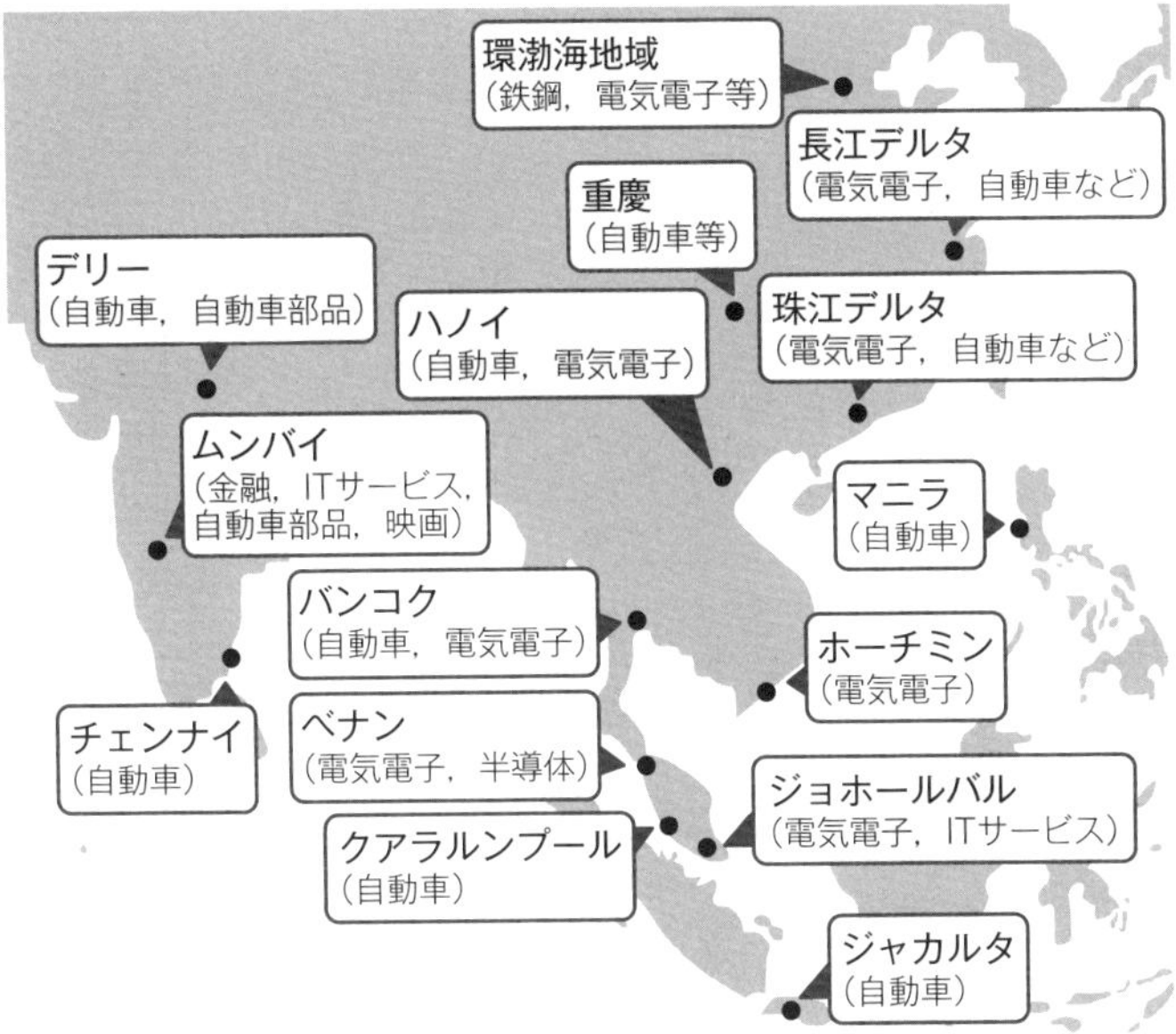

（資料）経済産業省作成

図２－４　アジアの主な産業クラスター（産業集積地）

２　都市化の進展と中間層消費市場の形成

また、都市への産業活動の集積は、生産要素としての労働力が集中するなど、都市化の進展につながる。アジアの都市人口と都市化率の推移を見ると、都市人口は一九八〇年から二〇〇五年までに七億人増加しており、二〇二五年までに、さらに六・七億人増加することが見込まれている。都市化率も上昇しており、二〇二五年にはアジアの人口の約半分が都市に集中することが見込まれている。特に、中国とインドといった人口大国では、一九九〇年代以降急速に都市化が進展しており、両国の都市人口比率は一九九〇年にそれぞれ二七％、二六％であったが、今後加速度的に上昇し二〇三〇年にはそれぞれ六〇％、四〇％に達すると見込まれている。このため、都市と地方部との格差はますます増大し、社会的不安定性も増大することが危惧される。

このことは、こうした東アジアの大都市圏での消費市場の形成を意味する。こうした地域では都市市民のライフスタイルの先進国化・均質化が進んでいる。若者の晩婚化や未婚率が上昇、少子化、高学歴化が進み、共稼ぎ夫婦の増加、外食の普及、日本製アニメや韓国ドラマへの人気、日本食の普及などといった現象も起こっている。一方で、都市の間での競争も激化している。これについては別の章（第10章）でとりあげている。(3)

［注］

（1）工程間分業：東アジアの貿易構造は、日本・NIEsで開発・生産した高付加価値な部品を用い、人件費の安い中国・ASEANで組み立て、日米欧へと販売していくという、いわゆる三角貿易構造が続いているが、その一方で、我が国企業が東アジアで展開している生産ネットワークは、生産工程の分業や集約といった行為を通じてより効率的なものへと変化しつつある。

（2）中間財とは最終財（完成品）を作るための原材料となる材料・部品等の中間生産物。最終財の前の段階で何らかの加工が行われ、付加価値を付けて生産される。

（3）第二章の主要な事項、数値については経済産業省『通商白書（二〇一〇、二〇一一年）』によっている。

第Ⅱ部

グローバリゼーションの進化と国際分業ネットワーク

第3章　グローバリゼーションの意義と現状

1　グローバリゼーションの意義と現状

現在のグローバリゼーションに関する議論を大きく整理すると、対照的な二つの流れがある。一つは、地球の有限性にもとづいてその慎重な取り扱いを訴える。もう一つは輸送手段や公法・通信の技術進歩に着目し、スピードと地球レベルの効率的意思決定の推進やマネジメントの変革の推進を図る。前者がサミット会場を包囲する環境保護団体や世界の食糧危機や貧富の差を訴える博愛的な活動に代表され、後者の典型はFortune誌やBusinessweek誌を飾る多国籍企業であり、その地球規模のマネジメントに代表される。

本書は、後者に属する。しかし、後半部分は単なる経営の効率的意思決定や運営を超えた国や個人の意識変革、新しい時代に向けての日本の新しい方向付けや、そこを生き抜く個人のための指針についても触れている。

本書の中で用いるグローバリゼーション（＝グローバル化）は主として経済、経営の面から取り上げ

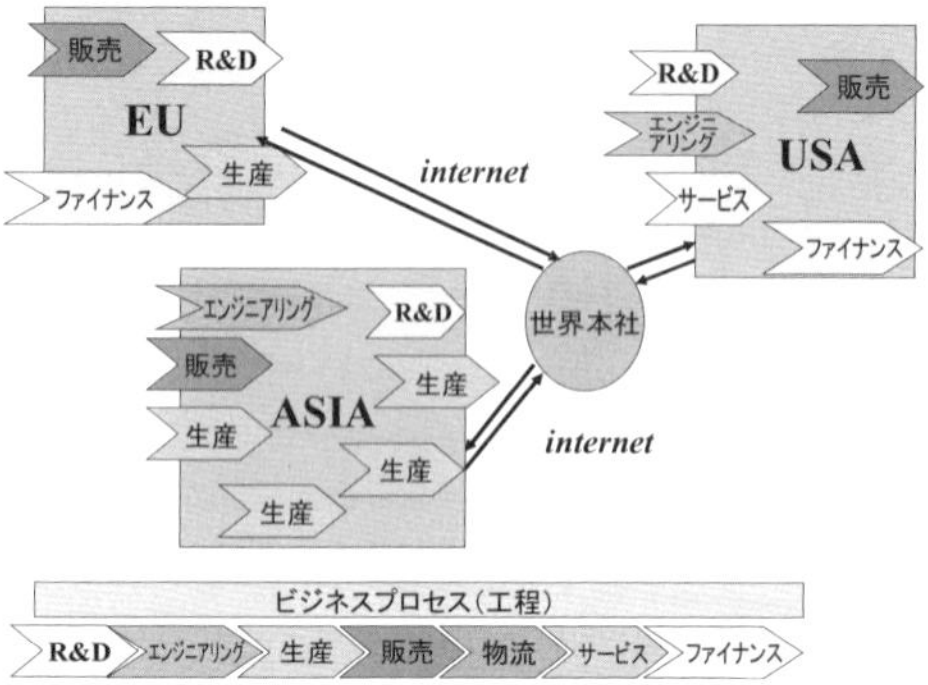

筆者作成

図３－１ グローバル経営と工程間分業ネットワーク

ている。今日の経済や経営は国際的な相互依存が非常に高まっている時代である。これを「経済のグローバル化」と呼ぶ。あらゆる企業は何らかのかたちで海外とかかわりを持つようになった。多くの企業が原材料の調達、製品の輸出入、海外現地生産、海外製品開発等々、様々なかたちで国際展開を図っている。海外展開のかたちも、海外企業との戦略提携やライセンス契約、海外企業買収、さらには一〇〇％出資の海外子会社まで色々である。

また、国際化とグローバル化という言葉も紛らわしい言葉である。一般に、国際化（internalization）が国内から海外へと活動舞台を拡大・展開させることを指すのに対して、グローバル化（globalization）は世界規模で経済活動の相互依存化が進んだ状態を意味している。しかし、より狭義の意味での経営での定義は、「世界市場を単一市場と捉え、付加価値活動（利益を求める経営活動）を幾つかの機能領域において世界規模のオペレーションを標準化し、かつ世界中のオペレーションを統合するマネジメント」、といった定義がなされる。少し難しい表現で分かりにくいかもしれないが、要するに、「世界的視野で世界中の市場と顧客を相手にして、世界中のヒト、モノ、カネ、情報、ノウハウといった経営資源を活用して、競争優位を獲得する戦略を実行している経営」であり、そういう経営をしている企業をグローバル企業とか多国籍企業（MNC：Multinational Corporation）と呼んでいる。

本書は、こうしたグローバリゼーションやグローバルに活動している企業と私たち個人や国、地域、都市との関係が今、大きく変化しつつあることを分析しそれに対してどう対応していくべきなのか、について考えることを目的としている。

2 「グローバリゼーション3・0」時代の幕開け

グローバリゼーション3・0という言葉は、アメリカのトーマス・フリードマン（Friedman）が、現在かたちづくられている世界の特徴を彼の著書『フラット化する世界』（*The World Is Flat*, 2005）で表現した言葉である。ほぼ同じ問題意識で大前研一も『新・経済原論』（*The Next Global Stage*, 2006）で指摘した。

グローバリゼーションというのは、歴史的に見ると段階的に進んできていることがわかる。フリードマンによると、最初の段階が「グローバリゼーション1・0」で、これはコロンブスが航海に乗り出し、旧世界と新世界の間の貿易が始まった一四九二年から一八〇〇年ごろまでである。グローバリゼーション1・0は世界のサイズをLからMに縮めた。しかもこの期間は国家と腕力の時代であった。武力、馬力、風力、さらに後には蒸気動力が推進力であった。国家がこれらの腕力をどれだけ持っている

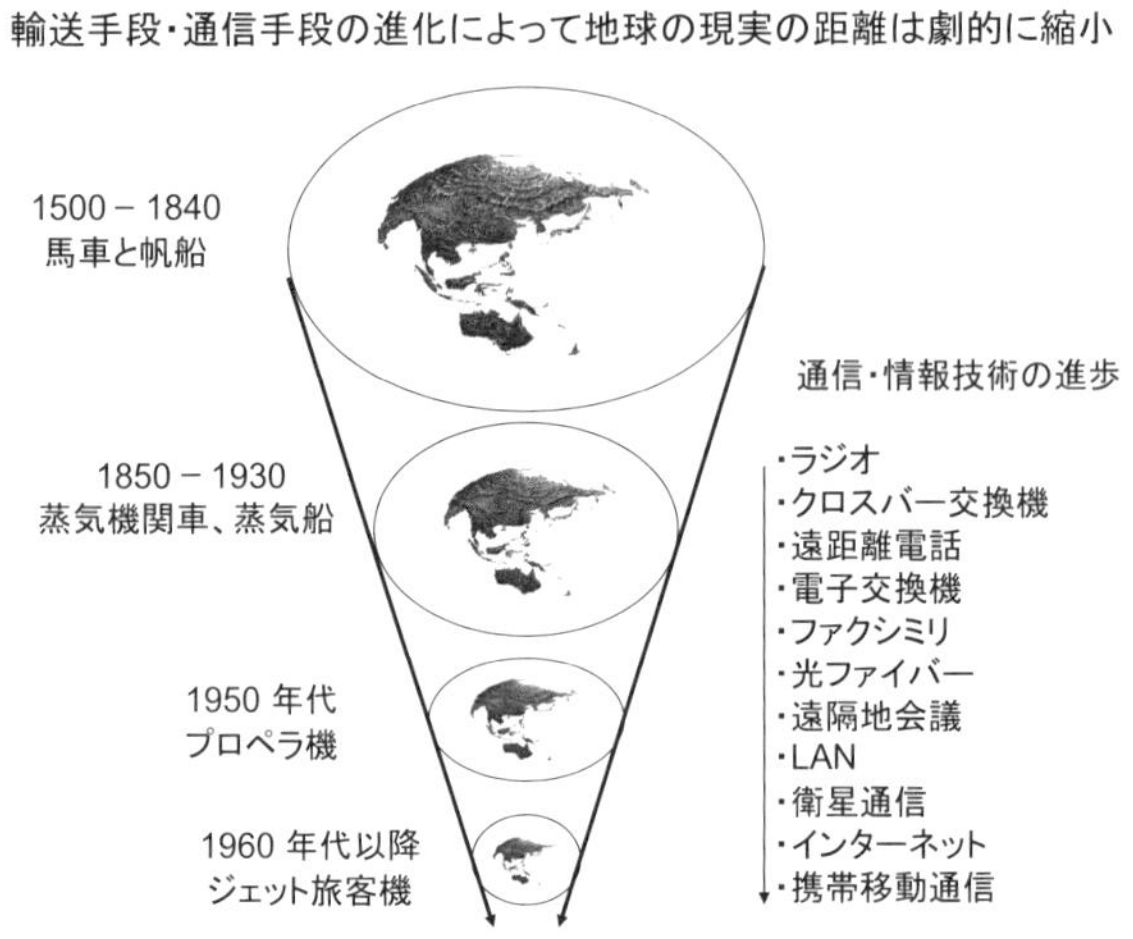

筆者作成

図 3－2 世界の収縮

かがポイントであった。この時代の国家や政府（宗教と帝国主義の組み合わせ）は「発見」した大陸の壁を打ち壊して世界をつなぎ合わせ、世界統一（征服）を図ろうとした。すなわち「国家によるグローバリゼーション」である。

次の段階である「グローバリゼーション２・０」というのは、一八〇〇年くらいから二〇〇〇年ごろまでである。この時代、世界のサイズはＭからＳに縮まった。この時期の世界統一の原動力は多国籍企業であった。多国籍企業は、市場と労働力を求めてグローバル化した。特に、オランダやイギリスの企業と産業革命がその急先鋒となった。この時代の世界統一は蒸気機関と鉄道による輸送コストの低減——電報、電話、パソコン、人工衛星、光ファイバーなどが原動力であった。大陸から大陸へ大量の商品や情報が移動することによって、世界市場が生まれ、生産と労働の世界的な取引が生まれた。ハードウェア分野での飛躍的な進歩（最初は蒸気機関や鉄道、その後電話やメインフレーム・コンピュータなど）がグローバリゼーションの原動力となった。この時代の重要課題は、自社は世界経済にどう適合すべきか、どうやって世界中に広がるビジネスチャンスを自社のものにして利益を上げるか、自社を通じてグローバル化し海外の労働力や経営資源を生かすにはどういう戦略が必要か、といった事柄であった。この時期の特徴は、多国籍企業の出現であり、「企業のグローバル化」の時代ということもできる。

そして二〇〇〇年以降起こっている現象がグローバリゼーション3・0である。これは世界をSサイズからさらに縮め、それと同時に競争の舞台を平坦に均質化した。言い換えれば、グローバリゼーション1・0の原動力が国のグローバル化であり、2・0の原動力が企業のグローバル化であったのに対し、3・0の原動力は個人がグローバル化に力を合わせ、またグローバルに競争を繰り広げるという時代、すなわち「個人のグローバル化」の時代なのである。個人が世界中の個人を相手に競争を繰り広げる世界である。それはまさに現在そのもののことなのである。現在のフラットな世界のプラットホームはパソコン（誰でも自分のコンテンツをデジタル形式で生み出すのを可能にした）、光ファイバー（個人がほとんどただ同然で世界中のデジタル・コンテンツにアクセスするのを可能にした）、ワークフロー・ソフトウェアの発達（世界中の個人が、距離に関係なく世界のどこからでも同じデジタル・コンテンツの共同作業ができるようにした）といったものが束になって生まれた。そして世界中の人々が、ある日突然、個人としてグローバル化する大きな力を持っていることに気付いた。世界中の個人が競い合っているのをこれまで以上に意識すると共に、協力する機会も飛躍的に増えたということに。しかも、世界をフラット化（平準化）し、世界のサイズを縮めていくグローバリゼーション3・0は、欧米の個人だけでなく多種多様な（非白人）個人の集団によって動かされるようになっている。世界中の多くの人々がゲームに参加できるようになっているのである。これをビジネス・プロセス・アウトソーシング（BPO：Business Process Outsourcing）という。ここでお断りしておきたいのは、グローバリゼーション3・0が「個人のグローバル化」であっても、2・0の主役であった多国籍企業が消えてなくなったわけではないことである。多国籍企業は依然としてビジネスの主役であることには変わりはない。ただし、3・0ではこれら企業の活動がグローバルにフラット化し、世界中のヒト・モノ・カネ・情報を活用し、それをネットワーク化して企業を経営していく。そうした企業活動の中に世界中の個人が参画していくということである。そこに参画する個人は世界中の個人と競争してその仕事を獲得しなければならない。同時に、個人自身もみずからビジネスを世界の人々を相手にできる時代が到来したということである、と筆者は考える。すなわち「個人のグローバリゼーション」である。

3　なぜグローバリゼーション3・0は出現したのか

今、私たちが住んでいる世界では、デジタリゼーションとインターネットによるネットワーク化が高度な発達を遂げている。世界を構成する様々な要素が各国に散らばっており、それらが相互につながり、依存している関係になっている。多くの多国籍企業では、たとえば、アメリカの設計者がスクリーンを使い、インドのプログラマーやアジアの得意先と同時に話をすることもできる。二四時間いつでも全世界のサプライチェーンで重要な役割を果たしている人々とバーチャルな会議を開催できる。世界中

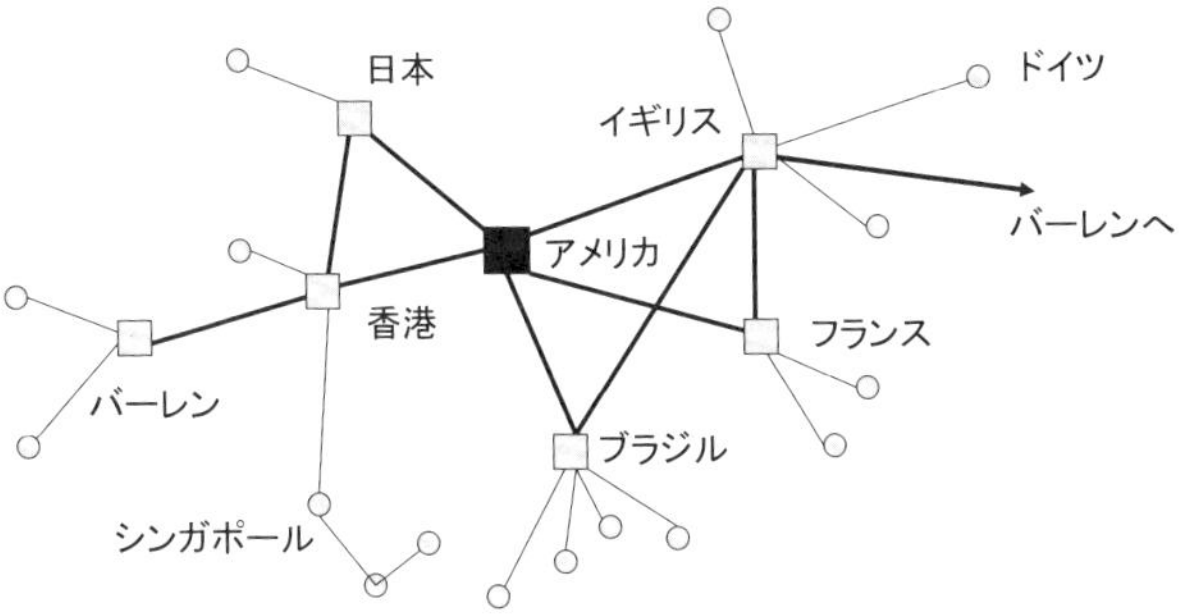

（注）■ □ 世界的／地域的ハブ
（出典）Dicken, *Global Shift Transforming the World Economy*（1988）をもとに筆者作成。

図3－3 アメリカ多国籍企業の国際的通信ネットワーク

の関係者があたかも同じ会議室に集まっているのと同じように会議が可能なのである。現代のビジネスは、三六五日、無休、二四時間態勢が時差を利用して可能となっている。すなわち、今や世界はフラット（平準化）になったのである。

本章の冒頭で述べたが、グローバル企業は世界市場を単一市場と捉え、付加価値活動（利益を求める経営活動）を幾つかの機能領域において世界規模のオペレーションとして標準化し、かつそれぞれのオペレーションを統合するマネジメントを推進している。少し難しい表現で分かりにくいかもしれないが、要するに、グローバル経営とは、世界的視野で世界中の市場と顧客を相手にして、世界中のヒト、モノ、カネ、情報、ノウハウといった経営資源を活用して、競争優位を獲得する戦略を実行する経営である。

そして、そういう経営をしている企業をグローバル企業（またはトランスナショナル企業[1]）とか多国籍企業（MNC：Multinational Corporation）と呼んでいる。こうした多国籍企業は今や世界中に子会社を持ち、様々な業務を行っており、本社が海外子会社全てを日常活動まで管理・統括することは極めて困難となっている。そこで世界を三つとか四つに分け、それぞれの地域に地域本社（Regional Head Quarter）をつくり、本国本社の分身としてその地域の日常のオペレーションや経営を総括している。日本の多国籍企業の場合、日本の本社は日本国内市場の本社であると同時に世界本社としての役割を持っている。

世界は現在、インターネットの普及や、あるいはコンピュータのハードウェアやソフトウェア等の発達で、世界中の個人が距離や場所とは殆ど関係なしに、世界のどこからでも共同作業ができるようになってきた。未だかつてなく、多くの人々がリアルタイムで共同作業し、あるいは競争している。地域的にも今までよりずっと広範囲の世界の地域の人々が、従来よりも多種多様な作業を行っている。しかも、コンピュータ、電子メール、光ファイバー・ネットワーク、テレビ会議や機能的な新しいソフトウェアを利用することにより、これまでの歴史には見られなかったような平等な立場で様々な作業を行っている。世界のフラット化は地球上の知識中枢をすべて接続して、一つの地球的なネットワークにまとめ、企業・コミュニティ・個人による共同作業とイノベーション、そしてそれがもたらす繁栄の到来を招くかもしれない。そのようなことから、これからは世界中の個人と個人が競い合い、ある時は協力する（共同作業をする）機会が増えてきている。その範囲は、欧米先進国や日本に限られることではなく、アジア、あるいは南米といった地域の人たちもそのゲームに参加するようになっている。ただし、重要なことは、こうしたネットワークに参加するには、参加できるだけの能力（知識とスキル）が必要である。

4　BPO（ビジネス・プロセス・アウトソーシング）とは何か

現在、中国の上海や大連、あるいはインド、台湾やシンガポールといったところの人々が行っている仕事の大部分は、世界中と繋がった仕事の一部を分担しているものである。これは見方を変えると、今、私たちが日本でやっている仕事のうち、いわゆる型にはまった仕事や手順が決まっている仕事、あるいはマニュアル化・デジタル化できる仕事はある日突然、インドや中国、もしくは東南アジアの国々に住む人々に取って替わられる可能性がある、ということである。このような仕事は、より安くやれるところ、もしくはもっと速くやれるところなど、何がしかのメリットを考慮して、アジアや他の諸国の方が優れていると判断されれば、多国籍企業はどんどんアウトソーシングすることができるからである。こうすることを「BPO：ビジネス・プロセス・アウトソーシング」と呼んでいる。一連の仕事のある部分を外国が肩代わり、ということである。世界の多国籍企業はいろいろな機能を世界中の最適地に立地させている。既に先進国企業では上記のような業務の一部は、コストのより低い国々の人たちに肩代わりさせている。

例えば、中国の大連は、日本との強い歴史的な結びつきや豊富な日本語人口を活用して、今や日本企業のバックオフィス（事務室）になりつつある。日本企業が今まで国内で行ってきた業務部・庶務部・人事部や経理部の業務、例えば海外出張旅費の精算や給与計算、あるいはコールセンターなどのサポート業務、ソフトウェア開発といった仕事が日本語で、あたかも日本にいるような形で代行されている。

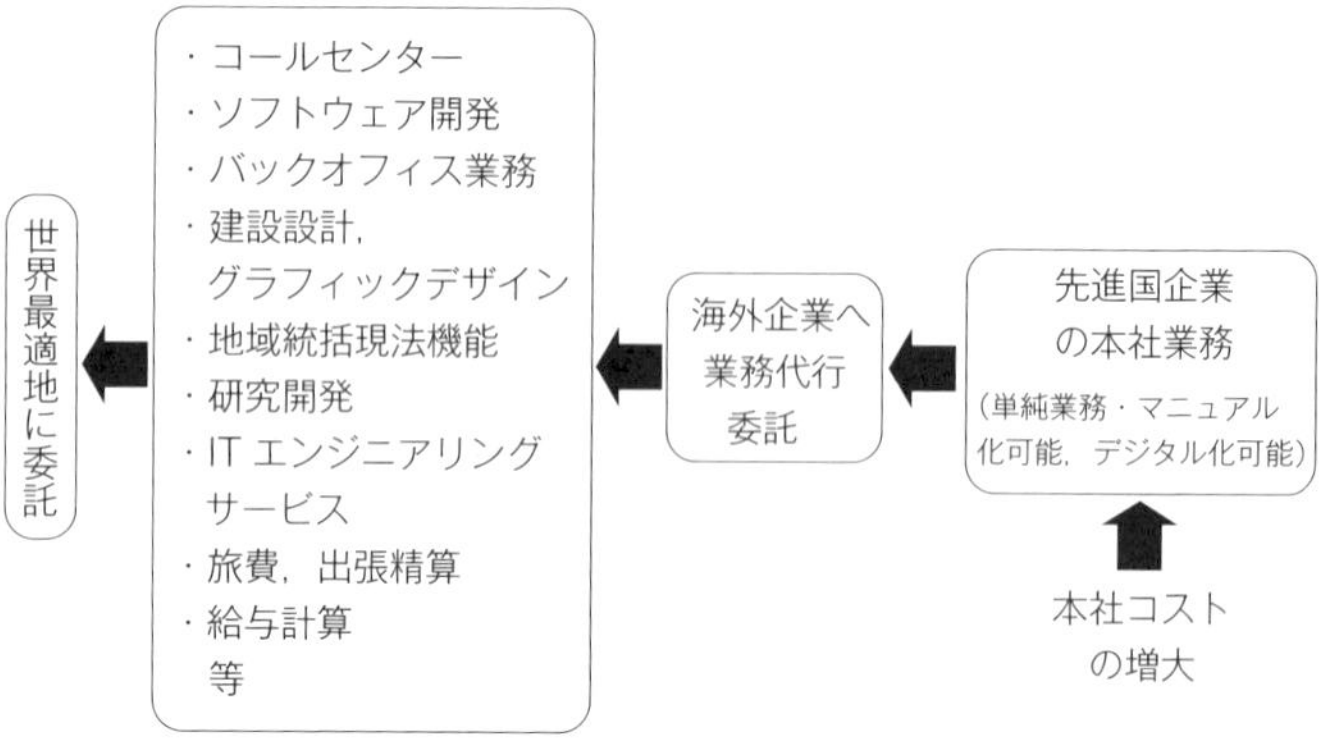

(出典) 筆者作成

図3-4 BPO (Business Process Outsourcing) のイメージ
IT 技術や SCM を取り入れ,海外との業務委託により,あたかも国内にいるような感覚で業務遂行。

他のアジアの国々を見ても、インドやフィリピンは英語圏であることからアメリカ企業にサービスする一般業務やコールセンター、ソフトウェア開発センター、あるいは建築設計とかグラフィックデザインといったサービスを提供している。またシンガポールでは多国籍企業がアジア・パシフィックの地域本社を設立し、そこからアジア全域のマネジメントと情報をカバーする動きが顕著である。

一方、オーストラリアやアイルランドなどでは欧米企業向けの様々な代行サービスを広範囲に請け負っており、目覚ましく発展している。特にアイルランドは従来、貧しい移民輸出国といわれていたが、今や情報ネットワークを駆使したハイテク国家に変貌しつつある。インドやイスラエルは多数の博士号を持つ人たちの強みを生かした欧米多国籍企業の研究開発やソフトウェア開発のアウトソーシングを受け持っている。このような流れは世界中で加速しながら広がっている。例えば、インドのハイテク都市バンガロールにあるイ

表3-1 海外BPOオペレーションを担っている主要国の事例

国　　名	BPOオペレーション
中　　国	日本語および韓国語によるコールセンターとソフトウェア開発基地を開設
イ　ン　ド	多数の米国企業にサービスを提供するコールセンターおよびバックオフィス業務の提供，ソフトウェア開発基地
フィリピン	英語での経理，ソフトウェア開発，建築設計，グラフィック・デザイン等のサービス提供
シンガポール	多国籍企業のアジア・パシフィック地域本社
オーストラリア	アジア全域を対象に西欧企業のコールセンター業務を提供
南アフリカ	英語，フランス語，ドイツ語による欧州企業向けのコールセンター業務
アイルランド	多言語でのコールセンターおよびバックオフィス業務の提供
オランダ	多言語でのコールセンターおよびバックオフィス業務の提供
ロ　シ　ア	博士号を保有する科学者を活用した米国企業の研究開発センター設立
東　　欧	米国のIT企業が英語とドイツ語の両方で顧客サービスのできる事務所を多数設立
メキシコ	米国企業向けアウトソーシングおよびITエンジニアリング・サービス
コスタリカ	欧州及び米国企業のスペイン語によるコールセンター

（出典）*Businessweek*, 3 Feb. 2003

■**上海・広州**
世界中の企業が進出し，投資。
ヒト・モノ・カネをひきつけて発展。

■**大連，アイルランド，シドニー**
多国籍企業の事務（定型的業務）の一部を代行して発展。グーグル，アマゾンはアイルランドに欧州本部設置。

■**バンガロール，イスラエル**
ソフトウェア開発，研究開発の工程の一部を代行して発展。

世界各地域・都市が世界の仕事を獲得（分担）するために互いに競争する時代獲得するためには，何らかの国際優位性が必要。

筆者作成

図3－5　繁栄する地域は世界の資源を吸引する国際優位性を持っている。（上の写真は急速に発展する上海（浦東地区），下はアメリカのインテル社のインド拠点）

ンフォシス・テクノロジー社は、ナラヤン・ムルティー氏（会長兼CEO）が二〇年前にわずかな資金で立ち上げた企業であるが、BPOによって年商五五〇億円の代表的なソフトウェア開発会社に成長した（写真3－2参照）。

すなわち、ここで筆者が強調したいことは、これからは日本など先進国の人々が従来当然のことのように自分の仕事としてやってきた一般的な事務、マニュアル化ができ、デジタル化が可能な定型的な業務は、コスト競争力の高い地域や国にやがて取って替わられるということである。それは私たちの仕事にも大きな影響を与えることになろう。私たちの業務がもっとコストの安い国の人々に奪われても、私たちはより高レベルの仕事ができるように常に努力を怠ってはならないということである。

それ以外にも先進国企業の委託生産（OEM生産、ODM生産）、EMS（Electronics Manufacturing Serviceと呼ばれる電子機器専門の大量生産請負）、半導体の委託生産（ファウンドリー生産[2]）などが台湾・中国を中心に行われており、こうした動きもアウトソーシングの一環である。こうした業務を引き受け、パソコン、半導体、液晶パネル等において、台湾は特に顕著な成長が見られる（詳細は第5章注5～7を参照）。

写真3－1　BPOで発展する大連

写真3－2　インドの世界的ソフトウェア開発企業インフォシス社本社（インド・バンガロール）

写真3－3　北京・中関村（ITベンチャーのメッカ）

5 マネーのグローバリゼーション（国境を越える資金とその影響力）

グローバリゼーションは商品やサービスなどの実物経済のみならず、貨幣経済（マネーの世界）でも世界を単一市場化しつつある。

1 アメリカ・サブプライムローン問題

二〇〇七年七月からのアメリカ・サブプライムローン（信用力の低い個人向け住宅融資）問題の表面化に端を発する国際金融の混乱は、原油価格の上昇等と相まって世界経済に深刻な事態をもたらしている。二〇〇八年に入り世界の名だたる金融機関は巨額の損失を計上したことや、二〇〇八年のリーマン・ブラザーズの破綻（負債総額約六四兆円）はその象徴的できごとである。これを契機にして、アメリカ経済は急激に景気が悪化した。その波はまたたく間に欧州、そして日本にも波及し、世界的な株式市場の暴落や金融機関、企業の経営破綻を来たした。この結果、二〇〇九年の世界経済はアジア（除く日本、韓国）・中国を除き、大幅なマイナス成長を余儀なくされた。中でも日本は先進国の中でマイナス六％と最大の落ち込みを来たした。

グローバリゼーションは今や、マネーの世界においても先進国・途上国すべてがリンクした単一マーケットになっている。一つの国の金利や景気が直ちに先進国通貨を通して各国の金利に影響を与え、それが株価に跳ね返る。世界中にばらまかれたマネーは実物経済規模をはるかに上回り、有り余ったマネー（ホットマネー）は世界の金利の変化を狙って投資機会をうかがっているのである。世界的なM&A（企業買収）は飛躍的に増加している。私たちはこうしたマネーの世界のグローバル化にもこれから敏感に対処していかなければならない。

2 アジア通貨危機の経験

国際的な資金の動きに大きく翻弄されたアジア通貨危機はまだ記憶に新しい。一九九七年、タイのバーツ危機に端を発したアジア通貨危機は、瞬く間にアジアの国々に波及していった。タイに続いて韓国、さらにはインドネシアへと波及し、深刻な通貨危機とそれに伴う経済の破綻に見舞われた。その背景には、国境を越える資金の流れがますます巨額になってきたこと、国際的な投資ファンドやヘッジファンドが利ザヤ稼ぎやM&A（企業買収）などの投資機会を狙ってあたかも人工衛星に乗って地球上の投資のターゲットを探すようになったことがある。アジア諸国に流入してきた資金は、その多くが短期借入資金であった。タイ、韓国、インドネシアなどの国は当時、国際資金流入の自由化を進めており、国内業者が海外から短期資金を借り入れることが可能であった。韓国の財閥やタイの金融機関はドルや円などの通貨建てで資金を借り、それを自国通貨に換えて国内投資や国内融資に充てていた。こうして国内通貨に交換された資金は、国内での不動産投資や設備投資に利用された。アジア諸国の高度経済成長に乗って、先進国からの資金流入は急速に膨れ上がり、バブル経済のような状況が起こっていった。しかし、国際投資ファンドはタイの経済の実力以上に資金量が膨らんでいることに危機感を感じ、今度は一転して一斉に資金を引き揚げ始めた。外国為替市場ではタイ政府は大量のバーツ売り、ドル買い、円買いによって、為替レートがバーツ安になることを防ぐため、バーツを買い支えようとしたが、外貨が底をつき、ついにバーツの大暴落が始まった。通貨の下落は経済にも深刻な影響を及ぼし、企業倒産、失業増大、金融機関の破綻が続出、タイ政府はついにＩＭＦに資金供給を要請した。同じような事態は韓国にも波及し、多くの財閥企業が破綻するにいたった。

アジア通貨危機で多くの国々が学んだことは、巨大な国際資金の移動がターゲットとされた国を破綻させるほどの影響力を持つという事実であった。

3　世界的に広がるM&Aの波

世界で行われているＭ＆Ａ（企業買収）の件数と金額は年々増加している。二〇〇六年は四兆六千億ドルであり、日本国内では二〇〇六年で二七六件、約一五兆円に達している。世界市場での大型企業買収は毎日のように報道されていることは周知のとおりである。欧米のファンドのみならず、最近は中東産油国のファンドも積極的にＭ＆Ａをしかけている。中国は「走出去」政策に則り、中国企業の国際化のために積極的に欧米や日本の企業を買収している。東芝は原子力発電分野でＷＨ（ウェスチングハウス）を買収、韓国のサムスン・グループは日本のステンレス加工の明道メタルを買収した。二〇〇八年から二〇〇九年はリーマンショックの影響で世界の買収ファンドの動きは少し減速したが二〇一〇年以降、再び増勢に転じ今後も増加傾向を続けよう。これらの背景にあるのは世界的なカネ余りであり、買収ファンドによるＭ＆Ａの大型化を促進する要因となっている。また、買収額の大型化の背景には株式交換が可能となったことも影響している。キャッシュ（現金）を用いる代わりに株式交換が買収対価として使えるようになったのである。これによって時価総額の小さな企業は大きい企業に容易に買収されるようになったのである。現在、東京株式市場の低迷もあり、日本企業の時価総額は海外の巨大企業に比べて相対的に小さくなっている。このため、海外の巨大資本によって買収される可能性も大きいのである。個人にとっても、それは他人ごとではない。株式や自分の金融資産がどうなるのか、企業も永遠に現状の延長では決してなく、自分の勤務先がいつ企業買収の対象になるかもしれないのである。

二〇一〇年以降は急激な円高に転じ、日本企業による海外企業買収が活発化している。

6 三つのグローバリゼーションの重層的発展と今後

以上、グローバリゼーションの進展について、トーマス・フリードマンの議論に基づいて述べてきた。ここで、筆者が危惧するのは、多くの読者がグローバリゼーションの歴史は国家、企業、個人の三つのステップで進展してきた、今は個人のグローバリゼーションの時代であり、国家、企業の時代は去ったと理解すること、換言すれば錯誤することである。

この点に関する議論はきわめて重要であり、筆者の見解は以下のとおりである。人類のグローバリゼーションの発展はフリードマンのように国家、企業、そして今や個人というレベルにまで及んだということはそのとおりである。しかし、それは国家のグローバル化、企業のグローバル化が終わったのではなく、実態は国家・企業・個人のグローバル化が断絶的にではなく、重層的に進展しており、国家・企業のグローバル化の上に重なるように個人のグローバル化が要請される時代になった、と理解すべき

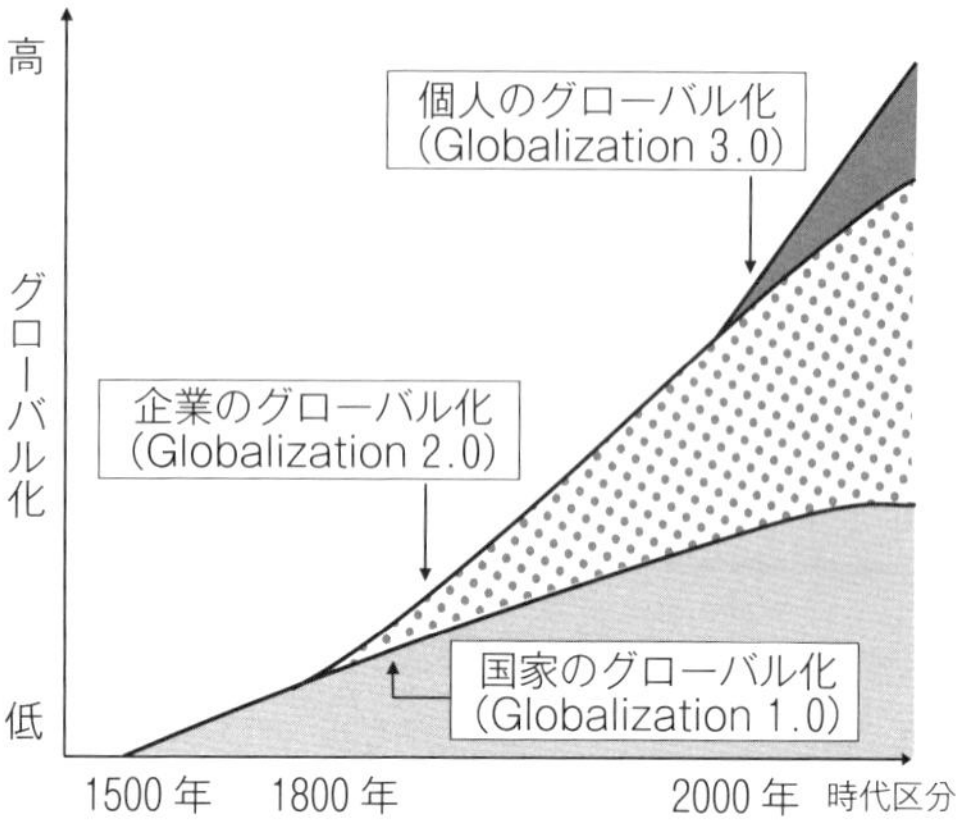

筆者作成

図3－6 3つのグローバリゼーションの重層的進展

であるということである。

イメージ的に示せば図3－6のようになる。

すなわち、世界のグローバル化と時代の構造やありようは、国家と企業、そして個人の絡み合い、組み合わせ、浮沈でそれぞれの時代の特徴が決まってきた、といえるのではないかということである。そしてそれはこれからもそうであり続けるということでもある。

そういう視点で見ると、二〇〇七年に始まったアメリカのサブプライムローン問題に端を発し、「リーマンショック」に象徴されるマネー資本主義の破綻も明確に説明できる。すなわち、それをもたらす素地はそれよりずっと以前から徐々に形成されていたのである。

これまでの経済の歴史を見ると、上記の企業の時代というのは産業革命以降、製造業を中心とした実物経済（実体経済）が主導してきた。この時代、貨幣経済（マネー経済）はその決済手段として実物経済と同等の規模であった。しかし、産業の構造は時代の進展と共に一次産業、二次産業から第三次産業（サービス産業）が中心に移っていった。それが劇的な形で形成されたのは「ニクソンショック」と呼ばれる米国ドルの金兌換放棄である。それ以来、世界の二つの経済、すなわち実物経済と貨幣経済の力関係は逆転していった。金の裏づけから開放されたドル紙幣の増刷によって、世界の貨幣経済は実物経済を量的に大幅に上回るようになった。この結果、貨幣経済額と実物経済額の差額の貨幣経済は投機マネーとして流動することになった。現在は、この過剰な貨幣経済（マネー経済）の動きが世界経済を左右するようになった時代である。戦後のマネーの流れは欧州・アメリカが中心であった時代が長く続いた。しかし、今、このマネーの流れを変えているのが中国、インドに代表される新興国である。新興国は世界のマネーをひきつける磁場となって世界経済を牛耳るようになってきた。これまで人類は三つのグローバリゼーションの波の中で国と企業、そして個人が色々な形で影響しあって歴史を形成してきた。マネー資本主義の増殖や世界同時化も加わって、その歴史を形成する要因の組み合わせはますます複雑化していこう。世界は今、大きな転換期に差し掛かっている。日本に目を転じると、日本は九〇年代以降、長い低迷期にある。いわゆる「失われた一〇年」、いやもはや二〇年といわなければなるまい。そして、二〇一一年三月一一日、未曾有の地震と津波、そして東京電力福島原子力発電所の事故の三重苦をもたらした東日本大震災を経験している。これは第二次大戦敗北に匹敵する大きな衝撃である。日本はこれを境に、全く新しい次元へ脱皮していく必要があるし、脱皮することを期待したい。

［注］

（1）トランスナショナル企業：バートレットとゴシャールが多国籍企業の理想型とした企業タイプ。本書七〇ページ参照。

（2）ＯＥＭ、ＯＤＭ、ＥＭＳ、ファウンドリー：いずれも委託生産の類型の一つ。ＯＥＭ（Original Equipment Manufacturing）は先進国ブランド企業の製品を受託生産すること。ＯＤＭ（Original Design Manufacturing）はＯＥＭより一歩踏み込んでデザインまで手がけること。ＥＭＳ（Electronics Manufacturing Service）は電子機器の大量受託生産専門企業。ファウンドリーは半導体関連機器の受託生産。いずれも台湾企業に多い形態で、商品のモジュール化に伴い先進国企業に代わって低コスト生産を受け持つ形態として普及した。なおこれら生産様式については第5章でも詳しく触れる。

第４章　グローバリゼーションの進化
――国の国際化・グローバル化――

1　貿易のはじまりとその発展プロセス

貿易とは、国境を越えた財（モノ）とサービスの取引である。人類の貿易の歴史は古い時代にさかのぼる。文字に書かれた貿易の歴史をみると、紀元前五世紀ギリシアの歴史家ヘロドトスは、古代カルタゴ人とヘラクレスの柱（ジブラルタル海峡）より遠方に住むリビア人との間における商品交換について以下のように述べている。

カルタゴ人はこの国に着いて積荷を降ろすと、これを波打ち際に並べて船に帰り、狼煙を上げる。土地の住民は煙を見ると海岸へ来て、商品の代金として黄金を置き、それから商品の並べてある場所から遠くへ下がる。するとカルタゴ人は下船してそれを調べ、黄金の額が商品価値につり合うと見れば、黄金をもって立ち去る。つり合わない時は再び乗船して待機していると、住民が寄ってきて黄金を追加し、カルタゴ人が納得するまでこういうことを繰り返す。これは沈黙貿易といわれるが、言葉も生活習慣も異なる集団の間で、モノの交換が行われた様子を描いていて興味深い。すなわち、貿易は異邦人との交換から始まったのである。こうした異邦人との貨幣を媒介しない余剰の交換（物々交換）の時代をフランスの歴史家F・ブローデルは自然経済と名づけている。我々が生活している現代社会では貨幣を用いない生活は不可能である。このような貨幣万能社会が誕生したのは十六世紀以降のことである。貨幣万能社会が作り出される上で重要な役割を果たしたのが、商業革命（Commercial Revolution）であった。商業革命とはコロンブスによる新世界への到達（一四九二年）、バスコ・ダ・ガマによる東インド航路の開拓（一四九八年）をはじめとする大航海時代の開幕によって世界経済構造が基本から覆されたことを指す。後述するが、それまで地中海経由の東方貿易によって栄えていたイタリアの商業都市は大打撃を受け、さらにオランダ、イギリスがアジア貿易を独占すると、これら商業都市は没落していった。また、中国を中心とし、東南アジアを結ぶ局地市場圏や内陸アジア市場圏、インドを中心とし東南アジア、西南アジア、東アフリカを結ぶ局地市場圏も没落した。

このように商業革命は、新世界やアジア、アフリカから数多くの新商品（胡椒、香料、綿布、茶、染料）をヨーロッパに送り届け、新たな商人階級、資本家的地主を勃興させると同時に、征服した地域の社会・経済構造を破壊した。十六世紀には、ポルトガル人、スペイン人の日本来航によって、日本も後に鎖国政策がとられるまで商業革命とそれをベースとした貿易の中に組み込まれた。こうした貿易の進展が世界を交易関係に巻き込み、今日の世界経済の形成を促進したのである。

グローバリゼーション時代に入った現在、私たちはどう対処すればいいのかを考える前に、本書ではグローバリゼーションがこれまでどのように進行してきたのかを経済学の視点から歴史的に見てみたいと思う。

まず、触れたいのはグローバリゼーションが進行する現代の経済社会に至るこれまでの世界経済と貿易の歴史である。現代の世界経済は一九八〇年代末の社会主義圏の国々の崩壊によって北朝鮮等わずかな国を除いて自由主義経済あるいは市場経済社会となっている。それではこうした経済社会がどのような経緯を経て現代に至っているのかをレビューしたいと思う。

まず、グローバリゼーション1・0から始めよう。近代経済社会の起源はヨーロッパということはほとんど定説となっている。この分野の権威である大塚久雄の『欧州経済史序説』によれば、ヨーロッパで最初に発展したのはイタリアの諸都市である。それからポルトガル、スペイン主導の大航海時代になり、それに続いて新興国家オランダが隆盛を示し、そのオランダを凌駕したのは産業革命を達成し七つの海を制したイギリスと続いていった。

2 イタリア諸都市の中継貿易

十、十一世紀になるとヨーロッパでは地中海沿岸を中心に沿岸貿易が盛んになる。ベニスやジェノバなどイタリアの都市国家を中心とした貿易である。ベニスの商人は地中海東岸の商業港アレキサンドリアに行き、イスラム商人と取引を始める。最も重要な取引品は胡椒、サフラン、白檀などの香料であり、続いて蔗糖、杏などの熱帯性果物、さらに染料、絹織物であった。ヨーロッパからの取引品は南ドイツで産出された銀、銅の鉱産物を中心に毛織物、穀物、武器などであった。毛織物はベルギーやイギリスで生産された毛織物がフローレンスなどのイタリア諸都市で染色加工されて東方に輸出されていた

（これらの特産品は現代でも続いており、イタリアはファッションの発信地である）。

3 ポルトガルとスペインの隆盛と没落

ポルトガルのバスコ・ダ・ガマはアフリカの南端の喜望峰を迂回して東インドに達する新航路を開拓し、直接東インドと取引する道を開いた（一四九八年）。この結果、東インドからポルトガルが直接取引した胡椒は仲介貿易によるベニス商人経由に比べてはるかに安価となり、イタリア諸都市は急速に没落していった。この結果、ポルトガルのリスボンがヨーロッパの中継貿易の中心地となって繁栄した。

しかし、東インドへの新航路を切り開いたことで得たポルトガルの繁栄は、その後スペインが新大陸への新航路を得ることによって没落していく（一五八〇年、スペインのポルトガル併合）。その背景はスペインが新大陸から安い銀を欧州に大量に持ち込むことによって、ポルトガルが仕入れていた値段の高い南ドイツ産の銀が競争力を失ったことによって没落していったことが挙げられる。スペインは新大陸から銀を持ち込み、それを東インドに運び胡椒をヨーロッパにもたらした。すなわち、新大陸―欧州―インドという三角貿易の完成でスペインの隆盛は確立した。

しかし、スペインはその後、自身が持ち込んだ豊富な銀によって没落に追い込まれるという皮肉な結果になった。スペインの貿易は新大陸からもたらされる銀によって、新大陸の植民者が欲する毛織物を輸出していた。毛織物の需要にこたえるためには豊富な毛織物を産出することが条件であった。スペインは自国内での毛織物産業の強化に努めたが結果的には衰退していった。当時のスペインはハプスブルグ家が支配しており、ヨーロッパ最強の軍隊を擁しており、その維持のために膨大な資金を必要としたのである。スペイン王室はその財源確保を自国内の毛織物工業経営者への過酷な課税に求めた。この結果、スペインは十六世紀に入るとオランダ、イギリスの毛織物を輸入して、それを新大陸に運び、銀を持ち込むという仲介貿易に転落した。スペインの富を支えた銀は毛織物製品を購入する資金としてオランダ、イギリスに流出していったのである。十六世紀末（一五八八年）になると、スペインの誇る無敵艦隊はイギリス海軍に敗れ、国力は急速に弱まっていった。

4 オランダの隆盛

一方、オランダでは毛織物工業が盛んであった。オランダは独立連邦共和国の政治形態をとり、圧政を嫌ったスペインの多くの毛織物業者を迎えていた。そこで花開いたのが問屋制マニュファクチャーという生産組織である。問屋制マニュファクチャーというのは、最初は家族だけでやっていたことを、家族以外の人を雇い入れて仕事場を拡張し、同じ仕事を全員でやる、すなわち生産規模が大きくなっただけの形態であり、これを経済学では協業という。しかし、次第に仕事のやり方を変えていった。すなわち、分業である。十八世紀最大の経済学者アダム・スミスはその著『国富論（諸国民の富）』の中で分業について以下のように述べている。

一人でピンを製造した場合、一日に二〇本がせいぜいであるが、針金を伸ばし、真っ直ぐにし、切断し、とがらせ、先端を磨き、頭部を作り、取り付け、紙に包装する、といった一八の別々の作業に分け

図4－1　イギリスの産業革命の諸都市

て作るとわずか一〇人で四万八千本のピンを作ることができる、一人当たり生産性では二四〇倍になるといい、分業の生産性の高さを指摘したことは有名である。それは労働の単純化、仕事と仕事の間に失われる時間が節約される、というのがその理由である。こうした労働形態を「分業による協業」という。さらにその後、機械の登場によって生産性はさらに上がっていった。労働の単純化と労働の細分化は次の段階で機械が中心の工場の登場となっていった。こうして工業力を培ったオランダは海外へ雄飛し、特にアジア向けの貿易が進展した。その拠点となったのがオランダ東インド会社[1]である。

オランダの毛織物マニュファクチャーは都市部に発達した。都市部には手工業者が存在し工業的な基盤が整っていたのである。しかし、都市部には手工業者を中心としたギルド制度（職業別組合）が強固に確立し、各組合員の労働時間や製品価格を厳格に決めて自由競争が制限されていた。オランダではギルド制度が特に強く、それが都市貴族層と結びつき、政治的特権階級を形成していた。こうした既得権益を確立した都市ギルド層は、競争相手となる可能性のある農村のマニュファクチャーの発展を抑える政策をとったのである。また、オランダは十七世紀前半に世界的にも有名なチューリップ熱に浮かされた。当時、トルコ原産のチューリップへの人気は高く球根の値段は常に上昇しており、この結果、チューリップ投機(2)が始まった。いわゆるバブル経済の発生である。これと前後して数度にわたる英蘭戦争でオランダは敗北した。こうしたことが重なりオランダ経済は停滞に陥っていった。

5 イギリスの覇権と衰退

一方、イギリスには豊かな牧草地があり、十五世紀ぐらいから毛織物工業が発達し、羊毛輸出国から毛織物輸出国に転換していった。しかも、イギリス毛織物工業の特徴は、その発展が農村工業というかたちであったことである。ヨーマンといわれる裕福な自営農民層がその担い手であった。イギリスでも都市部と農村部の対立は存在した。しかし、結果的に自営農民層が都市部の問屋制商業資本を凌駕したのは、都市部の問屋制が都市の職人に羊毛を与えて毛織物に加工してもらう、委託生産形態であったのに対し、農村の自営農民層の形態は最初、家族労働であったが、十六世紀になるとその多くが人を雇い入れて一〇~二〇人規模のマニュファクチャー経営となっていたことである。都市部の個々の職人の労働とアダム・スミス流の分業形態をとるマニュファクチャー生産では後者が圧倒的に強く、しかも直接外国商人とも取引していったのである。ここがオランダとの決定的な違いであった。すなわち、商業資本(商人資本)から産業資本(ものづくりをして利益を上げること)への主体の変化である。産業資本こそ資本主義そのものである。イギリスにおいて最初に資本主義的なマニュファクチャー主導の経済が成立し、さらに次の段階である産業革命を主導したことがその後のイギリスの世界における覇権の確立を可能にしたのである。言い換えれば、十八世紀イギリスに展開されていく社会は、産業資本が勝利した社会であり、産業資本が支配的な社会でのみ産業革命への道筋が可能となったのである。

以上、イタリアから始まり、イギリスの産業資本の成立までを見てきたが、この歴史から学べることは、自由な経済活動や発展的な発想による革新が可能な社会が、経済活動を成功させる社会であるということである。

産業革命の結果、イギリス綿工業は圧倒的な生産力を獲得し、ここに資本主義的な生産様式が確立することになった。そしてそれはヨーロッパ大陸諸国の封建体制を解体し、さらにはアメリカ大陸や東洋にも進出することになった。いわゆるパックス・ブリタニカと呼ばれるイギリス栄光の時代を迎えたのである。この時代にイギリスは貿易政策をはじめとする経済政策において規制を撤廃し自由貿易主義を方針とした。それは圧倒的な生産力を持つイギリスにとって最も有利な政策でもあった。国内では経済の発展に対応して金融制度の整備が進められ、十九世紀の半ばには金本位制も確立し、イングランド銀行は中央銀行となり、ロンドン（シティ）は世界の貿易決済、さらには証券業、保険業の中心地となっていった。

6 アメリカの台頭と覇権

イギリスの資本主義は次第にヨーロッパ大陸、アメリカ大陸、さらには東洋へ波及していき、次第にその中から力をつける国が現われてきた。最初の競争相手はドイツであり、次にアメリカであった。一九世紀後半には重化学工業化が技術革新とともに進み、固定資本、生産規模が巨大化していった。この時代にふさわしい企業形態は株式会社であり、株式会社が順調に発展したのはドイツでありアメリカであり、イギリスではなかった。イギリスの企業は大きくなるために基本的に利潤を再び投資する方式をとった。これに対し、株式会社は広く社会の各層から資金を調達する。株式会社は技術革新への対応力において、イギリスにおける個人企業やパートナーシップに比べて優位性があり、二十世紀に向けてドイツ、アメリカに次第に追いつかれ追い越される結果となる。二十世紀に入ると、アメリカの自動車生産システムにおいて革命的変革が起こった。フォード社によるフォーディズムである。これにより、大衆向け自動車の低価格供給（T型モデル）が実現され、資本主義は新たな段階を迎える。このようにして、アメリカは高度大衆消費社会を確立し、あわせて世界における経済的覇権を握っていったのである。

イギリスは第一次世界大戦の負担に苦しみ、大量の失業者を抱えるにいたり、さらに、一九三〇年代の世界的大不況に際して失業問題を解決できず、自らの植民地を中心とするブロック経済政策をとらざるを得なくなった。第二次世界大戦でも戦勝国とはなったものの、経済は低迷し、この過程で世界経済における覇権をアメリカに譲り渡すこととなった。このように多国籍企業の母国は、その時代に応じて変化していった。一九一四年には、世界の海外直接投資の四五％をイギリスが占めていたが、両世界大戦期からはアメリカの海外直接投資が急速に伸びて、一九三八年には世界の直接投資の二八％を、一九八〇年には四〇％を占めた。その間、一九六〇年代からドイツと日本の海外直接投資が著しく進展し、直接投資を行う国が多極化していった。

7 ドイツ、日本の躍進と貿易摩擦、プラザ合意以降

ドイツと日本は第二次大戦でともに敗北し、大きなダメージを喫したが、その後世界経済の好況にも恵まれ、輸出を牽引役に急速な復興と経済的躍進を遂げた。戦後ドイツは東西に分断されたが、西ドイツは欧州経済共同体（ＥＥＣ）や欧州石炭共同体などへの加盟を通じて近隣諸国との経済協力や政治協調を進め、欧州の中核メンバーとして受け入れられるようになった。また、通貨改革によるインフレの収束や朝鮮戦争特需、輸出の増進などによって急速に復活・成長し、「ドイツ経済の奇跡」とよばれた。一方、日本は一九五五年から一九七三年にかけて実質ＧＮＰの伸び率が年平均一〇％にも達するいわゆる高度成長期といわれる経済的躍進を実現した。これをさらに前半と後半に分けると、一九五五年から一九六四年までの前半期は「先進国の仲間入りをするまでの時期」であり、後半の一九六六年から一九七三年までは「経済大国とよばれるようになる時期」である。その後、二度にわたる原油価格高騰によるいわゆる石油ショックを経験し、その後は五％前後の中成長経済に移行した。高度成長期、安定成長

期の日本経済を支えたのは活発な輸出と民間設備投資そして旺盛な個人消費であった。特に輸出の増加は目覚ましく、恒常的な対米、対欧貿易黒字とその増大を来たした。輸出品目は繊維等の労働集約型商品に始まり、次第に家電、造船、鉄鋼、化学製品、さらには情報通信機器、半導体等ハイテク製品に高度化していった。この過程で米欧との間で深刻な貿易摩擦が発生し、日本製品ボイコットや対日輸入制限、現地生産への切り替え要請などが行われた。円の対ドルレートは一九八五年のプラザ合意以降、急激な円高となり、日本企業は米欧での現地生産、工場のアジアシフトなどが急速に進んだ。この結果、日本企業の国際化・グローバル化に拍車がかかっていった。

8 アジア、中国の躍進

一九八〇年のプラザ合意以降、日本を始め、米欧、そしてアジアＮＩＥｓ企業は積極的にアジアへの直接投資を行い工場を建設した。生産シフトは本格的な輸出志向生産であり、その受け手となったアジア諸国はいっせいに工業化し、欧米、日本への輸出を活発化させた。これによって、アジア諸国は欧米、日本への輸出増加↓国内の民間設備投資増加↓外貨流入額の増加↓個人所得の増加と個人消費の増加という経済拡大メカニズムを確立し、高い経済成長をとげた。さらに九〇年代に入ると眠れる巨人、中国の躍進が始まる。一九七八年十二月、中国で改革開放戦略がスタートし、外資を積極的に誘致し、沿海部を中心に経済的成長が広がった。天安門事件で一時頓挫したものの、再び経済の成長は続き、現在に至っている。リーマンショック以降、米欧日の景気低迷を横目に見ながら、ＢＲＩＣｓとよばれる中国、インド、ブラジル、ロシアに加え、アジア諸国が世界経済を牽引するに至っている（詳細は第6章参照）。

［注］

（1）オランダ東インド会社は一六〇二年にオランダ（アムステルダム）で設立され、世界初の株式会社といわれる。会社といっても商業活動のみでなく条約の締結権・軍隊の交戦権・植民地の経営権など喜望峰以東における諸種の特権を与えられ、アジアでの交易や植民に従事し、一大海上帝国を築いた。

（2）世界で最初の「バブル」。一六三四年当時のオランダは海洋貿易で富を蓄え、世界の覇権国となった。当時チューリップは、オランダで大流行し、球根の価格が急騰した。しかし、一六三七年に大暴落し国民は財産を失い、オランダは長期不況となり、英蘭戦争の敗北と相まって国力は衰退し、世界経済の中心地はイギリスに移った。

第5章　企業の国際化・グローバル化の進展と多国籍企業

多くの企業は、まず自国内において生産、販売、調達、研究開発、サービスなどを行い顧客に提供する。しかし、生産規模が拡大すると、これらの活動の一部、あるいは多くの機能が一国の国境を越えて海外でも行われるようになる。この時点で、その経営は国際経営と言われるようになる。国際経営とは国境を越える経営、あるいは国境をまたがる経営（Managing across borders）のことを言う。その経営が、複数の国にまたがるようになると、その企業は多国籍企業（Multinational corporation）と呼ばれる。アメリカの経営学者ダニング（Dunning）は「多国籍企業とは、海外直接投資を行い、一カ国以上で付加価値活動を行う企業」、同じく、バーノン（Bernon）は「多国籍企業は大企業であり、輸出やライセンシングなどの国際経営活動を行うだけでなく、海外生産も遂行し、海外子会社は地理的にかなり広範囲に分布し、多数の子会社を一つの共通の経営戦略の下で統括し、親会社と海外子会社は資金、技術、人材、情報、販売網、トレードマーク等の経営資源の共通のプールを利用している」と定義している。

1 企業の国際化・グローバル化

1 企業の国際化・グローバル化のステップ

企業の国際化・グローバル化は一般的に次のステップで段階的に行われる。端的に言えば、企業の活動機能が国内から順次、海外に移転されるステップと言うことができる。

①　間接輸出

企業は全ての企業活動（研究開発、製品開発（R&D）、生産、販売、流通、ファイナンス等）を国内で行う。海外向け（輸出）には商品生産までを受け持ち、後の工程は商社や海外ディストリビュータに一任する。これを間接輸出という。本社内での担当組織は輸出部、貿易部などである。

②　直接輸出（直接販売・マーケティング）

輸出量が増加するのに伴い、海外市場動向把握の必要性から、商社の介在を排して、現地に販売拠点を設立し、自社社員を現地に駐在させて直接輸出活動を行う。本社での担当組織は輸出事業部、海外事業部となる。

③　海外直接生産・直接投資

輸出量がさらに増大していくと現地顧客のニーズの把握と反映の必要性、商品供給の機動性・柔軟性の向上を図る必要性、さらに貿易摩擦回避等の必要性から現地生産を開始する。この結果、現地に販売機能、生産機能、サービス機能が移転される（現地小会社・多機能化）。本社での担当組織は海外事業

■ **多国籍企業の発展段階**

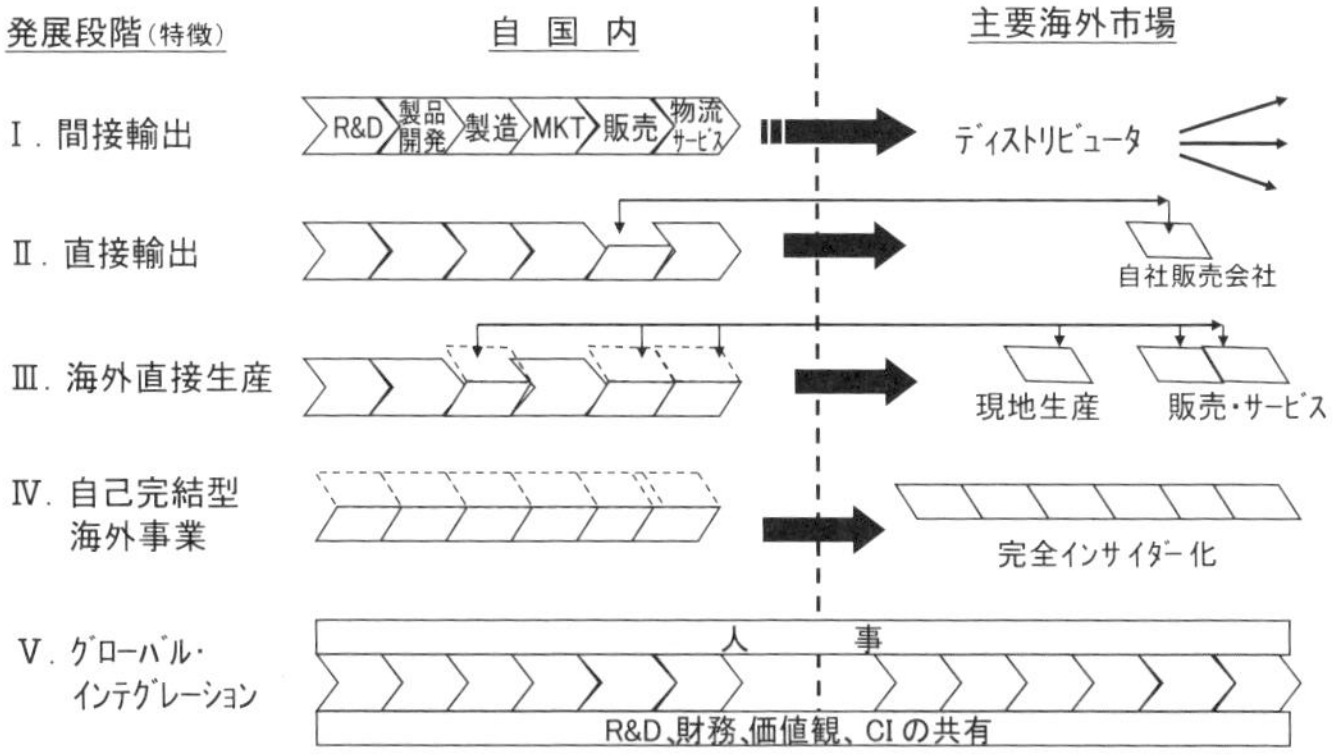

（出典）大前研一『日本企業の生き残り戦略』（1987 年，プレジデント社）をもとに筆者作成

図５－１　多国籍企業の発展段階

部であり、または製品事業部が国内・海外両面をカバーする。

④　自己完結型海外事業経営

現地経営がさらに本格化すると、現地に密着した研究開発や製品開発等の機能強化も必要となり、次第に、国内で行っている全ての工程と同じ機能を海外においても持つようになる段階になり、現地子会社が自己完結的な活動を行うようになる。その独立性の程度は、前述したように、企業の国際化・グローバル化に関する方針によって規定される。その担当組織は国内海外をスルーしてカバーする製品事業部である。

⑤　グローバル・インテグレーション

この段階になると、企業の基本的機能に加え、企業の財務、価値観、CI（Corporate Identity）の共有や人事制度の世界共通化が進み、世界を単一市場とした経営のグローバル化が進展する。しかし、ここまで到達した企業はまだ少ない。本国本社は世界

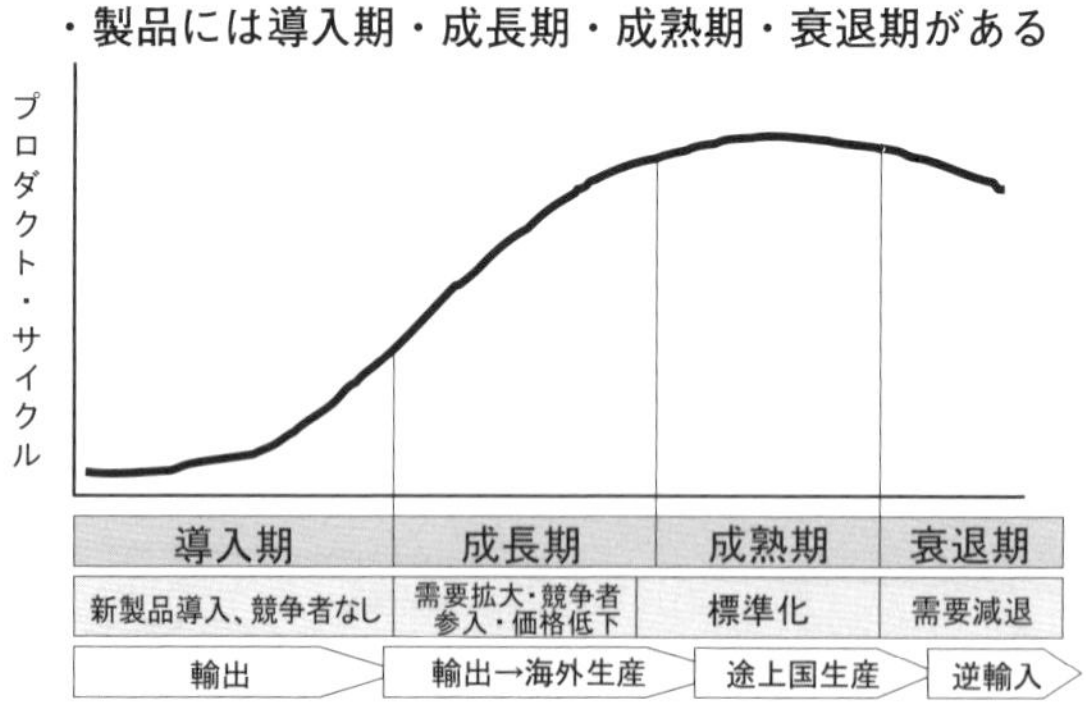

（出典）筆者作成

図5－2 プロダクト・ライフサイクル論（バーノン・モデル）

本社としての本社である。

2 プロダクト・ライフサイクル論

図5－1のようなステップがどのような理由に基づくのか。その原型となった考え方が、バーノン（Vernon）のプロダクト・ライフサイクル論である。バーノンによれば、製品には導入期・成長期・成熟期・衰退期というライフサイクルがある。まず最先進国のアメリカで新製品を開発し、国内市場で販売する。しかし、やがて成熟期を迎え、競争企業の参入も増え、価格競争も激しくなる。そこで欧州諸国や日本の需要を満たし、アメリカより安いコストで製品を供給するため生産拠点を現地に設置する。しかし、こうした国々でもやがて成熟期を迎える。競争の激化でコスト競争が激化し、よりコストの安い場所を求める。そこで発展途上国にその製品を供給するための生産拠点を設置し、アメリカ、欧州、日本などにも輸出するようになる。バーノンの説はアメリカが世界の唯一の最先進国であった頃の考え方である。その後、欧州各国や日本、アジアの経済発展によってアメリカとの技術

格差が縮小ないし消滅したので、現在では説得力が減少した[1]。

2 主要国の多国籍企業の誕生と発展

1 アメリカの多国籍企業

アメリカでは一九二〇年代、自動車産業は最も成長率が高い産業となり、海外市場へも大規模に進出した。ヘンリー・フォードが自動車の大量生産を始めたのは一九一三年、デトロイトのハイランドパーク工場からであった。そこではアメリカの自動車生産システムにおいて革命的変革が起こった。フォード社によるフォーディズムである。フォードは移動組立てライン（ベルトコンベアー）方式によって同一車種の大量生産を行い、安価な価格設定によって車を大衆商品化し、それまでの高所得者向けの自動車、という規定概念を打ち破った。これにより、自動車の低価格供給が実現され、資本主義は新たな段階を迎える。フォード社は、アメリカ国内市場のみならず、一九二八年、イギリスのダッジェンハムに大規模な自動車製造工場を作ったのを皮切りにヨーロッパ各国においても自動車販売を積極的に推進した。これが、企業の国際化の始まりである。

写真5-1　フォード社T型モデル

アメリカの製造業は戦間期から一九八〇年代頃までアメリカの海

外直接投資の牽引車であるのみならず、世界の製造業の海外直接投資の牽引車としての役割を担った。その後アメリカの多国籍企業は一段と巨額の資金を投じて国内、海外市場に攻勢をかけていった。

2 ドイツの多国籍企業

ドイツの多国籍企業は、十九世紀の末から鉄鋼、化学、電機の分野で国際競争力をつけていった。電機のシーメンスの場合、すでに一八五五年、ロシアで、そしてその三年後にイギリスで生産を始めていたが、その後も海外事業を加速させ、第一次大戦前には世界最大級の多国籍企業となっていた。その他の業種も積極的に海外進出を行った。ドイツ企業の対外直接投資は、第一次大戦直前に最初のピークを迎えたが、その後の二度にわたる敗戦によって大打撃を受けた。しかし、その後「ドイツ経済の奇跡」といわれる成長をとげ、復活した。ドイツが第一次大戦前の水準に戻るのは一九六〇年代後半であった。

3 日本の多国籍企業

日本の多国籍企業は製造業においては第二次大戦前は綿糸紡績業が中心であった。有力な企業は、輸出市場を保全するために上海や青島に大規模な紡績工場を建設した。しかし、日中戦争の激化の中で停滞し、敗戦と共に中国政府に接収された。第二次大戦後、高度成長期になると、リーディング産業が従来の繊維産業から鉄鋼、造船、合成繊維、とりわけ家庭電器や自動車などの機械産業へと高度化していった。これら産業の有力企業は輸出戦略を積極的に行った。海外生産では最初は途上国に対する輸入代替生産を開始した。しかし、途上国の市場規模には限界があった。一九七〇年のニクソン政権の新経済政策によってもたらされた急激な円高や日米貿易摩擦の激化をきっかけにして、日本の海外直接投資は一九六九年六・六五億ドル、一九七〇年九億ドル、一九七二年二三・三八億ドルへと急増していった。

4 アジアの多国籍企業

日本の後を追ってアジアの企業が近年、急速に国際化している。まず、アジアNIEsと呼ばれる地域（韓国・台湾・シンガポール、香港）の企業群である。先頭を走るのが韓国企業であり、サムスン、LG、現代など、財閥グループの企業である。特に、エレクトロニクス関連、鉄鋼、造船、自動車などの業種で多国籍企業が活発な海外展開を行っている。台湾企業もコンピュータ、海運、半導体などで多国籍企業が生まれている（第10章）。シンガポール、香港系企業では華僑資本を中心に金融、不動産、ホテル等で多国籍化しつつある。さらに最近では多くの中国企業が、国家の後押しもあり、海外企業の企業買収等、積極的に海外活動を展開している。東南アジアの企業も財閥系企業を中心に多国籍化している企業もある。

3 多国籍企業の進化とタイプ

多国籍企業のタイプについては、色々な説があるが、ここではその代表的なものを紹介したい。

1 経営者の姿勢に注目した説

ヒーナンとパールミュッター（Heenan & Perlmutter, 1979）は経営者の姿勢が企業の国際化に密接に関連するとして、以下の分類の頭文字（英文）をとって、ＥＰＲＧプロファイルと呼ばれる四つの姿勢基準を設けた。

① 本国指向型（Ethnocentric）：本社主導・本社中心主義の経営。全ての方針・戦略は本社から発信され、海外子会社は基本的にその手足となって現地活動を行う。

② 現地指向型（Polycentric）：現地のマネジメントは現地に任せる。ただし、資金と研究開発等、重要事項は本社が管理する。

③ 地域指向型（Regioncentric）：①と②の中間型。地域単位に地域本社（アメリカ本社、欧州本社、アジア本社等）を設立し、権限を委譲する形態。

④ 世界指向型（Geocentric）：各拠点が相互に複雑に依存しあい、本社と海外子会社は協調関係。最もグローバル化した形態。人材も世界中からベストな人材を起用する。

全体の傾向としては、企業の国際化は段階的に①から②、③そして④に向かう傾向にあるとしている。

2 トランスナショナルモデル（Transnational Model）

バートレットとゴシャール（Bartlet & Ghoshal, 1989）は一九八〇年までの企業の国際化のパターンを、日本企業の典型であるインターナショナル型、アメリカ企業によく見られるグローバル型、ヨーロッパ企業に見られるマルチナショナル（またはマルチドメスティック）型として様式化した。その上で、八〇年代以降、国を問わず進展している新たな方向性として、トランスナショナル型の組織を提唱した。

① インターナショナル・モデル（International model）

企業が主に国内で開発した製品を海外市場に輸出し、その延長線上で海外生産を行うというものである。これは初期の多国籍企業で見られたモデルであり、一九七〇年代の多くの日本企業はこのモデルに基づいて国際ビジネスを展開した。輸出から海外生産への移行の主要な理由は貿易摩擦や円高であった。このモデルは本社中心主義であり本社の海外子会社管理やコントロールが強い。弱点としては生産拠点が国内にあり、意思決定は親会社が握っているので現地の環境変化やニーズの変化に迅速に対応できない。また、下位外国会社の経営資源や能力を十分に活用できない。

② グローバル・モデル（Global model）

一企業が世界を一つの市場とみなし、世界標準製品を大量生産・大量販売するタイプで、アメリカ企業は世界的な大量消費気運が高まると、このシステムを世界的に拡大した。このような多国籍企業は親会社が世界的に統一した管理と地球規模の経済性を追求する戦略をとる。親会社と子会社は支配・従属関係であり、親会社がグローバル戦略を立案し、子会社は実行する役割となる。

③ マルチナショナル（またはマルチドメスティック）・モデル（Multi-National（Domestic）model）

企業が世界各国の環境条件の違いを重視し、それに適応する経営を展開するタイプであり、伝統的にはヨーロッパの多国籍企業に多く見られる。このモデルを採用する企業は、現地適応戦略を展開するので分権管理システムが採用される。海外子会社は「自律的子会社」として自由にビジネス活動を行う。

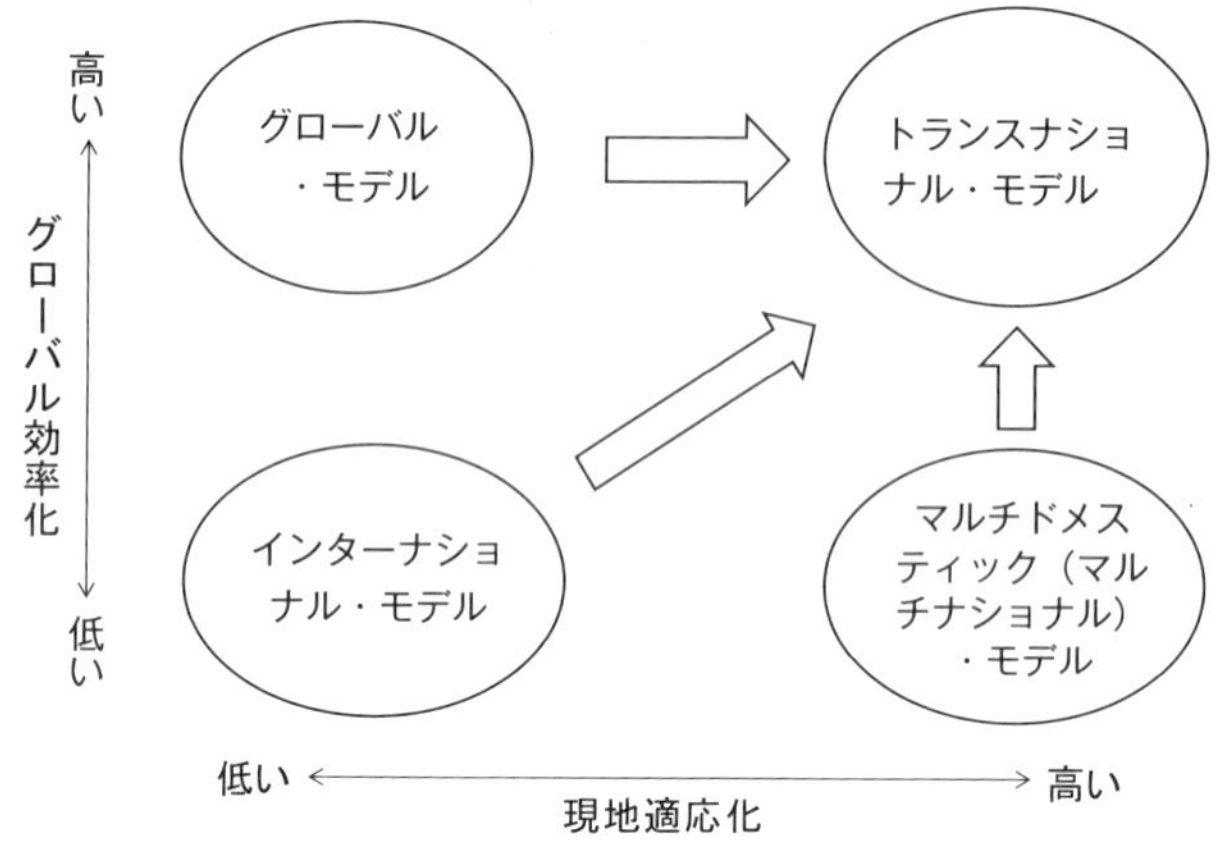

筆者作成

図5－3　トランスナショナル・モデルへの進化

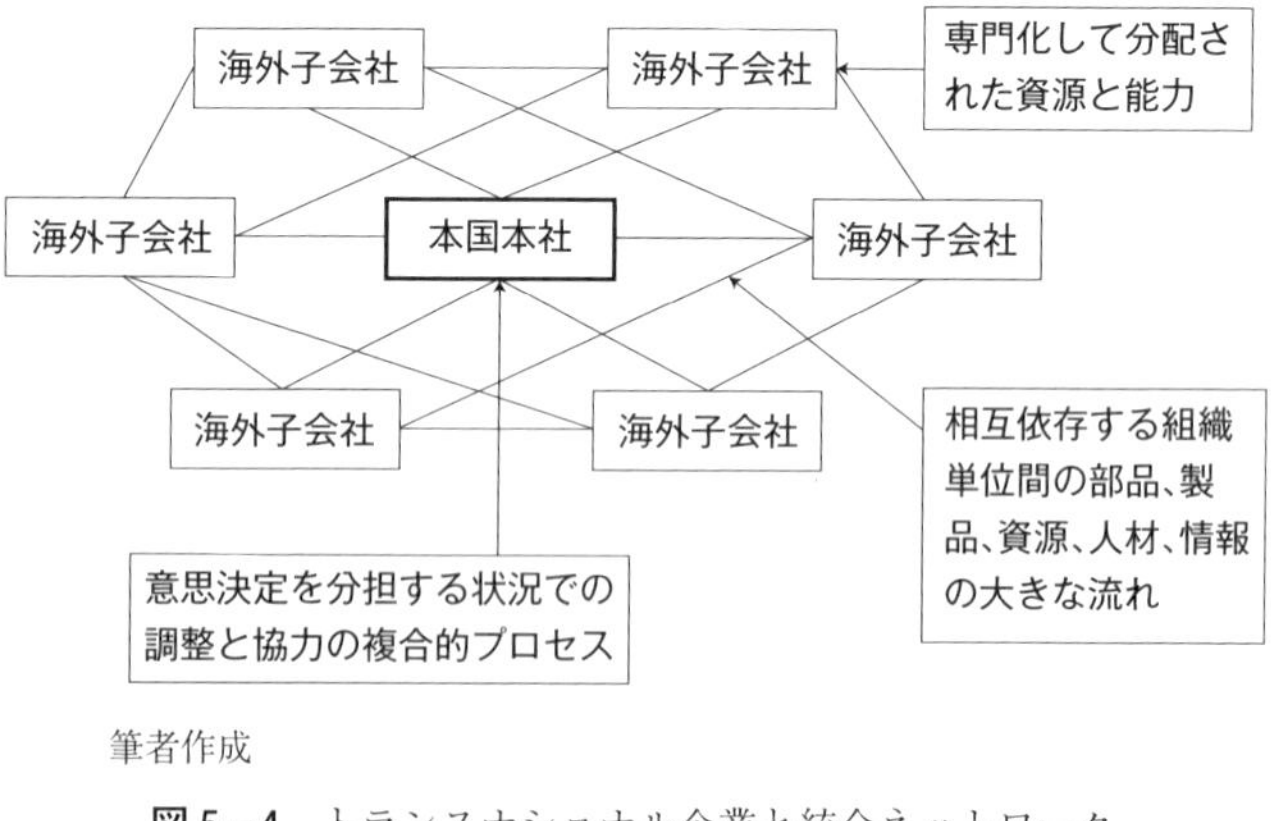

筆者作成

図5－4　トランスナショナル企業と統合ネットワーク

本国本社と世界中に立地する子会社の関係を，経営資源の各子会社への分散，役割の専門化，相互依存をキーワードとする統合ネットワークとして構築している企業このモデルは遠地のニーズに敏感に対応できる反面、企業グループ全体としての効率や親会社、子会社双方の経営資源の活用が十分にできず、グローバルな活動が困難という問題がある。

④　トランスナショナル・モデル（Transnational model）

一九八〇年代に入ると、世界の環境変化のスピードが速まり、顧客ニーズの多様化、製品ライフサイクルの短縮化、急速な技術変化、グローバル競争の激化などが顕在化した。バートレット＝ゴシャールはこれからの多国籍企業は、①グローバル効率、②各国市場への対応、③イノベーションと学習能力の世界的な移転、という三つの課題を同時に達成していくことが重要になると考えた。そして①グローバルとローカル、②大規模と小規模、③中央集権と分権という二つの矛盾したことを同時達成する新しい国際ビジネス・モデルとしてトランスナショナル・モデルを唱えた。このモデルでは企業の経営資源や能力は世界的に分散し、各子会社は親会社の手足ではなく、その能力に応じてグループ全体に貢献する。トランスナショナル・モデルの企業では、親会社、子会社間で資源や能力の移転や共有を行ってグローバルなイノベーションを行うことが期待できる。ある分野では親会社より能力を発揮できる海外子会社も出現する。反面、このモデルは理想的ではあるが、実施しようとすると複雑で困難を伴うので、現実にはこれにぴったり当てはまる企業はほとんど存在せず、理想型とも言われているが、あるべき方向性としては正しい。

３　多国籍企業の本国本社の国際事業組織

多国籍企業は、グローバル化の進展に応じて、本国本社の組織を変えていく。国内だけに限定した初

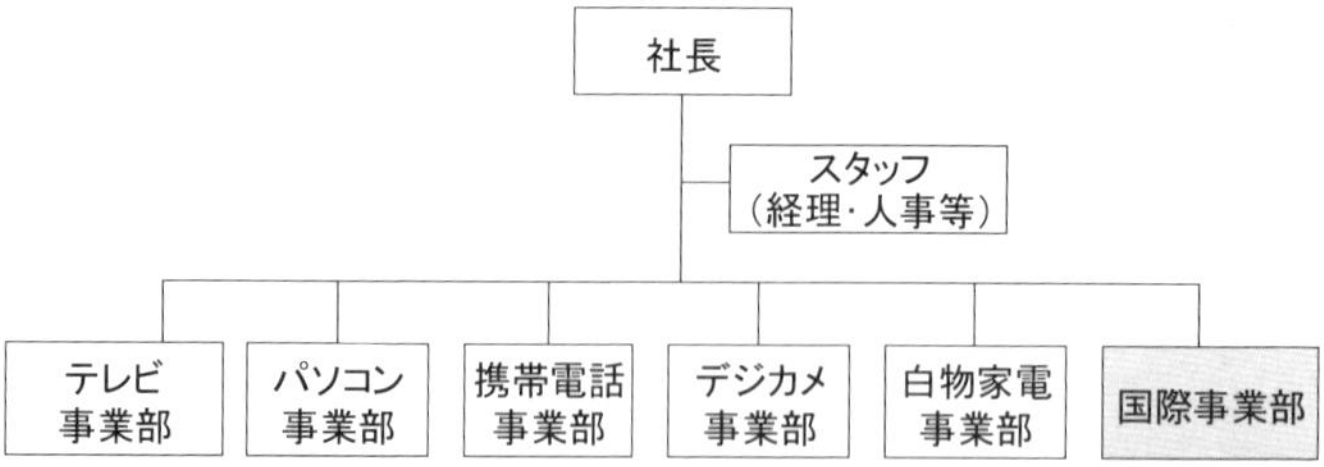

＊国際化の進展に伴い，企業は製品別事業部制組織に国際事業部を追加（国内事業と国際事業の管理を分離し，海外戦略を強化）。

筆者作成

図5－5　事業部制組織と国際事業部

期の段階では、企業は社長を頂点とした中央集権的な機能別組織の形態をとる企業が多い。一方、企業組織的に見ると、一般に企業は企業規模が大きくなってくると、一人の社長が全ての機能を見ることが困難となる。この段階になると事業部制組織を採用する企業が増加する。間接輸出を始めるようになると、企業は輸出業務を専門に行う国際事業部、海外事業部を置くようになる（図5－5）。

　企業の輸出の額が徐々に増加していくと、輸出品の現地におけるアフターサービスや現地顧客のニーズの細かい把握、さらに現地生産の必要性が出てくる。この段階になると、国際事業だけでは海外事業を十分に管理できなくなってくる。なぜならば、国際事業部は基本的に海外への販売を担当する事業部であり、主として販売やマーケティングといった事務系の業務を受け持ち、人員の中に技術や生産に詳しい人材がほとんどいないからである。

　そのため、国際事業部は廃止され、製品事業部が、国内・海外両面を自己完結的に見るようになっていく（世界的製品別事業部制）（図5－6、図5－7）。

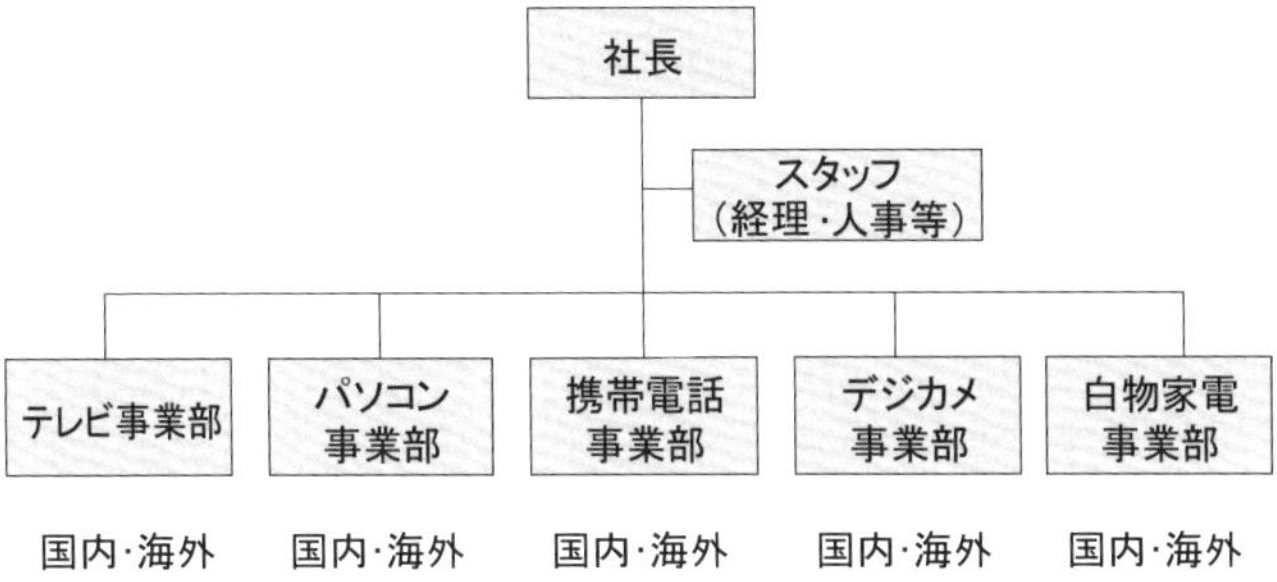

＊海外での多角化が進むと，国際事業部という単一の組織では多様性を管理しきれない。
＊海外での事業展開が拡大するに従って，国際事業部では多数の製品の多くの地域での事業活動がしにくくなる。
＊そこで，各製品単位で国内・海外をスルーして見る組織にする必要性が生じる。
＊また，海外で多角化せず，主力事業で海外売り上げを伸ばす企業の場合，製品別ではなく，地域別事業部制をとることもある。

筆者作成

図５－６　国際事業部の廃止と世界的製品別事業部制組織

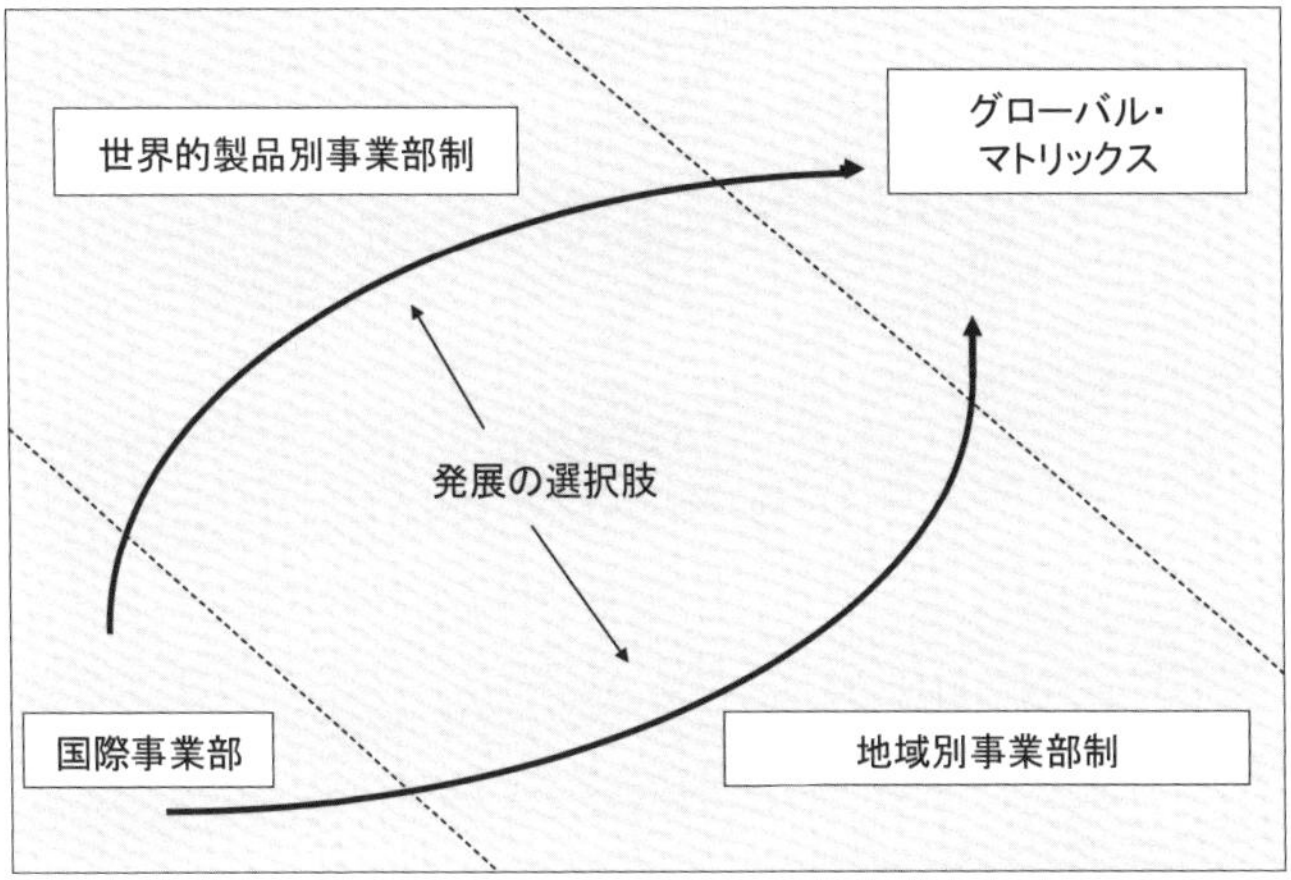

筆者作成

図５－７　企業組織の国際化・グローバル化のステップと類型

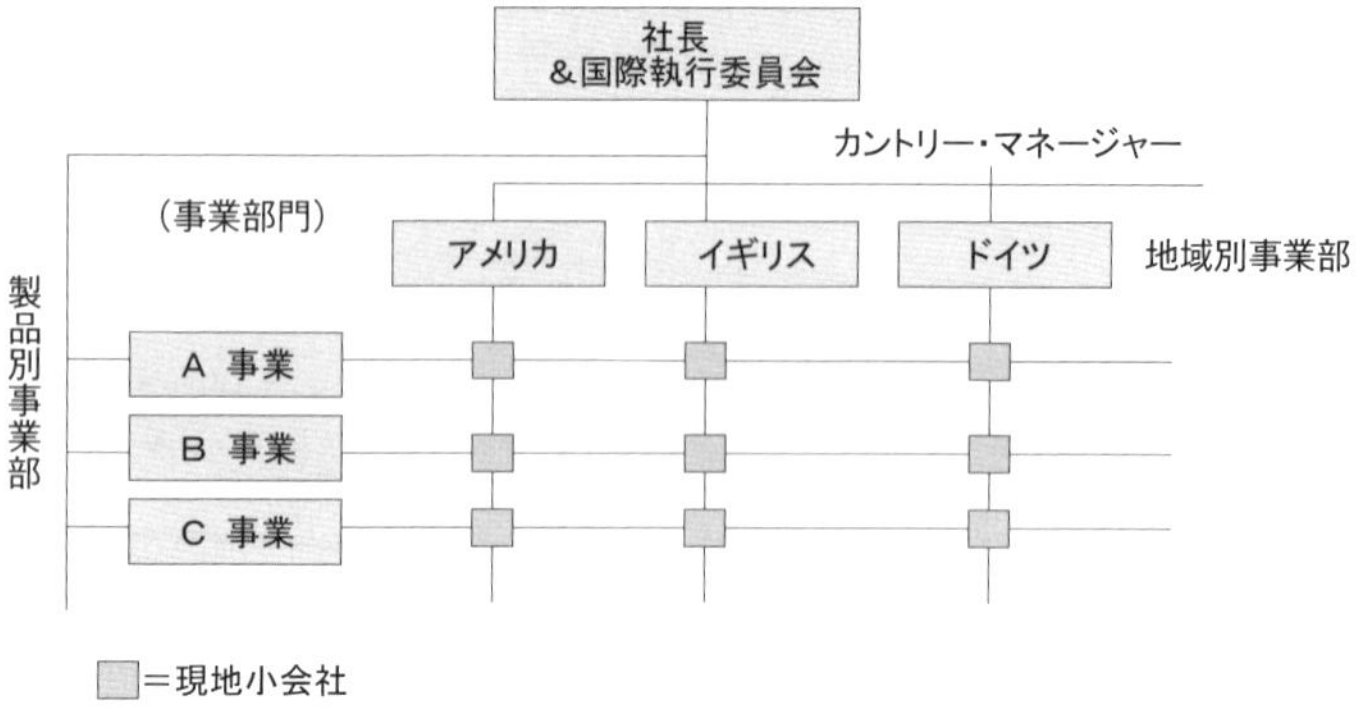

筆者作成

図5－8　グローバル・マトリックス組織

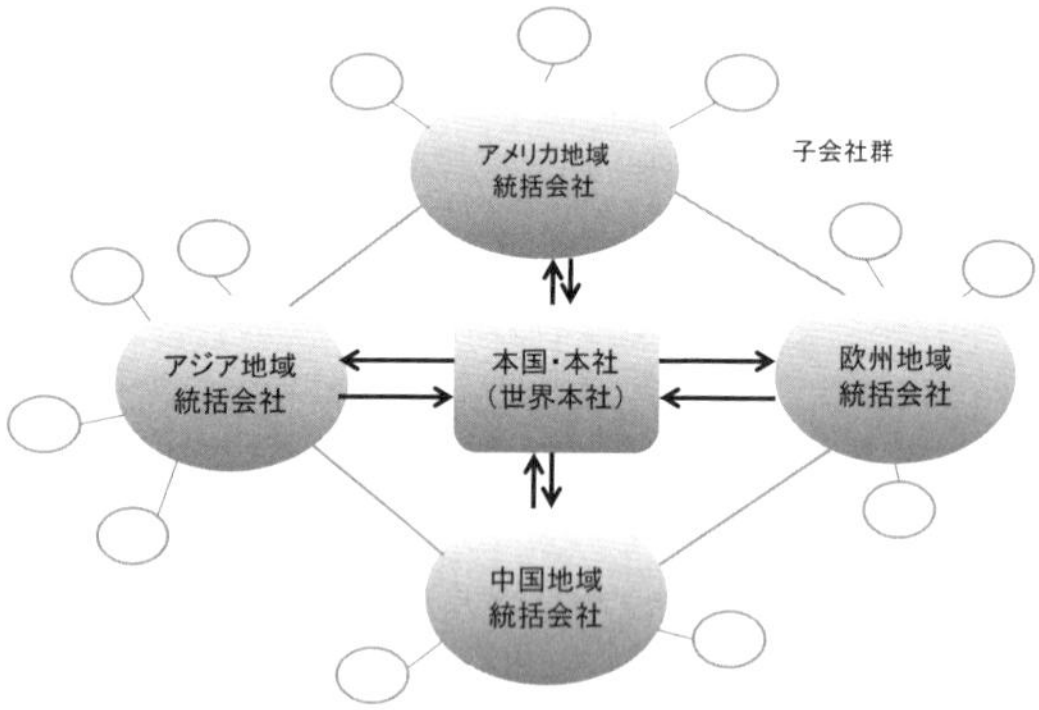

筆者作成

図5－9　地域統括会社（地域本社）

こうして、企業の多国籍化、グローバル化に伴い、国際事業に関する組織はより複雑化していく。企業は、世界各国市場への浸透と製品別事業戦略の双方をどうバランスさせるかに悩むようになる（図５‐７）。この結果、出てきたのがマトリックス組織（図５‐８）である。これは地域戦略と製品戦略の両面から、双方を満足させるために考え出された組織である。オランダの総合電機メーカーのフィリップスなどが採用している。また、スイスの総合エンジニアリングメーカー、アセア・アンド・ブラウンボベリ社[2]（以下、ＡＢＢと略）も採用していたが、数年前に製品別組織へ変更した。マトリックス組織は、一見理想的に見えるが、製品側と地域側の二人の責任者（two bosses）ができるため、両者間の葛藤が多く発生し、意思決定に時間がかかること、製品別・地域別両面の組織となるため人件費コストが膨大になることなどから問題が多い。

この問題を解決し、より一層の経営のグローバル化を進めるため、多国籍企業の中心は地域統括会社（地域本社）制度を採用する企業が増加した。これは、世界の主要地域を三極（日・米・欧）ないし四極（日・米・欧・アジア等）に分け、世界中に展開した多くの子会社を地域統括会社が管理しようというものである。多くの多国籍企業は海外に数百という数の子会社を展開している。これらの海外子会社を本国にある本社が一括して管理・把握することは困難になってくる。このため、本社の分身としての地域統括会社を世界の三極、ないしは四極地域の中心に立地させ、本国本社の権限・責任を地域統括本社に大幅に委譲し、その地域の日常活動の統括は地域統括会社が行うようになる（図５‐９）。

4 国際経営のパラダイム転換

九〇年代以降の国際経営の潮流はグローバル化・デジタル化・ネットワーク化である。これにともない、従来のプロダクト・ライフサイクル・モデルは必ずしも現実とそぐわなくなってきている。従来の考え方は国際化・グローバル化には一定のステップがあり、それを経て、企業は次第にグローバル化していくとの考え方であった。東アジアで言えば、日本がまず国際化し、その技術やノウハウをアジアNIEs諸国に移転し、NIEs諸国はそれをASEAN諸国に移転し、さらに中国、インド、ベトナムがその後を追うという考え方（雁行形態的経済発展パターンという）が主流であった。

しかし、最近の動きを見ると、プロダクト・ライフサイクル・モデルや雁行形態と違ってきている。すなわち、製品のモジュール化の進展により、最新設備さえあれば途上国でも製品の生産が可能になり、従来のような先進国から中進国、途上国という序列が徐々に崩れ、「後発の有利性」が働くようになる。中進国や途上国であっても、ある部分の生産工程については先進国並みになったり、距離が狭まりつつある。技術の波及速度が劇的に速くなってきているのである。また、企業内分業においてもこの傾向にあり、研究開発においても、技術革新が先進国の本国だけでなく、海外の子会社においても現れてきており、その技術が海外子会社から本国本社や他の国の子会社に移転されている例が増えてきた。

例えば、ゼロックス社の場合、本社はアメリカであり、従来は本社から技術や経営ノウハウが海外子会社に移転されており、本社が全てを管理していたが、最近は子会社である富士ゼロックスが中・小型複写機の開発を担うようになってきた。そのほか，ネスレやIBMなどにおいてもそうした傾向が出てきている。東芝など日本の多国籍企業も，日本の本社のほかにアメリカ，ヨーロッパ，アジア，そして中国等に地域本社を構え，本社の権限を大幅に移転して世界三極，四極体制を構築している。研究開発（R&D）においても同じように主要地域にR&D拠点を構築し，本社R&D機能を分担，ないしは各地域対応のR&Dを行っている。

5 新時代のグローバル経営とその特徴

国際化とグローバル化との違いは，一般的に下記のように定義される。

① 国際化：企業が国内から海外へと活動舞台を拡大・進出すること。

② グローバル化：世界規模で経済経営活動の相互依存化が進んだ状態。世界市場を単一市場と捉え，付加価値活動を一ヵ所で集中的に，または世界の最適地で行い経済効率性や規模の経済を享受する戦略。

グローバル化が世界的に進展すると，世界の市場は一つになり，世界の多国籍企業が参入し，競争は一層激しさを増してくる。そうした中では，自社だけの，自国だけの経営資源（ヒト，モノ，カネ，情報，ノウハウ）だけでは競争に勝てなくなる分野が増加していく。そこで，世界中の優れた経営資源を活用して競争優位性（コア・コンピタンス，core competence）[3]を維持していかなければならない。そこでの成功のカギは，世界的規模で付加価値活動を展開し，競争優位を築いていく能力が必要になる。

今後は、技術力、製品開発、生産、調達、販売、物流、サービスあるいはマネジメントそのもの、といった中でどの分野が自社のコア・コンピタンス（他社の追随を許さない競争優位性）かを明確に認識し、競争市場でのユニーク性、コア・コンピタンスを持つことが要請される。現在、グローバル市場で活躍している企業は競争市場に打ち勝つコア・コンピタンスを持つ企業であり、デファクト・スタンダード（de fact standard、世界の業界標準）を形成できる企業が多い。また、全て自前主義と言うのではなく、ある分野で突出した競争力を持った専業企業が多い。加えて、多角化した企業でもGE（General Electric）やＡＢＢのように、事業分野ごとに見れば、それぞれが世界市場で一位、ないしは二位の事業の集団であることが多い。ＧＥのウェルチ元会長は企業の競争力の源泉は優れた技術力であると指摘している。優れた技術力があって初めて、優れたサービスをその上に付加し、高い収益を上げることができるのである。独自の技術力を持つことによって、他社との戦略的提携も可能になる。他社にない技術力、他社が追随できない独自の技術力は企業の競争力の源泉である。しかし、これらの多国籍企業にとって、全てを自分の企業内だけでまかなうこと（これを「自前主義」という）は、現在のような世界的競争市場の中では困難となってきている。そこで、戦略提携を行うことによって不足する部分は他社の経営資源を活用する（アウトソーシング）という動きが出てくる。外国企業と提携する場合、これを国際戦略提携という。

6 国際戦略提携とアウトソーシングの時代

1 その背景

① グローバル・メガ・コンペティション（Global Mega-Competition）

世界的な規模での競争の激化に伴いボーダーレスな競争市場での企業間競争が激化し、世界に通用する競争力（コア・コンピタンス）を持たない企業は競争から脱落しかねない。グローバル市場を対象とする商品市場においては世界シェアが一位、二位、最低でも三位以内に入らないと収益が確保できず生き残れないと言われている。したがって、こうした市場で勝ち残るには、卓越した事業競争力を持つ事業に徹底的に資源を投入すること、そうでない事業は捨てるか、残す事業についても積極的に他社の経営資源を活用する戦略を推進しなければならない。

② 技術革新の加速化と膨大な研究開発費

半導体メモリーの高集積化に象徴される技術革新の加速化によって膨大な研究開発費、設備投資、人的資源が要求される。このため、自社だけの力でまかなうには限界があり、他社と組んで遂行することが必要となる。

③ 製品ライフサイクルの短縮化

三ヵ月ごとに新製品を発表するパソコン業界に代表されるように、製品ライフサイクルがますます短縮化しており、独創的な新製品を他に先駆けて市場に投入し、創業者利益を獲得することがＫＦＳ

(Key Factors for Success)となりつつある。このため、自社の不得意とする技術や機能については、時間を短縮するため、外部の力を活用するのが戦略的に得策となる。

④　複数技術の複合化、融合化

単一の技術から複数の技術の複合化、融合化が進行し、一企業が持つ技術だけで全てを賄えなくなる傾向が強まる。このため、自社にない技術については他社と組み、見返りに自社の強みを他社に生かさせるという、技術や人材の相互補完を行うことにより、業界における優位性を確立するという戦略的提携が特にハイテク分野において主流になりつつある。

⑤　ハードウェア、ソフトウェア技術の統合、システム・ソリューション

近年、ハード単体のみではなくソフトウェア更にサービス込みで顧客に売る形態の事業が増大している。また、ソフトウェアとハードウェアが融合して一つの商品・サービスを形成する事業や市場が増加してきた。メーカーの場合、ハードウェアは強いがソフトウェアは弱いという企業も多く、こうした場合、ソフト会社と組んだ方が得策である。

⑥　グローバル化の進展

前述のように、グローバル化の進展は、世界的規模での企業間競争の激化をもたらし、また、企業に自国内フルセット型から世界中の最適経営資源を活用するアウトソーシング型へ転換させるきっかけを作った。アウトソーシングの範囲は研究開発、エンジニアリング、生産、マーケティング、販売、物流、サービス、ファイナンスにまで及び、それを推進する手段として企業間の国際戦略提携が重要視されるようになってきた。戦略提携はさらに相手企業への投資にまで拡大し、ひいては相手企業のM&A

（合併・買収）にまで及ぶことも珍しくなくなってきた。

2 国際戦略提携のメリットと動機

前項で、国際戦略提携が近年増加している背景を述べてきた。即ち、要約すれば、全てを自前でやるには膨大な経営資源、開発時間がかかり、また失敗した際のリスク負担が増大する。この結果、自分の持っていないもの、苦手なものは、外部から補完する方が合理的である。ここで、国際戦略提携のメリットとしては一般に以下のような点があげられる。

① 経営資源の節約とコストの低減
人的資源、設備資源、資金という経営資源を節約する。それによりコストの低減も行う。

② 時間の節約→スピードを買う
自前でやることによる時間的ロスを提携によって短縮する。

③ リスク負担の軽減
単独で行うのに伴う人的、物的、資金的、時間的リスクを軽減する。

④ 規模の利益の追求
他者と組むことによる生産・販売面の規模の利益（スケール・メリット）の享受。

⑤ 企業連合（多数派工作）による業界標準（デファクト・スタンダード：事実上の標準）獲得
複数の企業が連合することによって、その方式が最大シェアを獲得し、技術的にも業界標準となることを狙う。

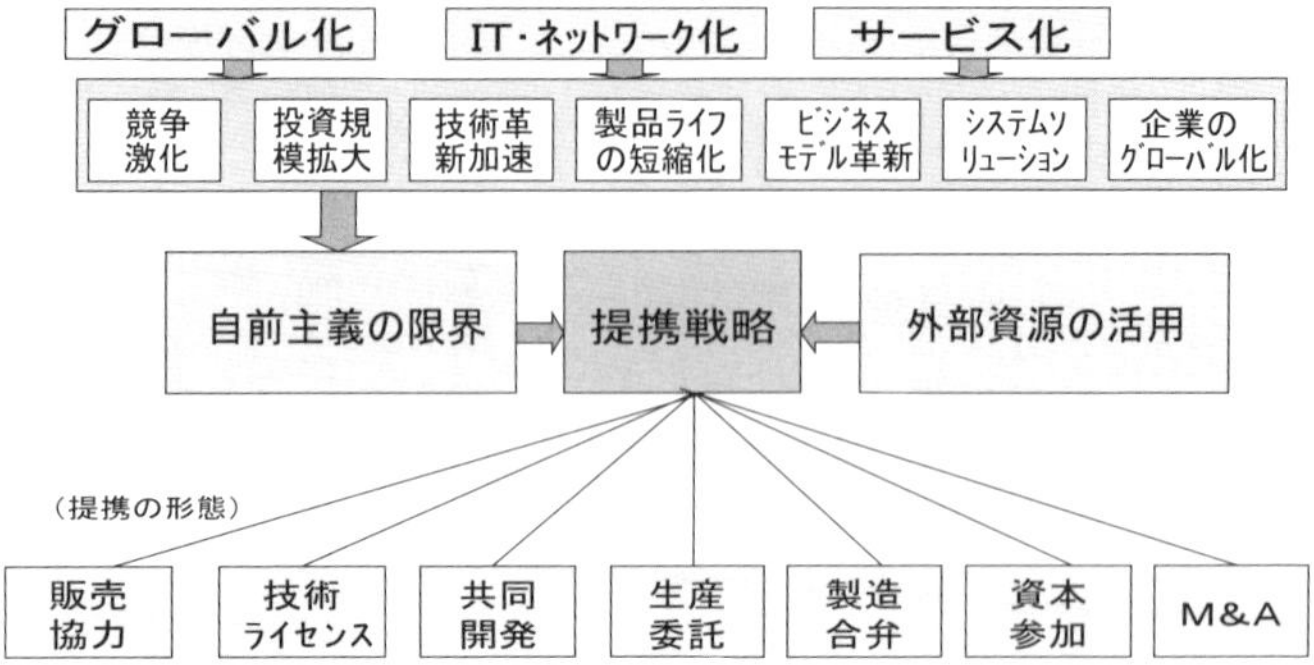

筆者作成

図5－10　事業環境変化と提携戦略の位置付け

⑥　新規事業・新規市場への参入

新規事業・新規市場に参入するために、自社が持たない（あるいは弱体な）事業分野を他社と組むか取り込んで果たそうとするものである。

以上のように、戦略提携は他社の経営資源をうまく活用することによって、自社の経営資源を得意分野へ集中的に配分し、自社だけでは達成できない戦略を実施することができる。それは単なる経営資源の補完ではなく、自社資源と他社資源の融合によって、より高いシナジーを追及することである。マイケル・ポーター（Porter）は「提携はグローバル戦略の多くの面で価値ある道具であり、それを開発する能力はこれからますます競争優位性の重要な根源となるであろう」と指摘している。[4]

3　戦略提携の形態別分類

企業の提携戦略には提携の程度により、形態的にいくつかの種類がある。図5－10の分類では提携の程度は左から右へ行くほど資本投資が増加し関係が深まることになる。換言すれば、提携企業同士のコミットメントが増大することになる。

①　販売協力

製品は自社でつくるが、販売を他社に依存するために提携するケース。例えば、日本企業が有力な製品を開発し、海外に輸出しようと考えたが、現地に自社販売網を持たない場合、現地の有力な販売会社や販売代理店と組んで商品を販売する場合をいう。販売委託ともいう。

②　技術ライセンス（Technology License Production）

特許など権利化した技術を持つ相手企業から有料でその技術供与を受け、生産する事業形態。戦後の日本メーカーは技術的に立ち遅れたため、アメリカ企業から技術ライセンスを受けて生産を行った時期があった。これによって技術を習得し、次第に技術力を高め、自力で生産を行うようになった。最近は日本企業がアジア企業に対してライセンスを供与するケースも増加している。それぞれの企業が持つ異なる特許を交換しあう場合、これをクロス・ライセンスという。

③　共同開発

技術的にほぼ同格ないしそれに準ずる企業同士が特定の製品や技術を共同で開発しようとする提携形態であり、近年盛んに行われている。お互いの強みを生かしあって足らざる面を補うケース、どちらも似たような強みを持っているが一社だけでは資金的・人的負担がかかるので共同でやることにより負担を軽減しようというケース、共同で開発することで開発に要する時間を節減し、競争優位を享受しようというケース等がある。

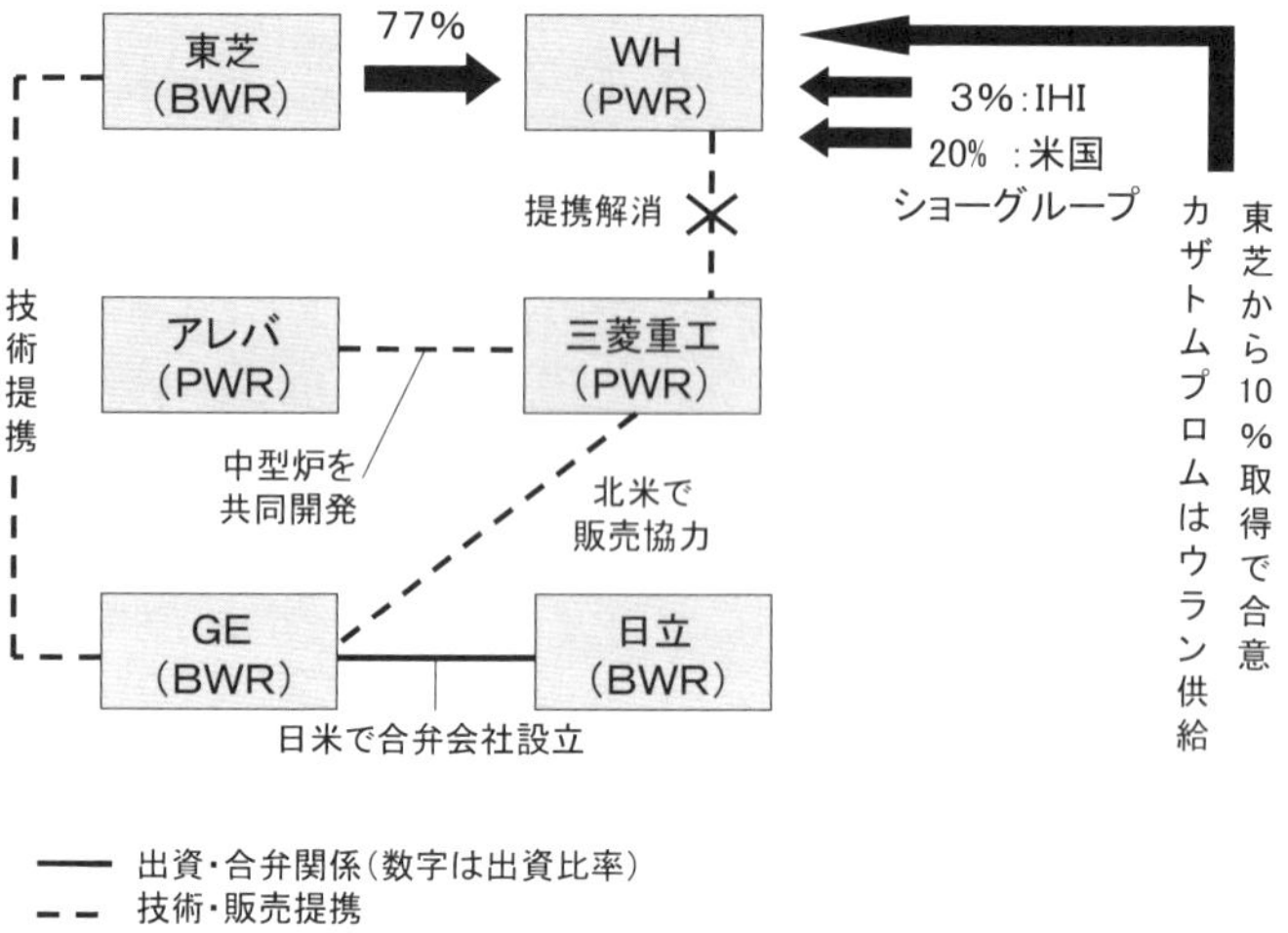

筆者作成

図5－11 世界の原発大手の提携・出資関係
(PWRは加圧水型軽水炉，BWRは沸騰水型軽水炉)

④ 生産委託

自社では生産せず、外部のメーカーに生産を委託するケース。OEM供給[5](Original Equipment Manufacturing)は、委託を受けた相手先のブランドで完成品、部品を供給すること。家電、自動車、精密機械、事務機器等で広く普及している。メーカー同士、メーカーと大手小売業が契約するものなど様々な形態がある。最近は自社ブランドを持たず、複数メーカーからパソコンや携帯電話などの電子機器の受託生産を請け負うEMS[6](Electronics Manufacturing System)、半導体の受託生産を専門とするファウンドリー等の事業形態が急成長している。製造だけでなく、設計や部品調達、物流まで一貫して手がける。大手メーカーはコスト削減のために、製造の外部委託を拡大しており、その需要を取り込むことで急成長した。EMSは量産効

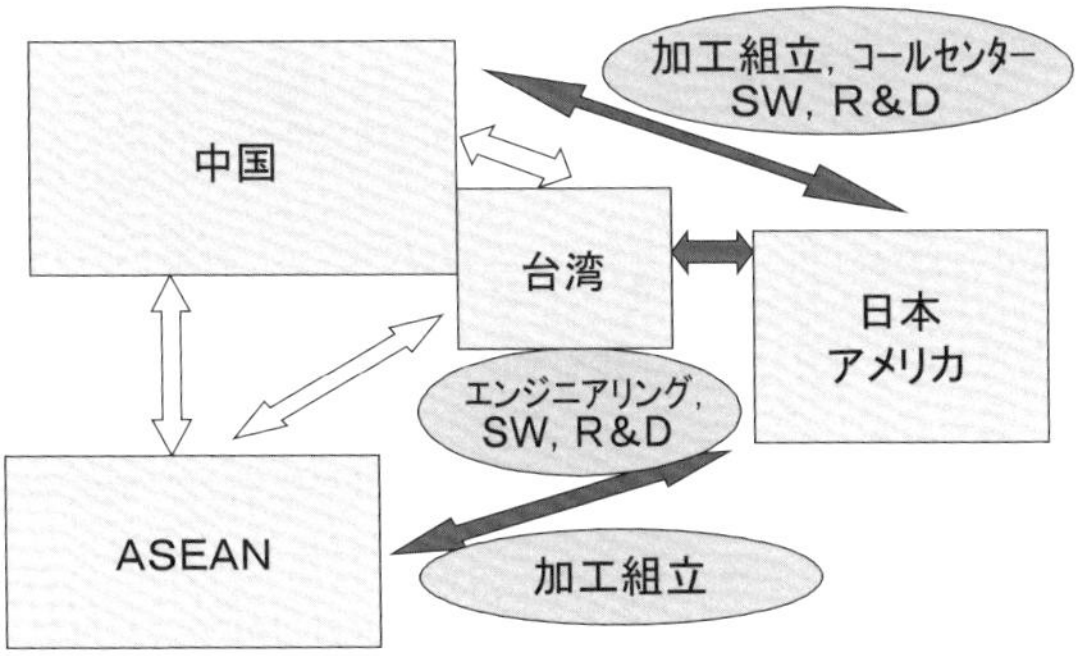

筆者作成。SW はソフトウェアの略。

図5－12 東アジアにおける日本企業の連携

果を高めるために積極的に工場買収を進めている。また、半導体の受託生産のことをファウンドリー(7)という。台湾積体電路（TSMC）がその代表的企業である。ソレクトロン（アメリカ）、フレクトロニクス（シンガポール）、セレスティカ（アメリカ）、ホン・ハイ（鴻海）（台湾）、ウィストロン（台湾）はその代表的企業である。

⑤　製造合弁

複数の企業が共同出資して企業を設立し、ある製品を製造し、共同で運営することである。設備投資負担や相手先国企業との連携による円滑な進出を行おうというものである。デメリットとしては、両社の方針が食い違う場合、意思決定が遅れることである。

⑥　資本参加

ある会社が他の会社の株式を取得し、関係を強化するケースであり、動機は様々である。出資比率の多寡によって資本参加は買収（M&A）に移行する。

図5－11は世界の原発大手の提携・出資関係を示している。原発にはPWRとBWRの二つの方式がある。東芝はG

中国企業	外国企業	提携内容
海 爾（Haier）	三洋電機	・相互販売協力 ・部品生産 ・調達協力 ・OEM，技術供与
TCL	松下電器	・部品調達 ・販売代理契約 ・OEM生産 ・技術供与
TCL	フィリップス	中国西・中部5省での独占販売
海 信（Hisense）	住友商事	日本に合弁会社設立，海信製品の販売
康 佳（KONKA）	サムスン電子	PDPテレビ分野の生産販売協力
長 虹など	東 芝	カラーテレビ他技術供与

（出典）電波新聞（2002.10.23）より筆者作成

図5－13 活発化する中国家電メーカーと外国企業の提携

写真5－2 中国・大連ソフトウェアパーク

E、日立と共にBWR陣営に入っていたが、海外市場では圧倒的にPWR方式が主流である。そこで急拡大する原発海外市場での受注を拡大するためにウェスチングハウス（WH）を買収した。そして、WHへのカザフスタン国営企業（カザトムプロム）からの出資受け入れで世界第二位のウラン供給国である同国との連携を強め、利益率の高い燃料事業を拡大、原発設備の商談も有利に進めることを狙っている。

4 東アジア・中国における国際戦略提携

現在、東アジアでは広範囲で様々な国際戦略提携が進行している。製造工程における国際提携はもちろん、多国籍企業の間接業務の肩代わり、アジア各国での販売、物流、サービス業務、ソフトウェアのオフショア（海外委託）開発、生産技術協力など広範囲に及んでいる。

アメリカのGEは大連で新たな対日ビジネスを進めている。それは日本語に堪能な中国人を集め、日本の顧客からの電話での問合せに、大連から日本語で答えるコールセンター業務である。消費者金融GEコンシューマー・クレジットの日本での無人店舗と大連市を国際回線で結び、現金自動預け払い機（ATM）の操作法などの質問に応じる。日本企業も製造部門だけでなく、最近は事務部門（Administrative operation sector）を中国にシフトさせる動きを見せている。これまで日本で行っていた出入金管理、出張旅費清算、コールセンターなどの業務を中国で行う動きが活発化している。大連は日本向けのデータ処理やバックオフィス業務等の拠点、さらにCAD設計、ソフトウェア開発など、より高度の業務の拠点として発展しようとしている。

これは、日本企業が中国において生産戦略一本槍から脱却し、中国の市場を意識し、より積極的な市場浸透戦略を開始したことにほかならない。図5－11は活発化する中国企業との多面的な提携関係を示したものである。こうした生産・技術と中国国内販売との相互補完型戦略提携はＷＴＯ加盟後の中国巨大市場を狙う日本、韓国企業と中国企業の間でますます活発化することが予想される。

5　新しいビジネスモデル（国際分業のネットワークの構築）

国際戦略提携は今や業種、国籍、同業か否か、を問わず極めて広範かつ多様な動機で盛んに行われている。また、最近の特徴は、その提携関係をＩＴ・ネットワーク技術が促進しているということである。最近の一連の新しいビジネスモデルであるアマゾン・ドット・コム、デル・コンピュータ、ＥＭＳ企業など、共通項はＩＴ・ネットワーク技術をうまく活用しているということである。今や、戦略的提携を行っていない企業はほとんどないといっても過言ではないと言えよう。特に、多くの納入企業を活用したグローバルなアウトソーシング・ネットワーク型のビジネスモデルが欧米企業に多く取り入れられている。欧米企業は自ら製造をせず、ネットワークの中心で全体調整を行い、統括する機能を行っている（図5－14）。

パソコンビジネスをＢＴＯ[8]（Built to Order＝注文生産）によって革新したデル・コンピュータの場合、開発はアメリカのオースティンと台湾にあるデザインチームによって二四時間の共同作業で行っている。また、部品はインテルのマイクロプロセッサー以外は台湾、日本、アメリカ、韓国、イスラエル等、世界の約四〇〇社以上からアウトソーシングしている。これら取引先企業は全てデルと情報を共有

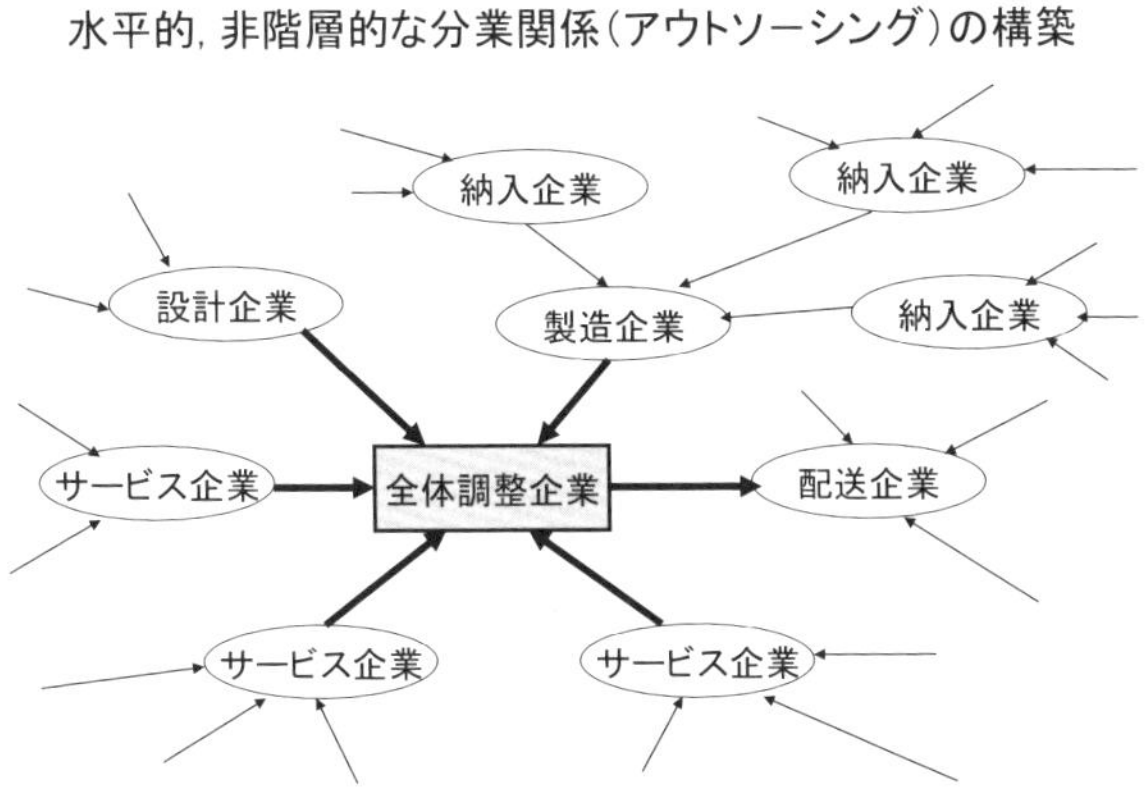

（出典）P. ディッケン著，今尾雅博他訳『グローバル・シフト――変容する世界経済地図（上）』（2001年，古今書院）p. 301，図7．14を元に筆者作成

図5－14 企業間ネットワークの構築

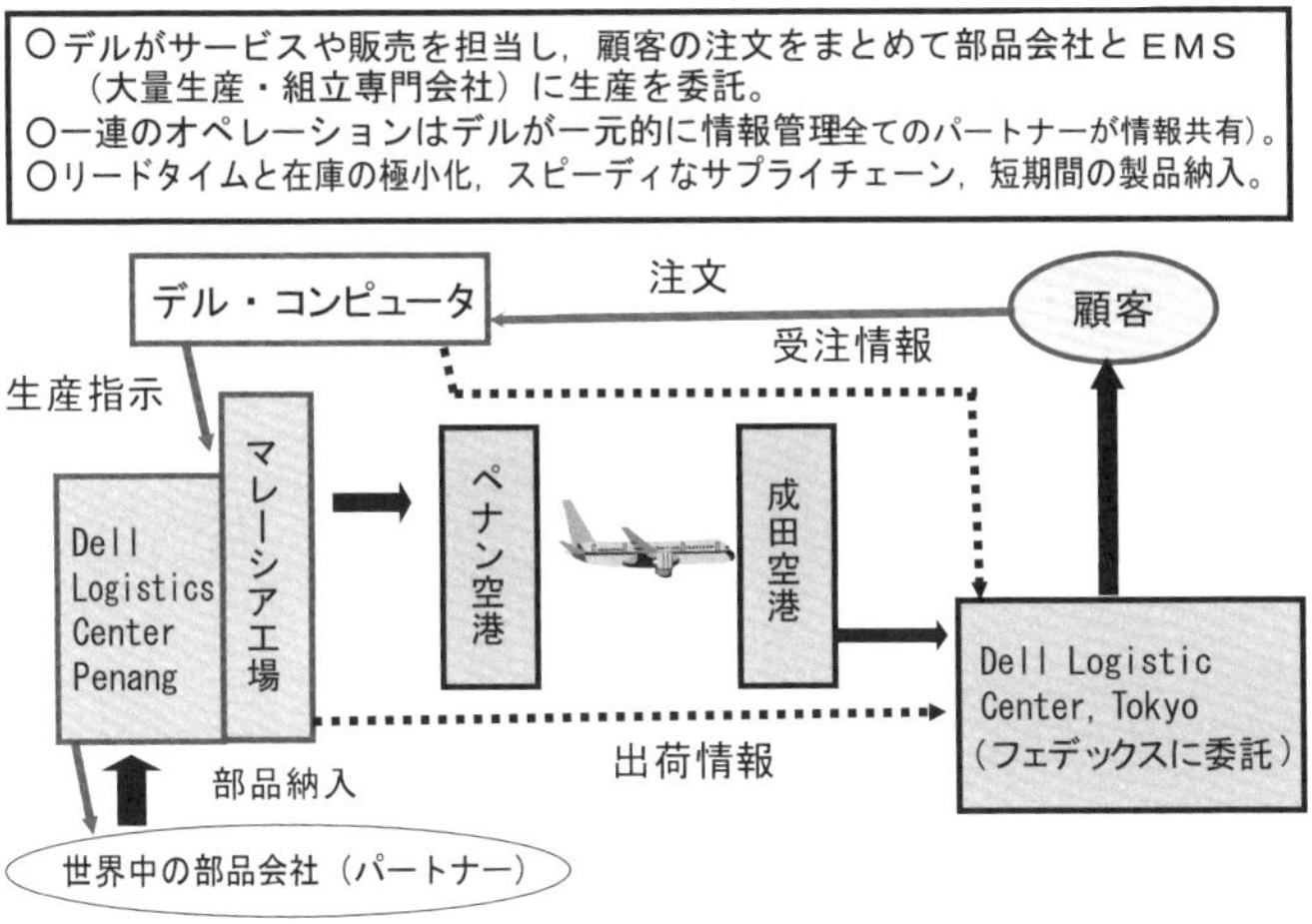

筆者作成

図5－15 デル社の注文生産ビジネスモデル（日本向けの場合）

するパートナーであり、グループとしてネットワークで繋がっている。デル自身が行っているのは、開発・販売・サービスとコールセンター、そしてＩＴ・インターネットを駆使したグローバル・サプライチェーン・マネジメント（ＧＳＣＭ）である(9)。

アジアでのオペレーションの場合、部品はマレーシアのペナンにあるロジスティクスセンターにカンバン方式で集められ、顧客からの注文を受けると直ちに組み立て作業が開始され、直ちに梱包されてペナン空港から成田空港に向かって発送される。デルの場合、こういうビジネスモデルによって在庫日数四日という世界最短水準を実現し、短期間で世界中の顧客の元に製品が届く仕組みとなっている。

デルの強みというのは、サプライチェーンに関わる世界中の各ビジネス・プロセスでの無数の作業を、演奏の指揮者のように、ワールドワイドに合成・調整する（シンセサイズする）能力にあると言える（図5-15）。最近ではデル社だけでなく、世界中のパソコンメーカーがこのようなビジネスモデルをとり入れている（図5-16）。

ロールスロイスはイギリスの航空機エンジンの会社である。売上の五〇％以上はサービス部門の収入が占め、本国本社の従業員の四〇％が国外勤務で五〇ヵ国以上にいて、現地の言語が使われ、部品の七五％をグローバルなサプライチェーンでアウトソーシングないしオフショアリングしている。社員は中国、シンガポール、インド、イタリア、スペイン、ドイツ、日本、さらにはスカンジナビアに至る一貫したグローバル業務を統合する仕事に従事している。ここでもデルの場合と同じようなスキルが求められる。

このように、今や世界の多国籍企業は、自社のビジネス・プロセスの内の多くの部分を国際戦略提携

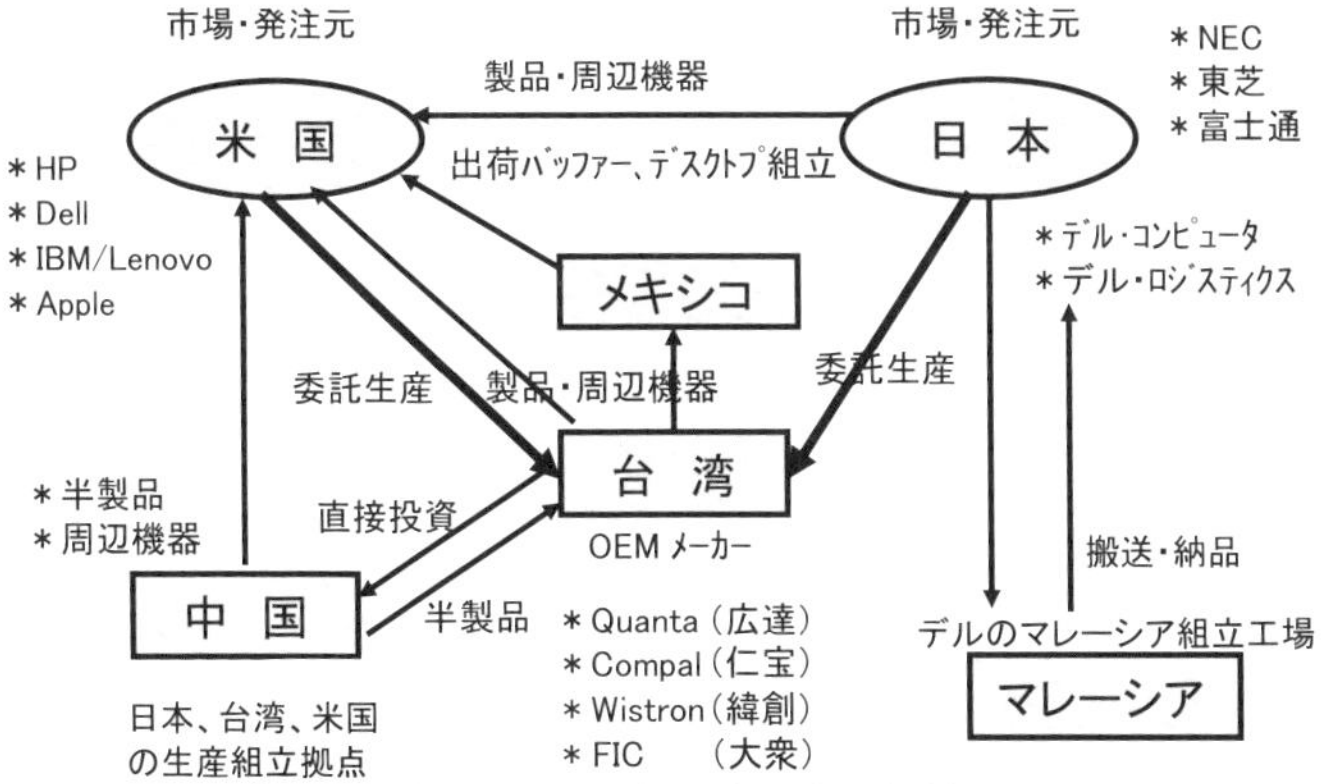

（出典）末廣昭『進化する多国籍企業』（2003年，岩波書店）p. 115

図5－16 アメリカ，日本，台湾，中国，メキシコの生産・流通関係ネットワーク（パソコンの事例）

によって世界各地からアウトソーシングする時代となっている。

すなわち、今後の国際ビジネスにおける成功のカギは、世界中の経営資源の活用である。先進国企業が行っているビジネス・プロセス（たとえば、開発↓設計↓エンジニアリング↓ソフトウェア開発、生産（中核部品生産、新製品試作、量産などの各段階がある）↓販売↓物流↓サービスなど一連の業務の流れ：工程）を自国の経営資源だけでやるのは総コストが高くなり国際競争力で劣勢になる。そこで、上記の工程のうち自国よりも競争力（効率やスピード、コスト削減など）のある国・地域（たとえば研究開発ならイスラエル、IT関連ならアメリカ・シリコンバレー、ソフトウェア開発ならインド、完成品の量産なら中国やASEANなど）にも分担させ、世界中の経営資源をうまく活用することによって、競争優位を実現していくことである。その中で、アジア地域はコスト削減が必要な工程やソフトウェア開発、一般事務の代行など、多くの面で競争力を持っており、それらの工程の一角を担う有力拠点として、ますます重要性を増している。

また、研究開発においても、企業用のグローバル競争の結果、世界の多国籍企業では企業内で日米欧の技術者が、インターネットやEメールを駆使し、八時間の時差を活用したリレー式二四時間開発も理論的には可能となった（日・米・欧三極の技術者が時差を活用して一つのプロジェクトにリレー式で取り組めば、従来の開発スピードを実現できる）。

[注]

（1）プロダクト・ライフサイクル論は通常、導入期、成長期、成熟期、衰退期の四段階になっているが、バーノンの場合、成長期と成熟期を合わせて成熟期とし、三段階になっている。

（2）Asea Brown Boveri Limited はスイスとスウェーデンの企業が合併してできた電力技術とオートメーションの総合エンジニアリング企業である。世界の約一〇〇ヵ国に一一四、〇〇〇人の従業員を擁する。

（3）コア・コンピタンス（Core competency）とは、ある企業の活動分野において「競合他社を圧倒的に上回るレベルの能力」「競合他社に真似できない核となる能力」のことを指す。ゲイリー・ハメルとC・K・プラハラードがハーバード・ビジネスレビュー Vol. 68（一九九〇年）へ共同で寄稿した「The Core Competence of the Corporation」の中で登場し、その後広められた概念である。

（4）戦略提携にはメリットもあるが、デメリットもある。自社だけでやる場合や企業買収にくらべて、①提携企業同士が独立会社であるため、意見調整に時間とエネルギーがかかることがある、②前提とした範囲以上の技術が相手企業に流出する場合がある。③企業風土や企業文化が違うため統一的な行動がとりにくい場合がある。などがその代表的なデメリットである。

（5）ＯＥＭ（Original Equipment Manufacturing）とは相手先ブランドの製品を受託製造すること。製造ラインを持たないブランド企業にとって、ＯＥＭ供給を受けることで、他社との市場投入の差を埋めることができる。また、自社製造よりも低コストで製造できるメリットがある。ＯＥＭから出発して上流工程である設計工程までも含めて受託するＯＤＭ（original design manufacturing）に進む場合もある。

（6）ＥＭＳは、Electronics Manufacturing Service の略で、電子機器の受託生産を専門に行うサービスのこと。製品のモジュラー化に伴い、より低コストで大規模に集中的に生産するために一九九〇年代以降発達した業態。製造過程のアウトソーシングの一種といえる。その業務は、一般的には、①設計は発注元が行い生産を受託するＯＥＭと②設計行程も含めて受託するＯＤＭが含まれる。

（7）ファウンドリー（Foundry）は半導体チップの製造を専門に行う企業。発注元の半導体メーカーから設計データを受け取り、その設計に沿って半導体チップを製造する。ファウンドリーを利用することで、半導体メーカーは自社で製造設備を持たなくても製品を開発することが可能になり、メーカーが本来得意とするチップの設計などの業務に専念できるようになる。

（8）一九八〇年代頃から中間在庫をどのプロセスで持つかで、企業のビジネスモデルを分類したりする経営理論が流行した。デルは部品の段階で在庫を持ち、顧客の注文に応じた組立てを行うことで、不良在庫を減らし顧客満足度を向上して大成功した。デルのこのＳＣＭを上述のように Build to Order（ＢＴＯ）という。今ではＢＴＯはほとんどのパソコンメーカーで行われている。現在、製造業ではＳＣＭによるビジネスモデルの構築は常識となっている。

（9）サプライチェーン・マネジメント（Supply Chain Management：SCM）、供給連鎖管理とは、物流システムをある一つの企業の内部に限定することなく、複数の企業間で統合的な物流システムを構築し、経営の成果を高めるためのマネジメントのことである。「複数の企業間」とは旧来の親会社・子会社のような企業グループ内での関係に留まらず、全く対等な企業間で構築される物流システムもサプライチェーン・マネジメントと呼ばれる。グローバルＳＣＭとはＳＣＭが国際的規模で行われるケースをいう。

第6章　アジア経済の発展プロセスと現状

グローバリゼーションの進展により、アジア諸国もその渦の中に巻き込まれ、世界的に拡がったグローバルビジネスの中で役割を果たし、生き残っていく、という時代に入ってきた。また、そのことがアジア各国が繁栄するための条件と言ってもよい。この章では、アジア各国が第二次大戦後、どのようにして発展を遂げ、グローバリゼーションの中に組み込まれていったのかを概観する。

1　アジアの工業化のステップ

アジア諸国の工業化は、戦後、急速に進展した。アジアは第二次世界大戦前、長らく列強の植民地支配を受け、工業生産力は極めて脆弱であった。植民地時代の経済は、宗主国が使う特定の食料や工業原材料を供給するために、宗主国の資本と技術によって開発された。植民地経済の特徴は「モノカルチャー（単一栽培）経済」である。天然ゴムや錫などの一次産品に特化した経済であり、その他の産業はほとんど育たなかった。東南アジア諸国では工業化はほとんど進んでおらず、工業製品は宗主国からの輸入によって支えられていた。このため、戦後のこれら各国の工業化政策は、一次産品を輸出して外貨を稼ぎ、それで先進国から機械、設備、部品などの投入財、ならびに生産技術など工業化の基礎的諸条件を導入し、工業化を進めるという方法であった。しかし、アジアの一次産品の輸出は伸びず、一次産品輸出による工業化は断念せざるを得なくなった。そこで、各国は別の工業化政策を取ることになる。これが、輸入代替工業化である。

2 輸入代替工業化（Import substituting industrialization）

多くのアジア諸国は、一九六〇年代以降、外国からの輸入を制限して国内産業を保護し、保護された国内市場の中で国内企業による工業化を図ろうとした。こうした保護主義的な工業化を「輸入代替工業化（Import substituting industrialization）」と呼ぶ。

ある工業製品について、輸入を全く制限しない場合、この製品の国内市場は先進国からの輸入品によって占拠されてしまい、自国企業による国産化の道は閉ざされてしまう。このため、輸入制限の厚い壁を作り、外国製品を締め出し、この市場を国内産業のために確保する。そして国内企業がこの製品を生産し、輸入を国内製品によって代替するのである。しかし、輸入代替生産には問題も多く、次第に壁にぶつかることになる。

消費財などの最終財を作るためには、機械、設備、部品などの投入財が必要である。この結果、アジアの輸入代替においては、投入財をすべて先進国から輸入し、これを組立・加工して最終財を作り、国内市場に供給するという方式がとられた。この政策は、最終的に下記の問題が生じた。

第一に、最終財を生産すればするだけ、投入財を先進国から輸入せざるを得ず、貿易収支の赤字が膨らみ容易に改善されなかった。第二に、国内市場の規模の問題である。アジアの国々の国内市場は必ずしも大きくなく、需要が一巡すると生産が伸びない。第三に、先進国から輸入した機械設備、生産設備は労働節約的技術が用いられていたため、それをアジア諸国で導入すると、低賃金の豊富な労働力を十分に活用できなかった。第四に、アジア諸国の地場企業はまだ十分に育っておらず、このため、輸入代替工業化の担い手は、外国民間企業ならびに外国企業と地場企業との合弁企業であった。これら外国企業の合弁相手となったのは、主として、華人企業であった。多くの日本企業も積極的にアジアへ進出する意欲を持っていたが、輸入代替生産政策の下では完全所有の子会社は許可されなかったからである。結局、アジア諸国は、輸入代替工業化から輸出志向工業化への転換を余儀なくされていったのである。

3 輸出志向工業化（Export oriented industrialization）

輸出志向工業化とは、工業製品の輸出が工業化を促進するという考え方である。輸入代替生産が輸入制限による国内企業の生産力強化と国内市場向け生産という内向きの工業化であるのに対し、輸出志向工業化は広く海外に向けて輸出を推進し、それによって工業化を促進し、外貨を獲得し、自国民の所得も向上させるという外向きの考え方に基づいている。また、政策面では、輸出企業への低利融資の提供や事業所得税の軽減、輸出産業の投資拡大の奨励、補助金給付、輸出関税率の引下げ、機械、設備、部品輸入に対する輸入関税率の引下げを行う。さらに、国内企業による輸出が困難であれば、外国企業に

プラザ合意以降に急増したアジアへの投資：円高と貿易摩擦対応
1985年　1ドル＝240円（変動相場，IMF方式）：先進国蔵相会議（G5）合意
・日本企業のNIEsからASEAN諸国への生産シフトを本格化（輸出志向生産）
・NIEs企業も通貨高・賃金上昇でASEAN諸国へ生産シフト

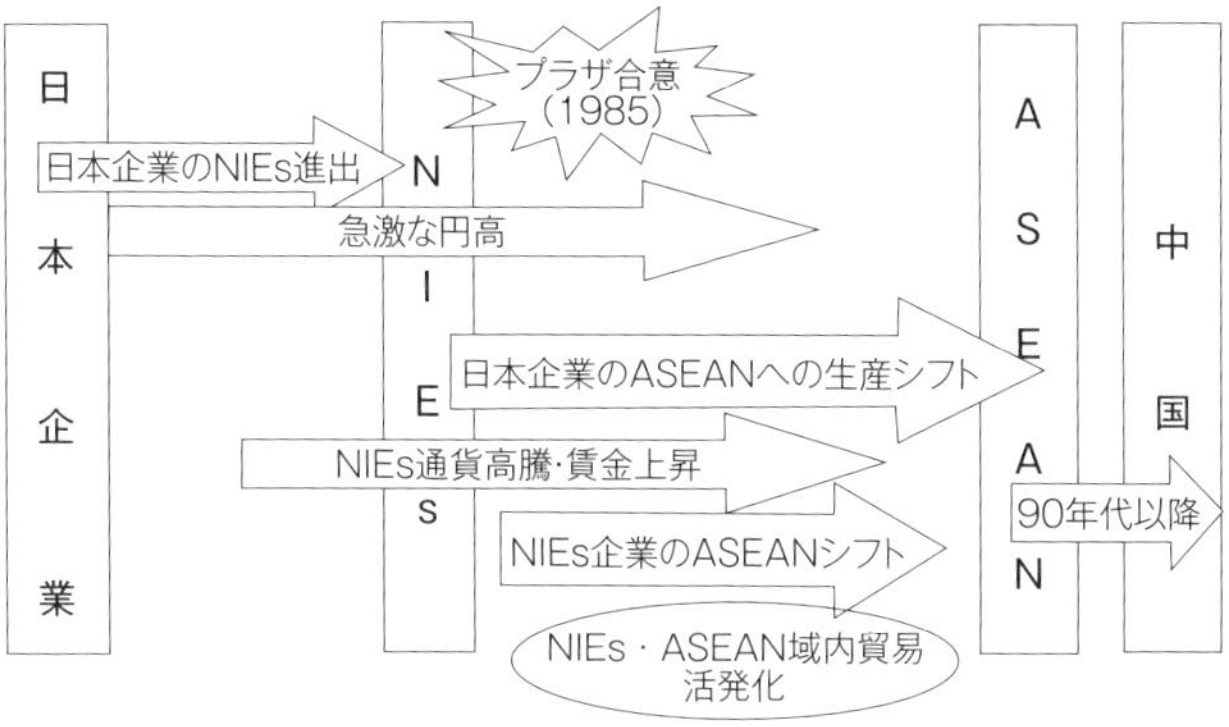

（出典）筆者作成

図6－1　プラザ合意以降の生産シフト

輸出の中心的な役割を持たせる。その場合、外国企業の一〇〇%出資の生産子会社も容認するというものである。結果的には、アジア、特に東南アジアにおいて輸出志向工業化の中心的な担い手は、外国企業となった。日本企業は当初、韓国、台湾、シンガポール、香港といったアジアＮＩＥｓに進出し、生産を行っていたが、一九八五年のプラザ合意以降の急激な円高に見舞われた。それに伴ってＮＩＥｓ諸国の為替レートもドルに対して割高になったこと、ＮＩＥｓの賃金水準が上昇したことなどにより、日本企業およびＮＩＥｓの企業がいっせいに東南アジアに海外直接投資（Foreign direct investment）を行った。特に、電気・電子機械メーカーが大量に進出したため、ＡＳＥＡＮ諸国[1]が電気・電子機器の有力な輸出国となっていった。

以上のようにＡＳＥＡＮ諸国の輸出志向工業

化は、地場企業の発達が不十分であったため、外国企業がその担い手となり、現地生産と輸出を行い、それによってＡＳＥＡＮ諸国の経済成長が可能になった。この結果、ＮＩＥｓとＡＳＥＡＮ諸国は「アジアの奇跡」を実現し、「世界の成長センター」とよばれるようになっていったのである。

4 アジアＮＩＥｓの発展

輸出志向工業化により高度経済成長を実現し、先進国に劣らない高所得国にのし上がったのが、韓国、台湾、香港、シンガポールなどのアジアのＮＩＥｓである。ＡＳＥＡＮ諸国に先立ち、ＮＩＥｓはすでに一九六〇年代初期から輸出志向工業化を開始した。一九六〇年代初めから第一次石油危機が起こった一九七〇年代中ごろまでの時期は、世界的にも経済の同時的拡大期にあたり、欧米各国、日本など先進国のすべてが好況で経済拡大期にあった。ＮＩＥｓ諸国にとっては極めて環境に恵まれた時期でもあった。この時期、先進諸国にあっては、経済成長にともなう国民の賃金水準の上昇や輸出競争力の面から労働集約型産業から資本集約型産業に産業構造が高度化しつつあり、前者の国際競争力は失われつつあった。当時のアジアＮＩＥｓ諸国は労働集約的な製品に競争力を持ち、輸出攻勢により先進国市場に食い込みつつあった。ＮＩＥｓ諸国はまず労働集約的な製品から始め、次第に、船舶、石油化学、鉄鋼製品などに力をつけ、さらに電気・電子機器製品や自動車などの分野にも力を伸ばし、輸出を伸ばしていった。

こうしたアジアＮＩＥｓの工業化をもう少し詳しく見ていくと、国によってその発展のメカニズムは少しずつ違っている。

1 韓国

韓国の輸出志向工業化は、国家主導、財閥主導によって推し進められた。輸出志向の戦略産業を設定して政府主導による金融支援を行い、成長目標を短期間で達成しようとした。これはかつての日本の工業化政策と似た面もあるが、韓国の発展戦略は輸出奨励政策、外資導入政策、そして政策決定プロセスなどの面においては著しい差異があった。

政府は七つの特別工業振興法を制定し、機械、造船、繊維、電子、石油化学、鉄鋼、非鉄金属工業を重点的に伸ばそうとした。国家主導の下で推進される重化学工業化は財閥企業の主導で行われ、それに参加できない企業は成長の隊列から落伍せざるを得なくなった。この過程の中で、財閥企業は名実ともに大企業へ成長する機会が得られた。この結果、七〇年代を通して財閥の国民経済に占める比重は急速に高まった。また、この時期、韓国においては政府・銀行・財閥の三者間の癒着関係も深まり、「韓国株式会社（Korea Inc.）」とも呼ばれた。韓国の輸出志向政策は財閥企業による輸出促進策であったが、設備、機械、部品といった投入財産業はうまく育たず、日本など先進国に依存する構造であったため、輸出を増やせば輸入も増えるというジレンマも抱えることになり、貿易赤字体質が続いた。こうしたキャッチアップ型の構造は経済面での後進性を抱えることになり、一九九七年に起こったアジア金融危機において韓国経済は破綻し、ＩＭＦの介入を許すことになった。

2 台 湾

台湾は韓国と同じ一九六〇年代初めから輸出志向工業化政策をとり、農工併進と中小企業主導の発展戦略によって成長と分配を同時に達成した。最も注目すべきは、先進的な金融制度を定着させようとしたことであり、このことが一九九七年のアジア金融危機においてもその衝撃を受けることなく安全地帯に立つことを可能にした。

台湾は戦後輸入代替工業化政策（一九五三〜一九五七年）をとり、アメリカの経済援助資金を活用して社会インフラを充実させ、衣類、木工品、自転車などの国内産業を高関税政策の下で達成した。輸出志向工業化は韓国よりも五年早く開始し、低金利の融資によってプラスチック、合成繊維、電子部品、衣服、家電製品、時計などの産業が育成された。一九八〇年以降は産業の技術集約化による先端産業の強化が促進された。

台湾は製造業が特に発展し、経済の牽引役を果たした。一九六〇年の台湾の製造業は対GNPで一九％の比重であったが、一九八〇年には三六％へと向上した。その後は低下したが、その代わりにサービス産業の比重が急上昇し、成熟経済化へと進んだ。また、貿易依存度は一九六〇年には二六・七％に過ぎなかったが、一九九〇年にはほぼ八〇％前後の水準に上昇した。台湾の輸出産業が成功できたのは、効率的な奨励制度を導入したこともあるが、中小企業を積極的に育成強化し、うまく輸出産業化させたことによる。台湾では韓国のサムスンや現代のような巨大企業は存在しない。また、台湾の重要な特徴は他のアジア諸国に比べて製造業分野における中小企業の重要性が高いことである。これら企業は産業の広い範囲をカバーしており、産業のすそ野を支えている。また、台湾は戦後一貫して世界の多国籍企

写真6－1 マレーシア・クアラルンプール中央駅

業を積極的に誘致しており、多国籍企業と受託生産（委託生産ともいう）関係（ＯＥＭ、ＯＤＭ、ＥＭＳ、ファウンドリーなどの形態がある）を通じて規模の経済を享受するとともに、経営のノウハウ、技術移転などの学習効果を極大化させ、学習経験を持った中小企業が多くのベンチャー企業を創業した。また、台湾の韓国と違う点は、華僑資本の役割である。華僑資本の台湾投資が台湾経済の発展に寄与したことも見逃せない。

5 ＡＳＥＡＮ諸国の発展

アジアＮＩＥｓを追うように経済発展してきたのがＡＳＥＡＮである。

ＡＳＥＡＮ諸国は前述したように、かつては欧米列強の植民地統治下でモノカルチャー（単一栽培）経済に甘んじていたが、輸入代替工業化の壁にぶつかった後、先進国企業を積極的誘致し外国資本主導による輸

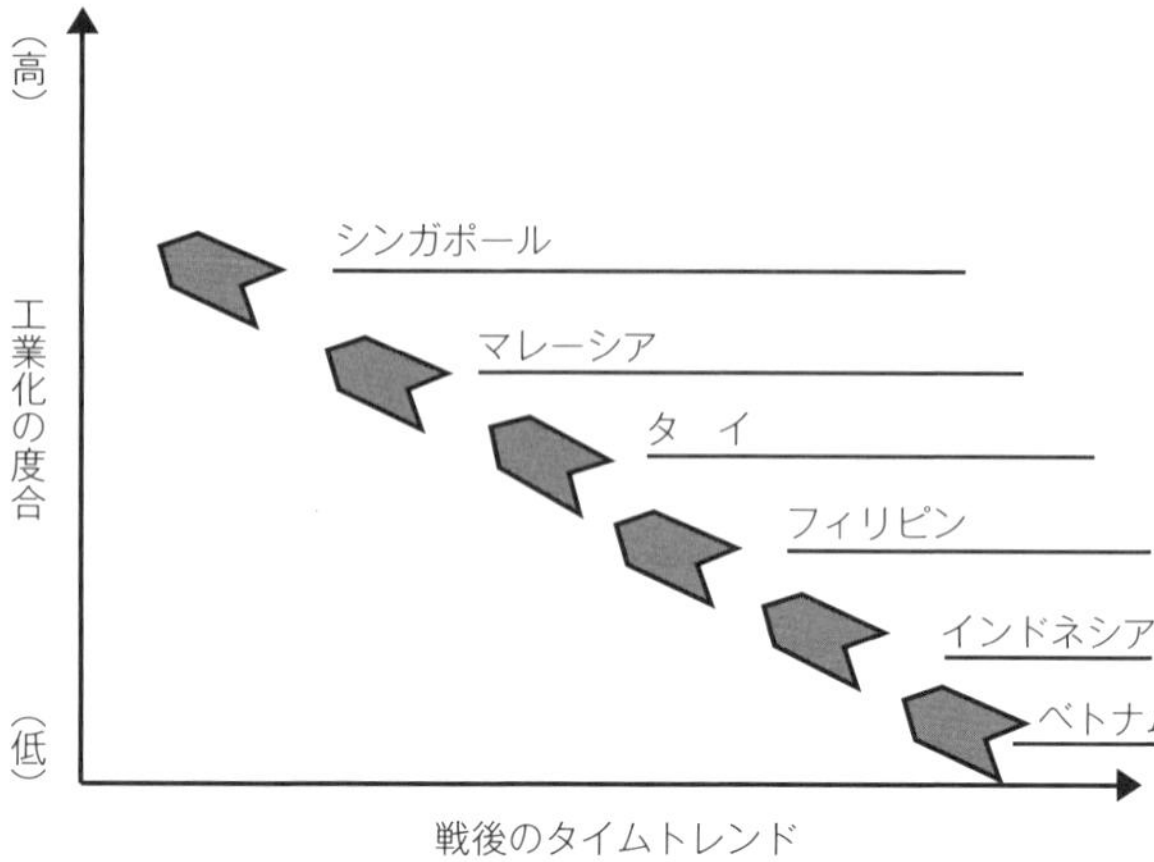

筆者作成

図６－２ ASEANの雁行形態的経済発展

出志向型工業化を推進してきた。アジアＮＩＥｓでは一九七〇年代に輸出額の七～八割が工業製品となったが、ＡＳＥＡＮ諸国もこれに追随して一九八〇年代の中頃から工業製品の輸出比率を格段に上昇させた。ＡＳＥＡＮの輸出志向工業化の担い手は外国企業である。外国企業の積極的受入れがこれを可能にした。特に、一九八五年のプラザ合意以降の円高による日本企業のＡＳＥＡＮシフト、さらにＮＩＥｓ通貨の切り上げによるＮＩＥｓ企業のＡＳＥＡＮシフトが続いた。このことがＡＳＥＡＮの輸出増加を本格化させ、経済の高度成長を可能にしたのである。中でも機械工業製品の伸びが顕著である。機械工業は一般機械、電気・電子機械、輸送機械、精密機械に分けられるが、ＡＳＥＡＮ諸国からの輸出で最大の比率を持つのは電気・電子機械である。

事例として、マレーシアの場合を見てみよう。マレーシアは戦前まではイギリスの植民地で、天然資源の豊富な多人種社会である。マレー系が六二％、中国系二七%、インド系八%、その他三%となっている。一九五一年の独立当時は、プランテーションで生産された一次産品に大きく依存する産業構造で製造業はGDPの八%にも達していなかった。しかし、一九七〇年から九〇年までは政府の経済開発計画（八〇年代には東アジアの工業化モデルを踏襲したマハティール首相の東方政策（ルックイースト Look East Policy）(2)）によって、GDP成長率は年平均六・七%を示した。一九八〇年代末から九〇年代初めまでの成長率は八・八%と世界でもトップクラスの成長であった。このような急速な経済成長は急速な産業構造の高度化を伴うものであった。製造業はその間最も重要な役割を果たし、経済成長の牽引車であった。

マレーシアの特徴は、積極的な外国人直接投資政策であった。マレーシアは直接投資を迎え入れるために、インフラの充実や外資優遇政策などを提供した。この結果、日本企業を初め、世界から多国籍企業が大挙して進出し、電子機器を中心に大規模な工場を建設した。マレーシアは外資企業の生産と先進国への輸出増加によって高い経済成長を実現したのである。これはマレーシアのみならず、他のASEAN諸国の共通の事例である。

ところで、一国の経済成長（潜在成長力）は労働力、資本ストック（設備投資の累計額）、経済の効率性（全要素生産性(3)）等で規定される。ASEANの経済成長は主として外国企業の資本、技術と現地労働力によって実現された。今後ASEANや他のアジア諸国、中国が高い経済成長を維持するためには、資本を加速度的に増加させるか、または研究開発を通じた技術革新を強化して、全要素生産性を自力で増大させることが必要である。しかし、これは容易なことではないであろう。

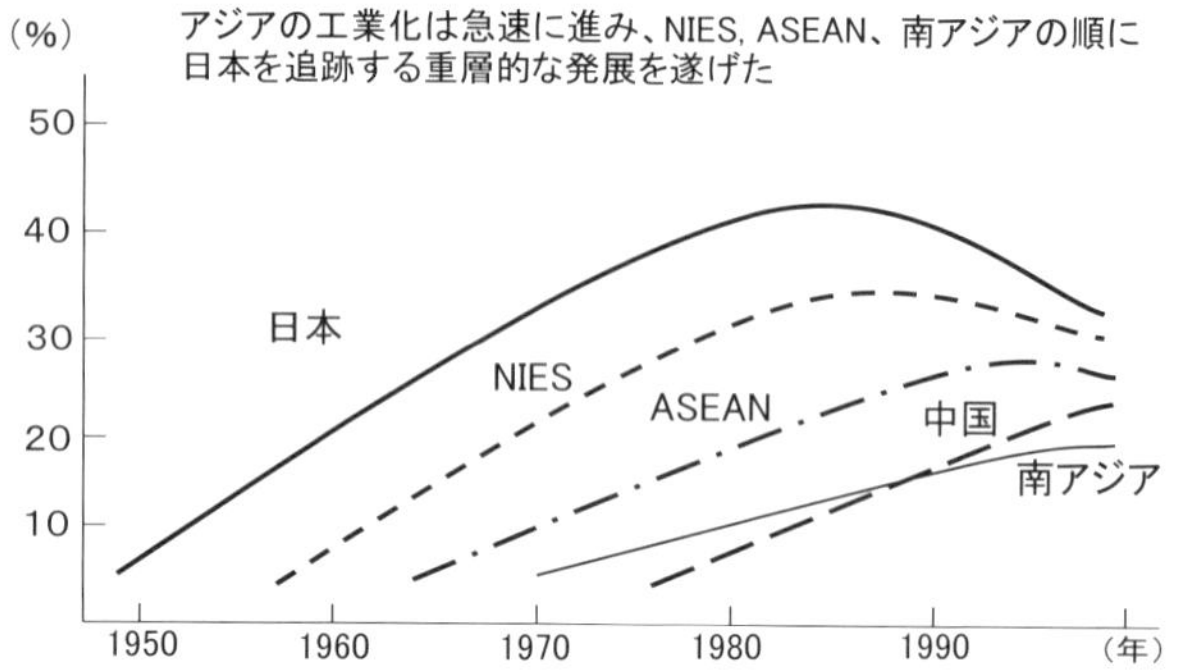

筆者作成

図6－3 アジア工業化の重層的進展

6 アジアの経済発展パターン

以上、アジア諸国の戦後の経済発展過程を紹介してきた。ではアジアの経済発展の特徴がどこにあるのか、そのことがアジア各国や地域の貿易や経済に相互依存関係をもたらす背景となっていることを説明したい。

アジアの工業化の過程をみると一つの特徴がある。それはヨーロッパ（ＥＵ）地域が経済水準や所得水準が均質で比較的同時的な発展を遂げているのとは対照的である。すなわち、アジアは各国の経済発展段階や所得水準に大きな違いがあるということである。

日本とＮＩＥｓ各国、ＡＳＥＡＮ各国で差があり、また、ＮＩＥｓ各国間、ＡＳＥＡＮ各国間にも差がある。これら各国は戦後、それぞれの離陸水準から発展してきた。その特徴は、アジア各国が先頭を走る日本を追って、重層的に追跡してきた過程であるとも言える。

図６－３はアジア諸国の工業化の進展をグラフ化したもの

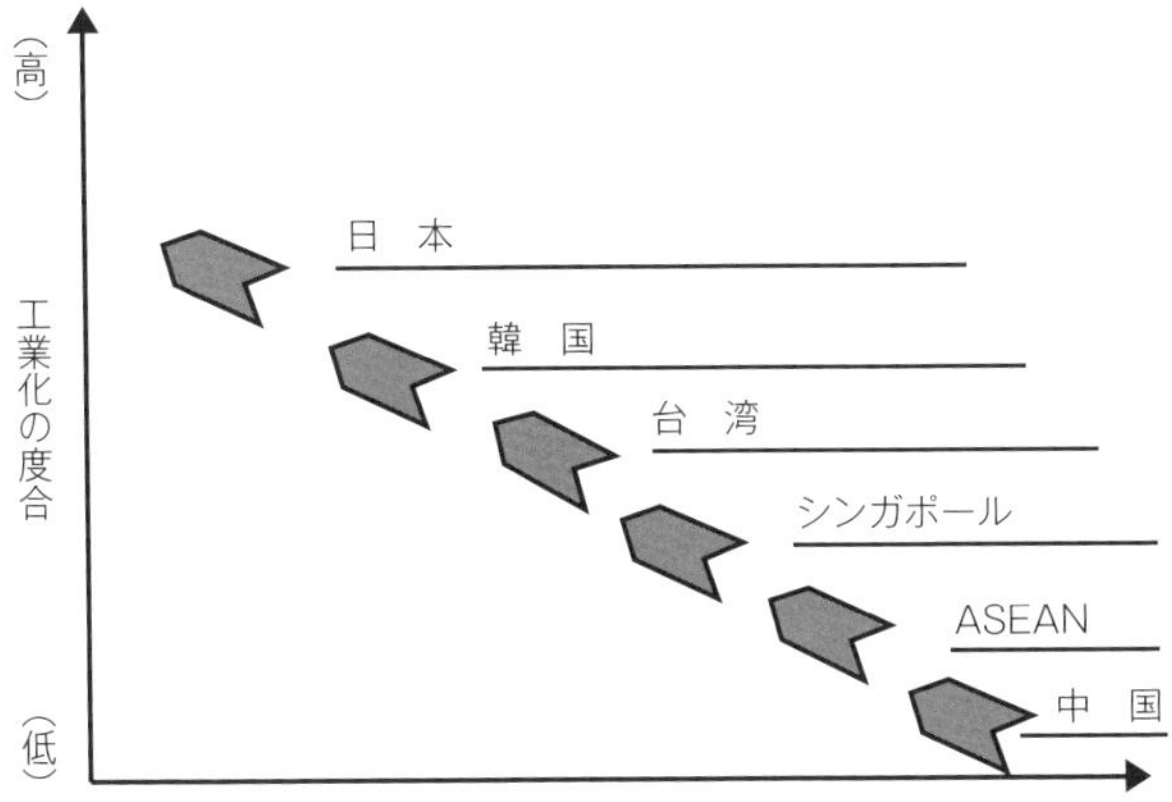

著者作成

図6－4　アジアの雁行形態的経済発展
（The Flying Geese Formation Model）

である。経済発展とともに一国の総生産額に占める第一次産業の比率は減少し、第二次産業生産額の比率が上昇し、続いて第三次産業の生産額比率が上昇する。総就業者数に占める三つの産業それぞれの就業者の比率も同様に変化する。産業構造変化の一般的傾向である。これを「ペティ＝クラークの法則（Petty-Clark's Law）」と言う。このような産業構造変化の理由は一人当たり所得水準の上昇とともに人々の需要する財やサービスの性格が変化するからである。図6－4をみると、まず日本が戦後の早い時期から工業化率を高め、それに続いて韓国、台湾、香港、シンガポールといったアジアNIEs各国が追跡を始め、次に、ASEAN各国が追いかけ、さらにその後に中国、南アジアが続くという重層的な発展パターンを見ることができる。

このようなアジア独特の発展形態を赤松要[4]は「雁行形態的経済発展」と呼んだ。日本を先頭に冬の空を飛ぶ雁の編隊のように韓国、台湾、シンガポール

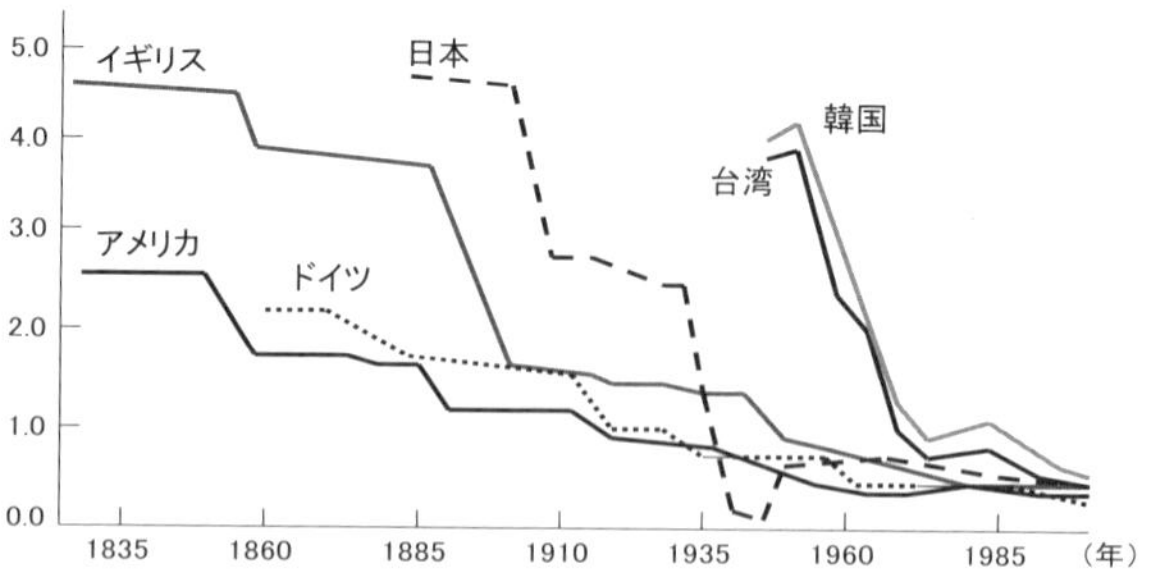

（出典）渡辺利夫『開発経済学入門』（2001年，東洋経済新報社），W. G. Hoffmann, *The Growth of Industrial Economies*, New York; Oceania Publications, 1958；他

図6－5　工業構造高度化　ホフマン比率の国際比較

が続き、そのあとにASEAN各国、続いて中国が追随している。これはまず日本が成熟してしまった産業の技術移転を後発諸国に行い、それを更にあとに続く国に次々に移転していくことにより可能になったと主張した（図6－4）。

また、このようなキャッチアップは産業構造に変化をもたらす何らかの理由があると考えられる。それは工業構造の高度化である。工業生産が増大し、労働需要が拡大すると労働者に支払う賃金水準は上昇する。企業は利潤を維持するためにより少ない労働者で多くの生産が行えるような技術の開発に努力する。現実には労働集約型産業から労働節約型産業、さらには高度な技術と大規模な機械・設備を利用する資本集約型産業への転換である。すなわち、賃金の上昇は同一産業において労働集約的な技術革新を促進すると同時に、一国経済に占める軽工業の生産比率を減少させ、重化学工業の生産比率を上昇させるという産業構造（正確には工業構造）の変化をもたらす。こうした傾向は、過去の先進国の工業化の過程においても共通にみられた。この比率の低下傾向は、これを初めて見出した経済学者の名前をとって「ホフマン比率

(Hoffmann's ratio)」と呼ばれる。ホフマンは一国のこの比率が五・〇〜三・五を工業化の第一段階、三・五〜一・五を第二段階、一・五〜〇・五を第三段階とした。先進国は今日全て第三段階にある。先進国は工業化の第一段階から第二段階に移行するのに二〇年から三〇年を要したという事実をホフマンは析出した。しかし、数が示すように、韓国と台湾のこの比率が四・〇から二・〇に下がったのは一九六〇年代の数年間においてであった。さらにこの両国は一九七〇年ごろから第三段階に入った。すなわち、韓国、台湾は第二段階から第三段階への移行をやはり数年で実現したことになる。先進国の経験に比較して三倍から四倍のスピードである。これを「圧縮型経済発展(compressed industrial development)」と呼ぶ。ハーバード大学の経済史教授A・ガーシェンクロン(Alexander Gerschenkron)は工業化の躍進(industrialization spurt)が後進国でも可能であるという仮説を発表した。先進国の経験を学習することによってキャッチアップは、より可能となる(後発性の利点[5])。東アジアのNIEsやASEAN諸国は輸出志向型成長戦略による先進国市場への参入によって、市場を拡大し規模の経済の実現を図ってきたと同時に先進的な制度と技術を学習できる直接的な機会も得たと言える。(一方、クルーグマン(Klugman プリンストン大学教授)はアジア経済は技術革新による生産性の向上が見られず、「張り子の虎」と断じている。)

7 新興諸国の発展

1 中国の離陸と躍進

戦後の中国経済を大きく分けると、二つの時期に大別することができる。すなわち、一九四九年、内戦を制した共産党政権により、中華人民共和国が誕生し、イデオロギー色が強く、経済発展がしばしば停滞した毛沢東体制時代と、改革・開放政策に転換し、経済自由化によって高度成長が可能になった一九七八年以降の時代である。

毛沢東体制時代にあたる一九五三〜一九七八年の間の年平均経済成長率は六・一%であった。この数字は改革・開放以降の一九七九〜二〇〇〇年の年平均経済成長率九・六%には及ばないものの、それほど低い数字ではないように見える。しかし、毛沢東体制時代には大躍進や文化大革命などの時期に高い成長率を示した反面、その後に大幅なマイナス成長の時期もあり、また、重化学工業への過度の傾斜や農業生産の伸び悩みなど、産業発展の面でも大きな矛盾を抱え、成功したとは言えなかった。これに対して、改革・開放以降の中国経済は、全体としては飛躍的な発展を遂げたと言える。具体的には一九七八年十二月の中国共産党一一期三中全会において、経済自由化の基本方針が示され、近代国家建設のために経済発展を最優先することが決定され、それ以降経済成長が加速されることになった。農村部では改革・開放以前は人民公社による集団農業が行われていたが、非効率で成果は上がらなかった。このため、人民公社を解体し、家族単位の農業を復活させ、余剰農産物の売買を認める農業生産請負制を導入

表6-1 世界の名目GDPランキング（単位：10億米ドル）

順位	2010年		2009年		2008年	
—	世界	61,963.429	世界	57,937.46	世界	60,689.81
—	欧州連合	16,106.896	欧州連合	16,447.26	欧州連合	18,394.12
1	アメリカ	14,624.184	アメリカ	14,256.28	アメリカ	14,264.60
2	中国	5,745.133	日本	5,068.06	日本	4,923.76
3	日本	5,390.897	中国	4,908.98	中国	4,401.61
4	ドイツ	3,305.898	ドイツ	3,352.74	ドイツ	3,667.51
5	フランス	2,555.439	フランス	2,675.92	フランス	2,865.74
6	イギリス	2,258.565	イギリス	2,183.61	イギリス	2,674.09
7	イタリア	2,036.687	イタリア	2,118.26	イタリア	2,313.89
8	ブラジル	2,023.528	ブラジル	1,574.04	ロシア	1,676.59
9	カナダ	1,563.664	スペイン	1,464.04	スペイン	1,611.77
10	ロシア	1,476.912	カナダ	1,336.43	ブラジル	1,572.84

（出典）International Monetary Fund, World Economic Outlook Database, 2010

表6-2 世界の輸出額・輸入額ランキング（2010年）

順位	輸出額	億米ドル	順位	輸入額	億米ドル
1	中国	12,010	1	アメリカ	16,040
2	ドイツ	11,210	2	中国	10,060
3	アメリカ	10,570	3	ドイツ	9,301
4	日本	5,810	4	フランス	5,510
5	オランダ	4,990	5	日本	5,510
6	フランス	4,750	6	イギリス	4,800
7	イタリア	4,050	7	オランダ	4,460
8	ベルギー	3,700	8	イタリア	4,100
9	韓国	3,640	9	香港	3,530
10	イギリス	3,510	10	ベルギー	3,510

（出典）WTO, International Trade Statistics, 2010

した結果、農民の労働意欲が高まり、生産が大きく伸びた。一方、都市部においては、国有企業の経営の活性化と効率性の向上などを目的として、一九八〇年代初頭から経営自主権の拡大が進められた。政府の行政指導を縮小する政企分離や工場長責任制、市場メカニズムや競争原理の導入等が図られた。さらに、国有企業の民営化や大幅なリストラの実施等が加えられ徐々に改革が進んだ。

対外開放の面では、一九八〇年以降、沿海部の諸都市、地域が外資に開放され、経済特区や経済技術開発区では、外資に対して様々な優遇措置が取られた。一九八九年の天安門事件と経済引き締め政策によって経済はスローダウンしたが、一九九二年初めの鄧小平の「南巡講話」[6]は改革・開放政策を明確に提示し、促進する起爆剤となった。また同年、社会主義市場経済の確立を目指すことが中国共産党により正式に決定された。これ以降、実質経済成長率は九二年一二・八％、九三年一三・四％、九四年一一・八％、九五年一〇・四％と四年連続二ケタ成長という驚異的な伸びを示した。さらに二〇〇三年から二〇一〇年までの八年間も引き続き連続二ケタ成長が続いている。海外からの直接投資も年々うなぎ上りの増加となり、今日に至っている。

また、輸出も驚異的な伸びを見せており、とくにアメリカ向け輸出、日本向け輸出が大きく、アメリカでは貿易摩擦が激化している。ただし、中国の経済成長、輸出の担い手は中国地場企業というよりも、外国企業の役割が大きいことも事実である。

中国経済の躍進は世界経済の中での存在感を著しく高めている。二〇一〇年時点でのＧＤＰ規模は約五・七兆ドルで日本を抜いて世界第二位、輸出は世界第一位、輸入でも第二位に躍り出た。中国地場企業の中には、海爾集団（ハイアール）やＴＣＬ、華為、海信などの家電メーカー、聯想集団（レノボ）

といったコンピュータメーカーなどのように、海外市場に積極的に打って出る大企業も増加している。

また、直接投資においても世界の輸出生産拠点としての優位性に加え、近年では一三・四億人（世界の一九・八％）の人口という巨大な消費市場としての魅力が外資系企業を惹きつけ、対世界の発展途上国向け対外直接投資（FDI）[7]の三割、対アジア（日本除く）向けＦＤＩの五割を占めている。また、二〇〇三年には契約金額ベースで五三五億ドルと、初めてアメリカを抜き、世界最大の投資受け入れ国となった。一方、課題も多い。エネルギー・資源多消費型経済成長は資源制約や環境保護に大きな負荷をかけていること、都市と農村部の格差の拡大に伴う社会的不安定要因の増大、経済過熱に伴うバブル経済懸念など矛盾も大きくなっている。

2　世界が注目するインドの成長

インドは一九八〇年代までは閉鎖的経済、すなわち対外的には自主外交、非同盟外交を展開し、外資導入も規制した閉じた経済運営を行っていた。しかし、一九九一年に経済改革を断行し、経済の自由化を積極的に推進し始めたことで、それ以降の一九九二年からは成長率が実質で六％という高い水準での成長を続けている。最近三年間の成長率でも二〇〇七年が九・〇％、二〇〇八年が六・〇％、二〇〇九年は四・三％となっており、リーマンショック後も引き続き高い成長を達成している。

人口は約一三・四億人（世界の一九・八％）、国内総生産が二〇一〇年には世界で第一一位となっており、内から外へ経済政策を転換したことで、新たなグローバルプレイヤーとして台頭しつつある。

さらにインドは経済成長に伴い、中間階層が形成されつつあって、それはすでに三億人に近いと言われており、市場としても魅力度を増している。また、経済成長の長期的な持続という点では、少子高齢化の問題に直面している中国よりも成長性があると見込まれている。

① 成長の背景にアメリカとの連携

このようなインドの成長には、アメリカとの人的な繋がりを背景とした情報産業の存在がある。現在、アメリカのシリコンバレーなどでは、多数のインドの学卒技術者が活躍をしている。また、中国の成長は、アメリカから一種の脅威として警戒されている感があるが、インドの場合は脅威というよりはアメリカのＩＴ産業に組み込まれていると言える。インドの多くのＩＴ企業はアメリカとの人脈を活用してオフショア開発というアウトソーシングの受託で、アメリカ企業に対してコストの削減や生産性の向上といった貢献をしている。

② 東アジア各国との提携の拡大・強化

もう一点、インドが注力しているのがルックイースト（Look East）政策である。これは、一九八〇年代からマレーシアが行ってきた政策であるが、まさしく東アジアの経済発展に学ぼうということである。そのため、近年のインドは東アジア諸国との積極的な貿易やＦＴＡの締結によって、互いの関係の強化を図ろうとしている。また、中国との貿易も伸びており、両国間の貿易は二〇〇二年には日印貿易を上回るに至った。また、インドと中国企業の相互進出、とりわけインドのソフトウェア企業による中国進出が顕著である。

③ 今後は生産基地としても有望

インド経済のもう一つの強みは、豊富で勤勉な、かつ教育のある労働力である。また、東アジアの国々からのインドに対する直接投資も積極的になってきており、その中でも特に積極的なのが韓国とシンガポールである。最近は、日本企業も自動車産業などが進出を積極化している。現在は、中国が世界の工場となっているが、今後はインドも生産大国として浮上してくることが予想される。日本企業も、今後は中国のみならず、インドの動向についても目を放さず、チャンスをうかがう必要がある。

ただ、インドは東アジアとは異なる文化要素や民族性を持っており、進出に際してはそうしたインドの特性を十分に理解・学習することが肝要である。

3 ベトナム

次の新興国として注目されているのがベトナムである。「NEXT11[8]」にも入っているベトナムでは、経済成長が非常に順調に推移していて、二〇一〇年末に発表されたアジア開発銀行の経済予測では二〇〇九、二〇一〇年の経済成長率はそれぞれ六・七%、七・〇%と高い伸びになっている。この数字は、アジアで最高の成長率を記録している中国の同時期の一〇・一%、九・一%に次ぐ高い伸び率である。輸出では、二〇一〇年一月～八月では前年同期比で一九・七%と、ほぼ二〇%の高い伸びを示している。内訳は、外資系が二六・六%、地場が一二・六%といずれも二桁の伸びを示している。ベトナムは天然ガスや液化ガス、原油など天然資源が豊富である。最近はエレクトロニクス製品も輸出に加わり高い伸びを示している。急速な経済発展等を背景にして、ベトナムには外国企業の進出が相次いでいるが、経済成長に対応した交通インフラ、社会インフラの整備が急務となっている。そこで、ベトナム政府も本腰を入れてそれらの拡充に努めており、日本企業も積極的にそれを支援しようとしている。大型の港湾設備に関しては、最近、日本の商船三井、日本郵船、伊藤忠商事の三社が、コンテナ船の荷物を積み降ろす大型ターミナル港の建設に乗り出すことになった。建設費が約八〇〇億円でベトナム最大級の港湾施設になるが、二〇一五年の開設を目指している。ベトナムは、古来シンガポールへの中継基地であったが、最近は荷動きが増え、北部地域では過去一〇年で七倍になっている。パナソニック、キヤノンなどの日本企業の進出が相次いでおり、輸出基地としての重要性がますます高まっている。日本の政府も積極的に支援しており、港湾整備だけでも約八〇〇億円の円借款の供与をしている。高速鉄道についてはベトナムは南北縦に長い国で南北の交通整備は大きな懸案であったが在来線では三〇時間かかっていた、ハノイ・ホーチミン間一、五七〇キロメートルという距離を五時間半で結ぶ、新幹線を上回る時速三〇〇キロメートルという整備計画が決まりつつある。日本が受注する見込みが強まっている。これが完成すれば、ベトナム国内の経済事情を大きく進展させる大動脈になる。ベトナムは今後、中国、インドに続く生産拠点として有望である。

[注]

(1) 東南アジア諸国連合（Association of South-East Asian Nations）は、東南アジア一〇ヵ国の経済・政治・安全保障等での地域協力機構。略称はＡＳＥＡＮ（アセアン）。本部はインドネシアのジャカルタ。域内の人口は約六億人と多く、近年の目覚しい経済成長に拠り、欧州連合（ＥＵ）、北米自由貿易協定（ＮＡＦＴＡ）、中国、インドと比肩する存在になりつつある。加盟国は現在一〇ヵ国（タイ、マレーシア、フィリピン、インドネシア、シンガポール、ブルネイ、ベトナム、カンボジア、ラオス、ミャンマー）。

(2) マレーシアのマハティール首相が一九八一年にルックイースト政策を打ち出した。マハティール首相は日本や韓国の経済発展を高く評価し、これを見習う政策をとったのである。ルックイースト政策により、日本、韓国からの企業による投資が増加し、マレーシア経済は着実に成長してきている。

（3）全要素生産性は、労働や資本を含む全ての要素を投入量として、産出量との比率を示すものである。具体的には、技術上の進歩を表した数値であるといわれている。

（4）赤松要。東京商科大学（現一橋大学）教授。日本の経済政策学の権威で、後発国の産業発展メカニズムを分析し、その形態が飛雁の列に似ているとして、雁行形態論を提唱したことで知られる。

（5）ガーシェンクロン（A. Gerschenkron）が見出した経験則。後発国は先発国が開発した新しい技術を導入しながら工業化を推進するため、後発国の技術進歩は急速であり、したがって経済成長率も先発国を上回る高さを示す（後発性の利益）。

（6）鄧小平が一九九二年武漢、広州、上海などを視察し、重要な声明を発表した一連の行動。計画と市場は全て経済的手段であり、社会主義と資本主義の質において違いはないと指摘した。社会主義の本質は最終的には共に裕福になることである、という内容。

（7）海外直接投資（FDI：Foreign Direct Investment）とは、海外での単なる資産運用ではなく、経営参加や技術提携を目的にした対外投資のことで、現地法人の設立や既存外国法人への資本参加、支店設置、不動産取得などを行う。

（8）アメリカ大手投資銀行ゴールドマン・サックス社経済調査部は、五〇年後（二〇五三年）の世界経済において、BRICs各国ほどではないが、大きな影響力をもたらす潜在性を秘めた国々として、新たに一一ヵ国を取り上げ、「ネクスト11（Next 11）」と名付けた（「経済予測レポート」（二〇〇三年））。具体的にはイラン、インドネシア、エジプト、韓国、トルコ、ナイジェリア、バングラデシュ、パキスタン、フィリピン、ベトナム、メキシコ。

第7章　東アジアにおける国際分業ネットワークの進展と貿易構造変化

第6章ではアジア各国地域がどのようなステップで発展してきたか、その特徴は何かということについて述べてきた。この章では、現時点での東アジアにおける産業別、生産工程別に見た国際競争力と東アジアにおける相互補完性について述べてみたい。

1　東アジアの発展と相互補完・連携の進展

東アジアは一九九七年に起きたアジア通貨危機の打撃を乗り越え、その後高度成長を持続し、世界経済における存在感を増大させている。特に生産面では、世界の生産基地としての存在感が増すと共に、今後は消費市場としても重要性が高まっている（図7－1）。

また、東アジア域内では、モノ、カネ、ヒト、情報のやりとりが緊密化し、域内経済の一体化が進展しつつある（図7－2）。東アジアの域内貿易は、ＥＵ（欧州連合、二七ヵ国）、ＮＡＦＴＡ（北米自由貿易協定、アメリカ、カナダ、メキシコの三ヵ国が加盟）に比べて電気機械を中心に中間財の比率が高く、国境を越えた国際分業関係が進展している。

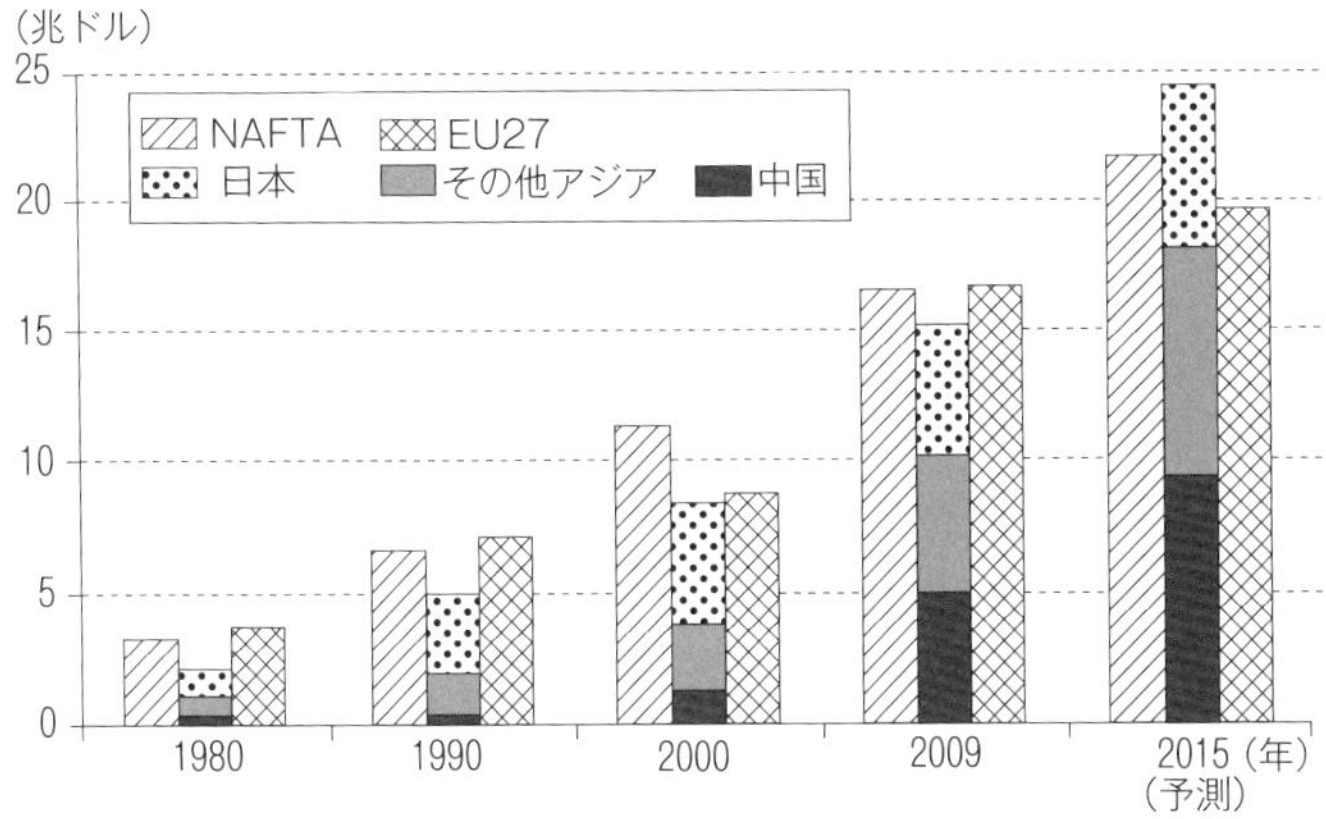

(備考)「その他アジア」とは，ASEAN＋6から日本，中国を引いたもの。
(資料) IMF「World Economic Outlock, 2010 April」から作成。
(出典) 経済産業省『通商白書 2010』より

図７－１ 世界の名目 GDP に占める各国・地域の割合（%）の推移

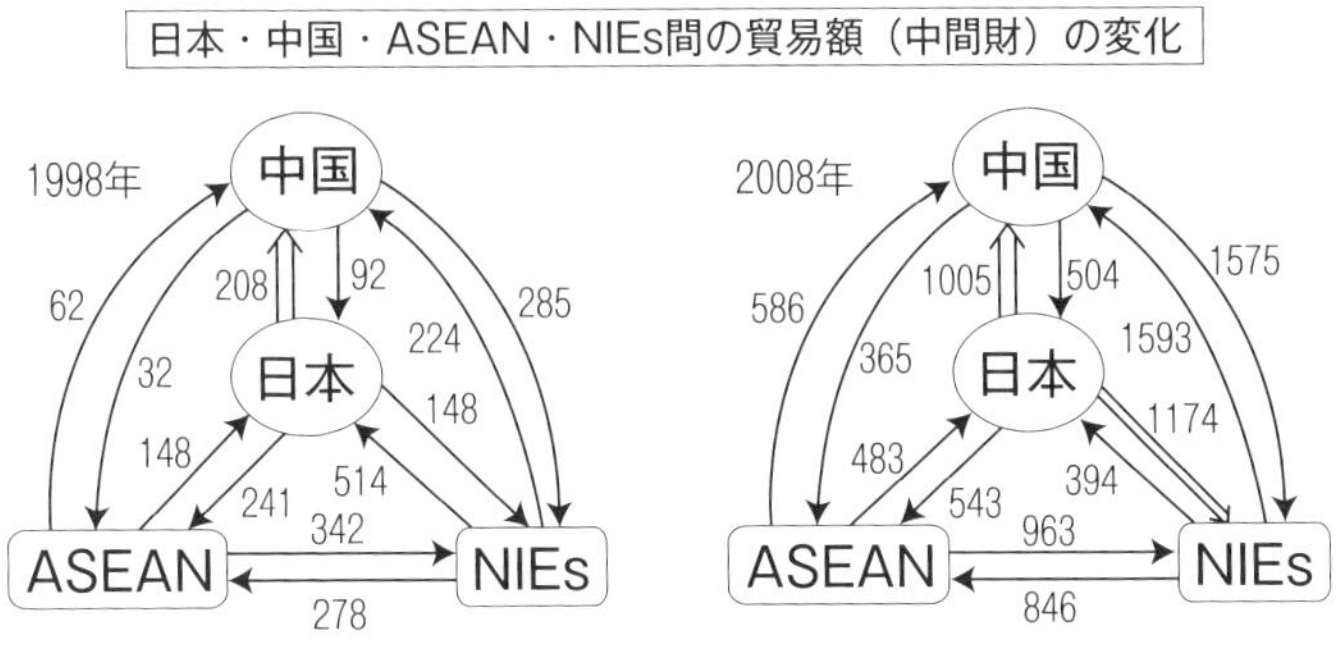

(資料) RIETI-TID2009から作成。
(出典) 経済産業省『通商白書 2010』より

図７－２ 東アジア域内における中間財貿易の発展

東アジア・台湾・香港は域外との貿易よりも域内での貿易を大きく増加させ、一九六八年から関税同盟を形成してきたEUとの域内貿易比率の差を縮めてきている。域内貿易比率を通商白書（二〇〇七年）でみると、東アジア・台湾・香港では一九八〇年の三五・七％から二〇〇五年には五五・八％に上昇しており、二〇〇五年のNAFTAの四三・〇％を大きく超え、EU27の六二・一％に近づきつつある。また、域内貿易のうち、最終財、中間財、素材の三つの財別内訳を見ると、域内貿易に占める中間財の比率は一九八〇年の四二％から二〇〇五年には六〇％と急増しており、域内貿易の高まりは中間財が牽引していることが確認できる。東アジアの域内貿易に占める中間財の比率は、EU、NAFTAを大きく上回っており、東アジアでは域内国が強みを持つ部材に特化して国境を越えた分業を進展させていることが分かる（図7－2）。

東アジアでは、EPA／FTA(1)を通じて制度的にも一体化が進みつつある。こうした中で、日本企業を中心にした東アジア事業ネットワークは高度化すると共に、域内経済に深く根を張っている。

東アジアの貿易構造は、日本・NIEsで開発・生産した高付加価値部品を用い、人件費の安い中国・ASEANで組み立て、日欧米へ販売するという、いわゆる三角貿易構造が続いているが、その一方で、日本企業が東アジアで展開している生産ネットワークは、生産工程の分業や集約といった行動を通じて、より効率的なものへと変化しつつある。

日本の製造企業は、東アジアへの直接投資を通じて事業ネットワークを形成し、生産コストの低減や現地市場への参入を図ってきている。例えば、電気機械で見ると、中国・ASEANの事業拠点では、生産機能を保有している割合の高さが際立っており、NIEsやインド、オーストラリア、ニュージーランドでは販売・サービス機能を保有する割合が高くなっている。日本企業の東アジアでの現地調達比率は年々増大しており、域内の多数の国から部品の調達や拠点間の相互供給を行っており、域内における多国間工程間分業が進展していることが分かる。

2 国際競争力の発展段階とその特徴

経済産業省『通商白書（二〇〇五年）』は、東アジアの産業構造の特質を反映することを目的として、中間財と最終財を軸として国際競争力を二次元に展開した上で分析を行った。

貿易産業分類で定義された産業について中間財、最終財の国際競争力を評価すると図７－３のようになる。産業が成熟するにつれて第三象限から時計回りの過程をたどると考えられる（二〇〇五年、通商白書）。すなわち、図７－３中、①から②に移ると、資本蓄積、技術導入などが進展し、組立工程に競争力をつける。製品の基幹部分となる部品（中間財）は輸入するという組立型産業構造である。③に移ると、技術レベルが向上し、基幹部品も製造できるようになり、最終財、中間財共に競争力を持つ。④になると、労働コスト上昇などで、組立工程の比較優位を失うため、最終財の競争力が弱まる。製品の基幹部品に技術を特化する（組立工程は途上国に移転）。⑤では中間財の国際競争力も失われる。しかし、高い技術レベル、確立されたブランドを活かして高品質、高機能の製品に特化し、差異化して国内外競争で競争する。

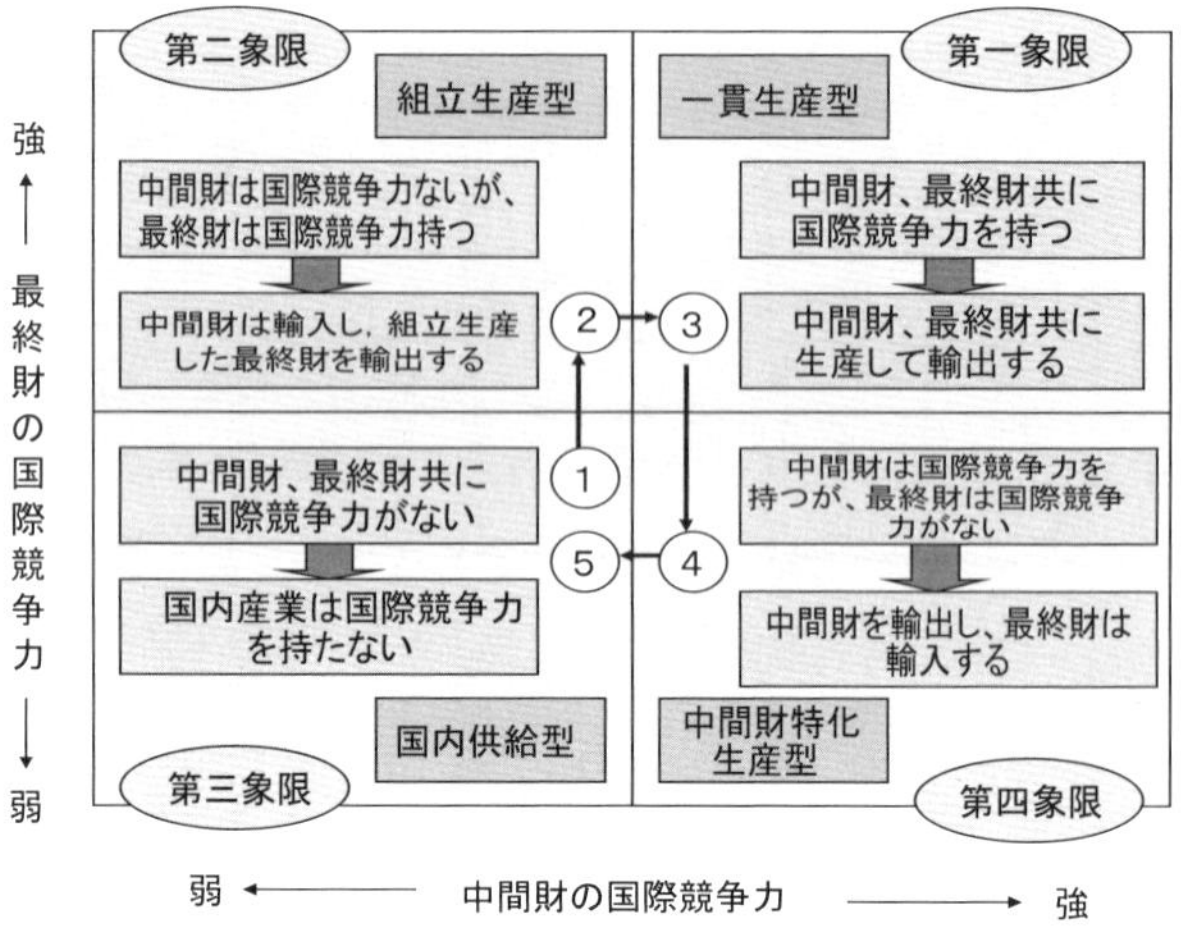

（出典）経済産業省『通商白書』(2005)

図7－3 国際競争力指数チャート

3 国別分析

1 日本

日本の特徴としては、ほとんどの産業が第一象限及び第四象限に位置している。一般機械、輸送機械、精密機械等機械類は第一象限に集中しており、強い国際競争力を有している。家電・電気機器は第一象限に位置する。最終財の競争力が弱まる傾向にある。また、第二象限に位置する産業がない。

2 韓国

強い競争力を持っていた繊維、家電は地位の低下が見られ、繊維は最終財、家電は中間財の競争力が徐々に失われつつある。この穴を埋めるようなかたちで、輸送機械では中間財の競争力が上昇しつつあり、輸出も可能となった。電機も同様に

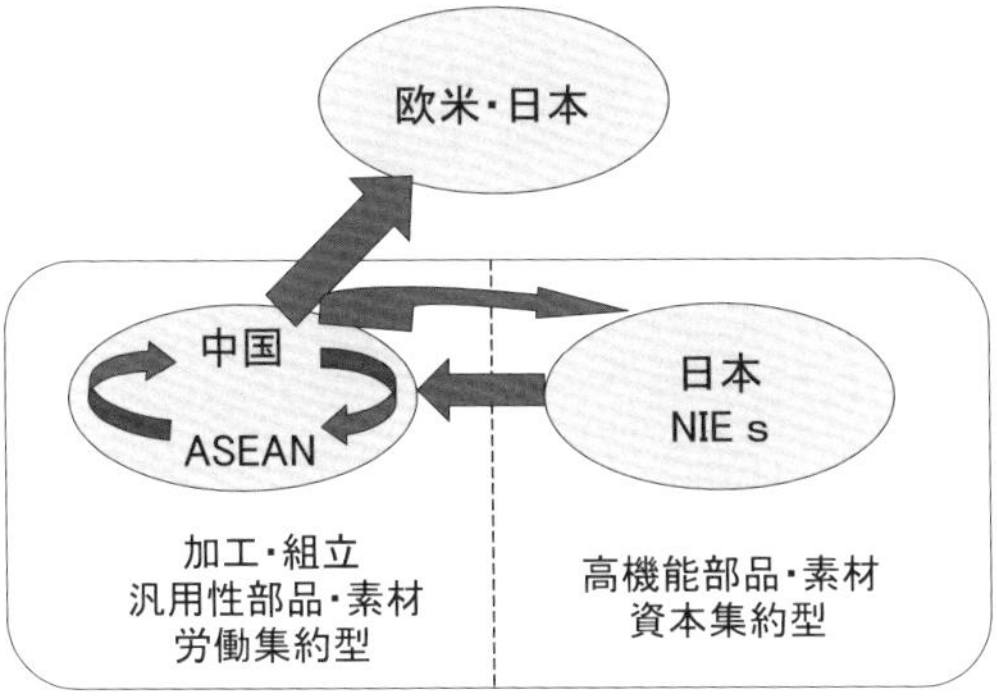

（出典）経済産業省『通商白書』（2007）

図７－４ 東アジアの多国間工程分業の進展

中間財、最終財共に競争力をつけてきた。産業構造のバランスや、動態的変化から、国際競争力上、韓国は日本と中国の中間に位置する経済構造になっている。

３ 台　湾

また、台湾の企業も急激に力をつけている。特に、ＩＴ分野の製造に強く、パソコン関連部品の生産については、世界最大のシェアを持っている。台湾企業は、長い間、欧米企業や日本企業のＯＥＭ（相手先ブランドによる生産請負）を引き受けてきた。その過程で最近は中国大陸に生産拠点を大幅に移しつつある。ＥＭＳ（Electronics Manufacturing Service）と呼ばれる受託生産を専門とするメーカーによる大量生産技術を急速に身につけた。その領域は今や、生産のみならず開発・設計、部品調達などにも拡大している。

４ タ　イ

タイの特徴的な構造としては、輸送機械と鉄鋼が組立型産業の特徴を有していること（第二象限）と、精密機械の中間財に強みを発揮していること（第一象限）である。タイは全ての品目について、韓国、中国の後を追いかけているのではなく、特定産業が特化する形で競争力が向上している。マクロ的には、以上のように位置づけることができるが、例えば、韓国の場合、国レベルと企業レベルでは状況が異なることも事実である。例えば、韓国のサムスン電子を見ると強みは世界の一流企業と同等の実力を持っている。弱みについても、年々改善されており、日本企業に見劣りしないものとなっている。

5 中国

中国の産業はチャートの第二象限のほうに位置しているものが多く、組立工程に強みを有している経済構造である。家電、雑貨については中間財・最終財共に強い国際競争力を持つ。パルプ・紙、鉄鋼、化学製品については、最終財は強く、中間財は弱い組立型産業を形成している。輸送機械、精密機械はまだ競争力を保持していない。日本とは対照的に、中国はまだ第四象限に産業を持たず、中間財に特化した構造を持つ産業はまだ存在しない。このことからも、日本と中国の産業構造の補完性が高い。

4 東アジア域内における生産面での補完関係

以上のように、東アジアでは、現在、日本、NIEs、中国、ASEANがそれぞれの経済基盤の特性に応じた産業の競争力を有しており、生産面で補完的な経済圏が成立していること、しかも、その補完性は静的なものではなく、経済成長や生産技術の段階に応じて変化する動的なものであることが結論付けられる。また、生産工程別に見た場合はどうか。経済産業省『通商白書』（二〇〇七年）によれば、日本、ＮＩＥｓは一貫生産型から中間財特化型の産業を多く有していること、その一方で、中国、ＡＳＥＡＮには組立生産型の産業が多いことがわかった。このことから、日本・ＮＩＥｓが生産した部品、加工品を中国・ＡＳＥＡＮが中間投入財として輸入し、組み立てた製品を最終消費地であるアメリカ・ＥＵに輸出するパターンができてきていることがわかる。すなわち、生産、組立、消費の場所がそれぞれ異なる「三角貿易構造」が形成されつつある。

5 製品アーキテクチャ面から見た地域間補完関係

アーキテクチャ（Architecture）とは、「全体の枠組み」とか「構造」、「構成」、「建築物」などという概念であるが、経営工学的には「ハードウェアまたはソフトウェアの基本設計概念」を指す。ここでは、やや経営工学的、理論的な側面から日本と中国の特徴について述べたい。

商品をその内容で見ると、ハードウェアの場合、製品の最も重要な機能を左右する部品を「中核部品技術」とか「コア部品技術」と言う。自動車で言えばエンジン、コンピュータで言えばＣＰＵ（中央演算処理装置）、ＯＳ、基本ソフトに相当する。こういった部品をどのように連結するか、ということに関する基本コンセプトを「製品アーキテクチャ」と言う。製品が要求する機能をどのように展開し、どのように部品を切り分け、機能を配分し、部品間の接合部品（インターフェース）をどう設計するかに

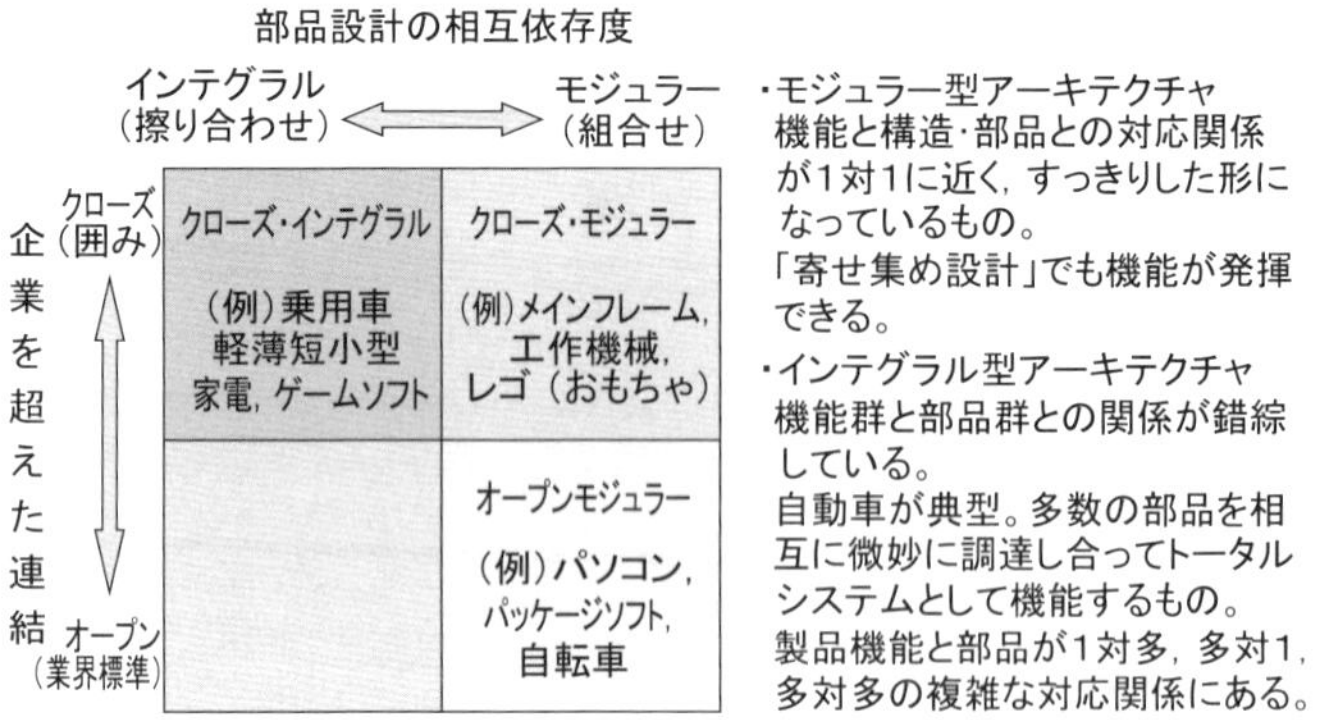
部品設計の相互依存度
インテグラル（擦り合わせ）
モジュラー（組合せ）
企業を超えた連結
クローズ（囲み）
オープン（業界標準）
クローズ・インテグラル
（例）乗用車 軽薄短小型 家電，ゲームソフト
クローズ・モジュラー
（例）メインフレーム，工作機械，レゴ（おもちゃ）
オープンモジュラー
（例）パソコン，パッケージソフト，自転車
・モジュラー型アーキテクチャ
機能と構造・部品との対応関係が1対1に近く，すっきりした形になっているもの。
「寄せ集め設計」でも機能が発揮できる。
・インテグラル型アーキテクチャ
機能群と部品群との関係が錯綜している。
自動車が典型。多数の部品を相互に微妙に調達し合ってトータルシステムとして機能するもの。
製品機能と部品が1対多，多対1，多対多の複雑な対応関係にある。

（出典）藤本隆宏『能力構築競争』，中公新書（2003）

図7-5　製品アーキテクチャからみた技術と製品

関するルールがアーキテクチャの選択によって決まってくる。

1　インテグラル型とモジュラー型のアーキテクチャ

この製品アーキテクチャには大きく分けて二つある。一つのタイプは部品を相互に細かく調整して、隙間なく組み上げていかないと全体としてうまく機能しないタイプ。これを「インテグラル型（統合型ともいう）」、または「擦り合わせ型」と言うが、自動車はその典型例である。自動車の九〇％以上の部品は、その企業グループでしか通用しない特殊設計部品である。そこでは日本の熟練技術が十分に生かされる。

一方、もう一つのタイプは、一般の汎用部品の寄せ集めでもそれらを組み立てればまともに機能するような製品。これは「モジュラー型」、または「組み合わせ型」と言われている。例えばデスクトップパソコンや、自転車などのようなものである。部品をあちらこちらから寄せ集めて組み立てても、比較的容易に商品として使える。このような

表７－１ 各地域のものづくり能力とアーキテクチャの相性

地域	日本	中華圏・中国	中華圏・台湾	ASEAN
作業者／ワーカーの定着率	高い（正社員）	低い	高い	高い
ものづくり能力	統合型	組み合わせ型	統合型＋組み合わせ型	統合型にポテンシャル
得意なアーキテクチャ	擦り合わせ型	組み合わせ型	擦り合わせ＋組み合わせ	組み合わせ型から擦り合わせ型へ路線転換

（出典）新宅純二郎「日本企業の製品アーキテクチャ戦略の現状と今後」（日本機械輸出組合『JMC』2007年10月号，p.4）

製品を「モジュラー型」と呼んでいる。

また、図7－5の縦軸は部品が企業グループ内で通用するもの（クローズ）か、企業グループ外でも通用するもの（オープン）に分かれる。

2　日本は擦り合わせ型製品、東南アジア、中国は組み合わせ型製品に強い

最近では、グローバル化によって世界各地への輸送手段が発達し、IT技術やインターネットの発達によって、デジタル化が進み、いろいろな機能が簡単にデジタル化され、素材に転写されて安いコストで世界中に送られるようになってきた。この結果、こうした情報が世界中に共有される。この結果、モジュラー型、つまり組み合わせ型製品が増えていく。

例えば欧米企業は、どちらかといえば組み合わせ型（モジュラー型）の製品に強く、製品の開発や設計は自社で行うけれども、部品は世界中からアウトソーシングし、組立てはコストの一番安い国で組み立てて、製品を市場に出していく。中国は、安い労働コストを武器にして、こういった組み

合わせ型（モジュラー型）製品の組立ての部分に強みをもっている。デル・コンピュータやＩＢＭのパソコンなどは製品の七五％がアウトソーシングに依存している。

一方、日本のものづくりは昔から伝統的な熟練技術者が多く、そういう人たちが手に持った技術、長年培った技術で擦り合わせをしながら製品を組み立てていく自動車や精密機械のように特殊設計部品を細かく隙間なく擦り合わせて組み立てていくような、摺り合わせ型（インテグラル型）の製品に強いわけである（表７－１）。

つまり、中国と日本とではモノづくりのアーキテクチャが違うのである。今後は、その違いをうまく組み合わせて、中国と日本が相互補完関係をつくっていけば全体として共存共栄ができるのではないかと思う。日本としては、製品や技術の特性を十分に吟味し、「どの製品や部品を日本で作り、どの製品を海外に出すか」や、「技術が新しいか古いか」、「中国に出してよい技術と出せない技術」ということを戦略的に考えて対処していくべきと考える。また、コア部品を作る技術や真似のしにくい製品、「ブラック・ボックス化」を考えていくこと、常に一歩先をいく技術革新や新製品開発努力を怠らないことが大事である。

6　アジア各国の強みを活かした国際分業ネットワーク構築の推進

東アジアにおける貿易量は年々増加の一途をたどり、相互補完関係が強まっている。

これを生産工程間分業の視点から見ると、東アジアにおける工程間分業ネットワークはわが国のイン

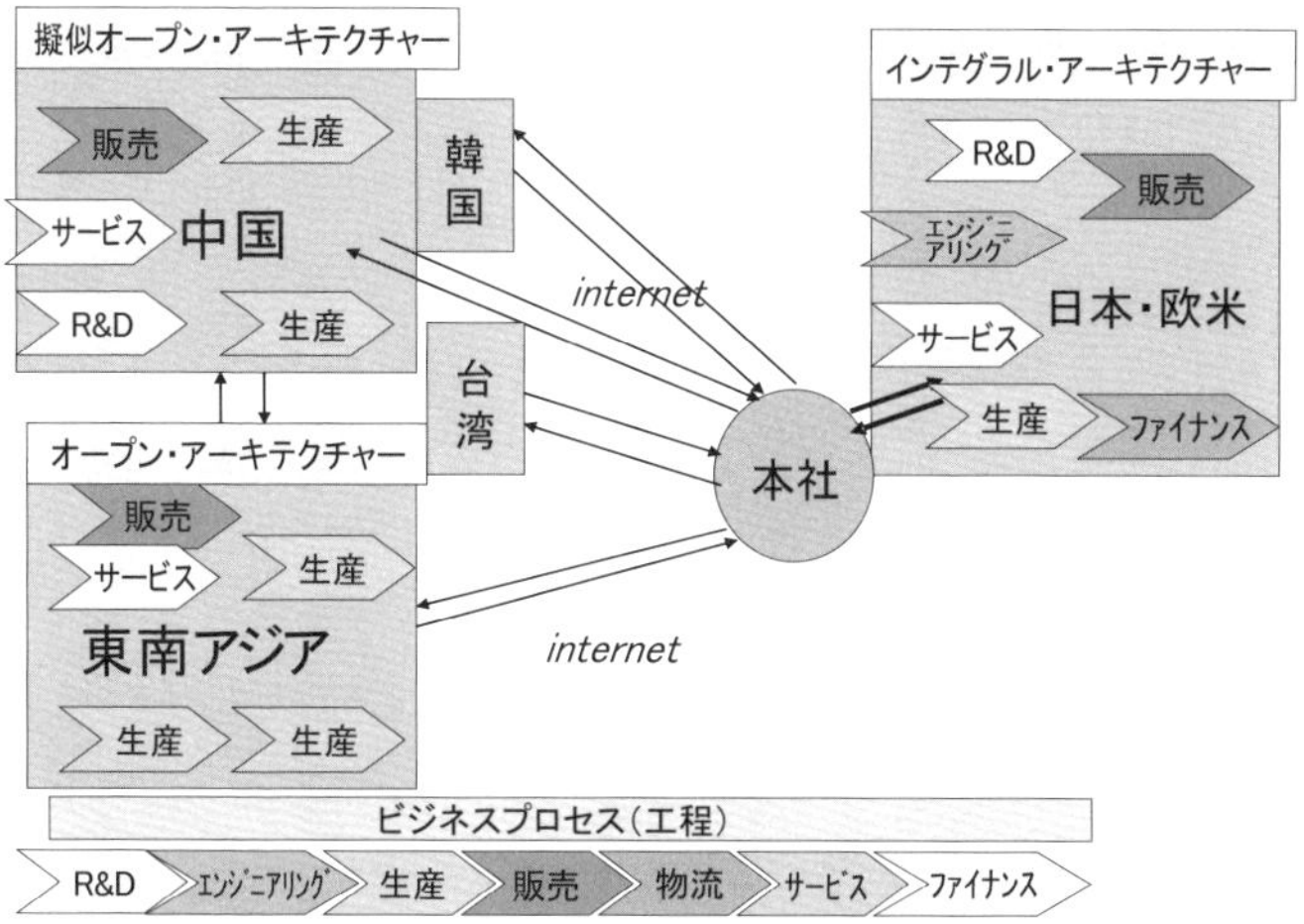

（出典）筆者作成

図７－６ 東アジアにおける工程間分業ネットワーク

テグラル・アーキテクチャ、中国の擬似オープン・アーキテクチャ（先進国の完成品を分解し、それらの部品をそっくり真似てつくり直し、組み立てるやり方。インテグラルとモジュラーの中間とも言える）およびＮＩＥｓ、ＡＳＥＡＮ諸国のオープン・モジュラー・アーキテクチャの三つのアーキテクチャによる相互補完ネットワークの構築となる。この三者の関係は、ある時は互いに切磋琢磨しあう厳しい競争関係、またある時は相互のアーキテクチャ上の特徴を活かした相互補完関係という複雑なパワーバランスの上に成り立つものとなろう。それは現状固定的、換言すれば静態的なものではなく、常に相互がより高い段階へレベルアップしようという競争の中での均衡関係であり、動態的な緊張関係を伴ったものとなろう。従って、日本としても前述のように、絶えざるイノベーションを持続し、常に競争優位性を保つことによって初めて成立しうるものである。

東アジア各地域は、このように地域間分業ネットワークの中で、互いに得意分野を活かし、共同作業をするパートナーである。しかし、一方で、グローバルな競争市場の中で、世界から担当する仕事を獲得する競争相手でもある。

そして、世界に散らばった業務を勝ち取ることができるかどうかが、その地域や都市が繁栄するか、衰退するかの分岐点となるといっても過言ではない。こうした東アジア地域内貿易の拡大は東アジア全体の繁栄にとって極めて重要であり強力に推進する仕組みを構築していかなければならない。

7 東アジア自由貿易地域の形成

以上述べてきた東アジア地域内国際分業、工程間分業ネットワークと並んで、それを保障するＥＵのような自由貿易地域・通貨圏の形成も東アジア経済の自律的な発展に必要不可欠な要件である。これが形成されて初めて実物経済面・貨幣経済面両面からのバランスのとれた発展が可能となる。

戦後、世界は戦前の保護貿易主義の台頭と戦争という負のサイクルから脱却し、自由貿易の推進を保証すべく、貿易と関税に関する一般協定（ＧＡＴＴ）をベースにして多国間貿易の円滑化が促進され、さらにサービス貿易にも範囲を広げ、罰則規定も付加した世界貿易機関（ＷＴＯ）によってその徹底を図ろうとしてきた。しかし、その後の現実は、ＷＴＯ下での多角的貿易交渉はメンバーの数が多すぎて合意形成が困難となり、遅々として進展していない。東アジア各国の貿易政策は、一九九七年の金融危

表７－２　WTO ドーハ・ラウンド交渉の経緯

年　月	交　渉　内　容
2001 年 11 月	カタール・ドーハで新ラウンド交渉開始
2003 年 9 月	メキシコ・カンクン閣僚会議が先進国と途上国の対立で決裂
2004 年 7 月	一般理事会で交渉の枠組み（基本概念）に合意
2005 年 12 月	香港閣僚会議で「06 年中の最終合意を目指す」ことで合意
2006 年 7 月	主要国･地域の閣僚会合が先進国と途上国の対立で決裂し，交渉中断
2007 年 1 月	スイス・ダボスの非公式閣僚会議で交渉再開
2008 年 7 月	ジュネーブの閣僚会議で，大枠合意を目前にしながら，米国・インドの対立で交渉決裂
2009 年 7 月	イタリア・ラクイラＧ８サミットで，「2010 年中の交渉妥結を目指す」との共同宣言採択
2010 年 11 月	横浜 APEC 首脳会議で，2011 年を交渉の正念場に位置づけ
2011 年 5 月	パリの非公式閣僚会議で，一括合意を事実上断念。部分合意を目指す。

機後、従来のＷＴＯを中心とする伝統的な多国間主義への依存から脱却し、自由貿易協定（ＦＴＡ）を機軸とする地域主義へと踏み出している。

二〇一一年も続いているＷＴＯドーハ・ラウンド交渉で交渉が難航している最大の問題は、アメリカが強く求めている市場開放について、新興国側は、自国産業保護を重視する観点から、市場開放には消極的であることである。特に、アメリカが化学・機械・電子部品分野の関税引き下げで「我々の要求を呑まない限り、一歩も引かない」との強硬姿勢を打ち出していることが、対立関係をほぼ修復不能のものとした。日本は、鉱工業品分野などで市場開放の機会を失う影響が大きい。

金融危機を契機として、域内での金融

協力が強化され、さらには東アジア域内で直接投資が活発化し、生産の工程間分業ネットワークを通した域内貿易が進展するなど経済産業連携が進展するに至っている。このような状況においてＦＴＡは輸出市場拡大のために有効な選択肢となりえた。このため、各国は二国間で締結可能なＦＴＡを積極的に推進している。

その中で現在、ＡＳＥＡＮは自らの域内貿易自由化に地道に取り組んでいる。二〇一〇年にはＡＦＴＡ（ＡＳＥＡＮ自由貿易地域）がＡＳＥＡＮと中国、ＡＳＥＡＮと韓国とＦＴＡを締結した。続いて、ＡＳＥＡＮは豪州、ニュージーランドとのＦＴＡ、インドとのＦＴＡが発効した。日本との間ではすでにＥＰＡ（経済連携協定：ＦＴＡより範囲が広い）が二〇〇八年に発効しており、ＡＳＥＡＮをハブとする主要国とのＦＴＡネットワークが完成した。さらにＡＳＥＡＮは二〇一一年五月、ＥＵとのＦＴＡ交渉を加速する方針を発表した。これによりＥＵはＴＰＰ[2]（現太平洋経済連携協定）を睨んでアメリカに対抗し、対アジア・ビジネスの足場を固めることを狙っている。ＡＳＥＡＮは、ＦＴＡから統合の次の目標である経済共同体の二〇一五年創設に向けて行動計画を実行しようとしている。ＡＳＥＡＮは、物品、サービス、投資、熟練労働者、資本の自由化が実現される。各国によるＦＴＡの締結が将来の東アジア経済共同体の構築に有力な手段となろう。日本は一九五六年にＧＡＴＴに加盟して以来、ＧＡＴＴおよびＷＴＯのメンバーとして最恵国待遇の下で進められる多国間自由貿易交渉を中心とした貿易政策を採用してきた。しかし、近年、ようやくＦＴＡ締結を積極的に進め始めた。これは日本の貿易政策の大きな転換を意味し、また、中国、韓国をはじめアジア各国も競うようにＦＴＡ締結に乗り出している。中国はその影響力を東アジア地域に政治外交だけでなく、貿易面からも強めようとする狙いがあ

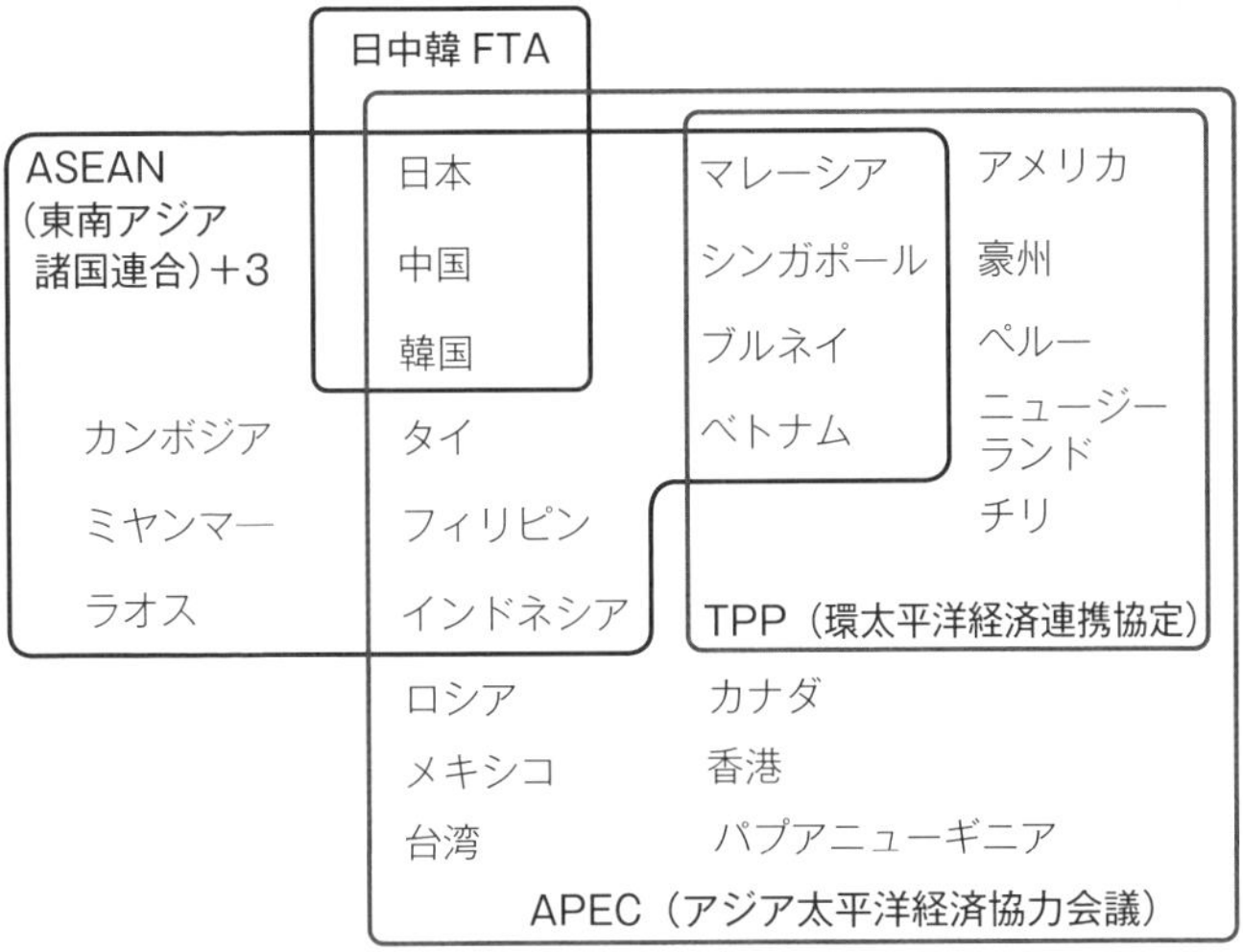

（出典）日本経済新聞

図７-７ 東アジアを巡る主な自由貿易構想の枠組み

る。韓国はＦＴＡでは後発ながら昨年、アメリカ、ＥＵとも先行的にＦＴＡの締結に成功し、さらにインドとも署名し、欧米、インドという大市場で日本より優位に立った。こうして東アジア全体のＦＴＡをみると、ＡＳＥＡＮをハブとして、日・中・韓・インド・豪州・ニュージーランドが個別にＦＴＡで結ばれることになった。将来像としての東アジア広域ＦＴＡ実現に向けて下地はできつつある。日本にとってもＦＴＡの拡大は経済成長の促進要因となる。今後の当面の課題は、日中韓、三ヵ国間ＦＴＡの締結である。このための最大の障害は農林水産物である。農産物については、単に関税措置等貿易政策だけではなく、農業政策の構造転換が必須条件である。日本は長年にわたって農業保護政策を採ってきたが、保護するだけの政策が食糧自給率の低下をもたらしたことも事実である。農業活性化

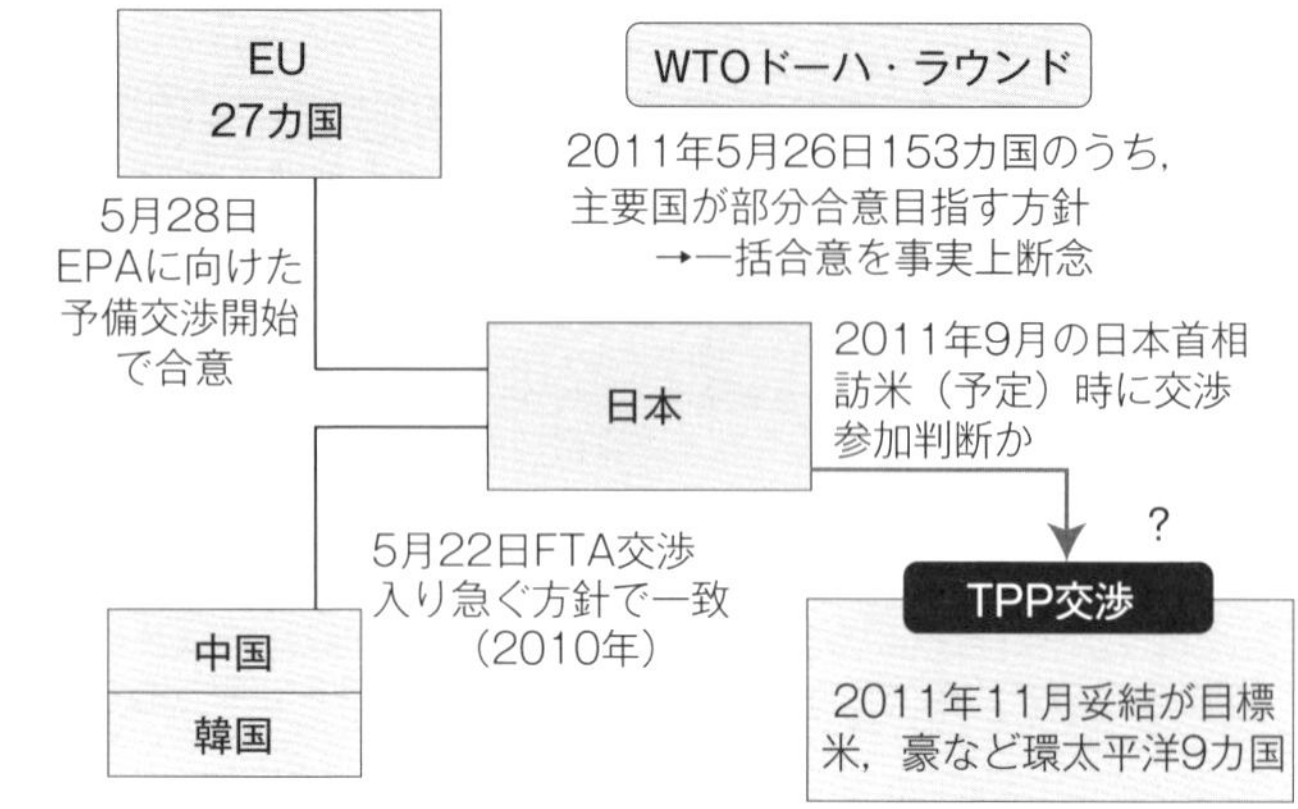

（出典）新聞情報等から作成

図7－8 日本の通商政策（2010年5月現在）

のためには、農業を色々な側面からきめ細かく分析し、守るべき分野、伸ばすべき分野、攻めるべき分野、新しい分野等、多面的な戦略によって活性化する政策が今後必要である。

また、近年新たに創設されようとしているTPPについてはすでにアメリカが積極的に参加を表明している。TPPはFTAをさらに実効性に富んだ内容としたものであり、国民的コンセンサスを形成しつつ速やかに参画の意思を各国に明示する必要がある。東アジアにおける自由貿易構想はFTAの締結の広がりに伴い、将来の実現に向けて着実に歩を進めていることは望ましいかぎりである。東アジアの成長と繁栄のためにはぜひ実現すべきことである。将来的には、EUのように貿易のみならず、アジア域内における共通通貨や金融面での協力も重要である。各国の発展段階の違い、政治体制の違い、歴史認識や宗教等々多くの問題が横たわっているが、将来的には避けて通れない問題であり、日本は積極的に議論に参画し、主導的な役割を担わなければならない。また、二〇一一年三月十一日の東日本大震災の被災地の復旧・復興事業を急ぐ上でもエネルギーや物資を安定的に確保しなければならない。石油製品や物資の供給不安が長引けば、生産活動の基盤が揺らぐ恐れもある。貿易自由化を進めれば、不足する物資を輸入でまかなえる。日本企業が国内で利益を確保できる環境を整える必要もある。電力不足などを懸念する企業が海外に生産拠点を移しかねない。貿易自由化で遅れをとれば復旧・復興を支える日本経済の足腰が弱る。日本が大震災から復興するには経済成長が必要である。そのために、日本はあらゆる分野でグローバル化を受け入れる必要がある。

こうした中、遅ればせながら日本も努力を始めている。日本は二〇一一年五月二十八日、EUとEPAの予備交渉入りで合意し、巨大市場参入への本格攻勢の足がかりを掴んだ。WTOドーハ・ラウンドなど多国間の貿易自由化交渉が限界を露呈する中、日本はこれまで出遅れていた個別の国・地域との経済連携を加速させる必要がある。EUとのEPAが実現すれば、先進国では関税引き下げ利益を得ることになり、先行する韓国企業とも渡り合える。

8 アジア共通のリスクへの対処

アジアはこれまで述べてきたように、今後の世界経済を牽引する有望な地域として浮上してきた。しかし、一方で、経済成長と繁栄を阻害する多くのリスクも存在することも事実である。こうしたリスクは多くはアジア共通のリスクでもある。こうしたリスクは一国だけでは解決し得ないケースも多い。こうした問題に対してはアジア共同の、あるいは世界共通のリスクとして先進国も含めて世界が一体に

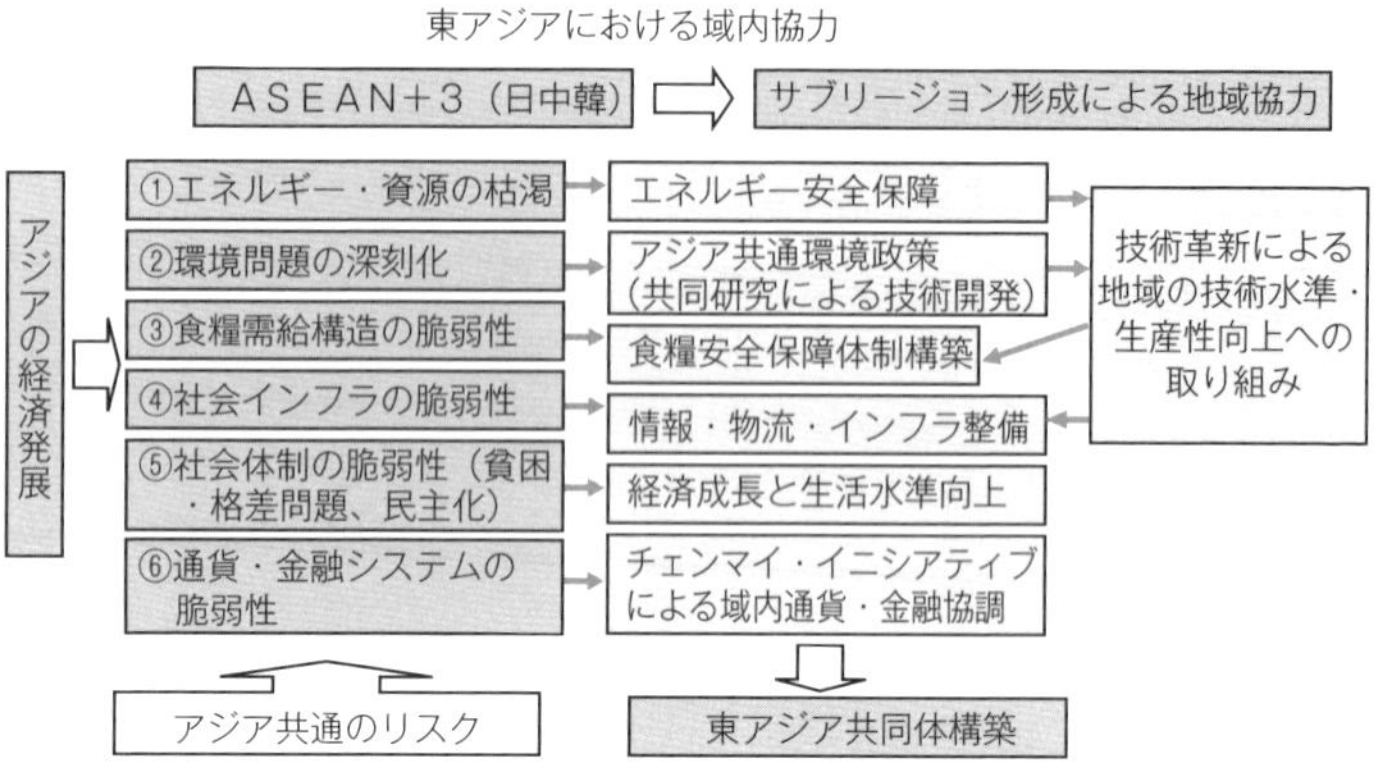

（出典）日本貿易会の図に筆者加筆

図7－9　アジア共通のリスクとソリューション

なって解決していかなければならない。代表的なものをあげると図7－9のようになる。

1　エネルギー・資源の枯渇

アジア地域が今後の高い経済成長を持続していくためには、それに必要な膨大な量の石油、天然ガス、原子力、地熱、水力、風力、太陽エネルギー等のエネルギー源が必要となる。しかし、こうしたエネルギー源は地球上では有限である。限られたエネルギー資源を巡って世界の国々が争奪戦を展開するような事態は極力避けなければ地球全体が破滅の道をたどることになる。[3] 限られたエネルギー源をいかに効率的に使用するか、という省エネルギー技術、省資源技術の向上が不可欠となる。また、再生可能なエネルギーをできるだけ活用するなど、世界全体が共通の課題として英知の限りを尽くし協力して問題を解決していかなければならない。

2 環境問題の深刻化

環境問題は資源・エネルギー問題と表裏一体の関係にある。一九六〇～七〇年代の日本がそうであったように、高度経済成長をすればするほど資源・エネルギーを消費が増え、それに伴って大気汚染、土壌汚染、水質汚濁、海水汚染等、環境汚染問題や公害病と呼ばれる障害が人々を苦しめた。その数十倍の人口を擁するアジア各国が同じことを繰り返せば、日本とは比較にならないほど深刻な環境汚染が広範囲に発生することは避けられない。また、無秩序な工業化、森林伐採、工業用地への転用を行うと、土壌の乾燥化、砂漠化、黄砂の深刻化、深刻な水不足、生態系の破壊などの環境悪化も招来する。しかもこうした問題はやがて、一国だけの問題ではなく、周辺諸国の環境悪化をもたらすことになる。光化学スモッグ、黄砂、海洋汚染、工場排水に伴う国際河川汚染、さらにはこれらすべてが影響して地球温暖化等の問題を招く。

3 食糧需給構造の脆弱性

食糧需給逼迫の問題も人類の生存にとってきわめて重要な問題である。先進国に加えて、膨大な人口を抱えるアジア諸国の経済成長と所得水準の向上は当然、人々の食生活水準の向上をもたらす。人々はこれまで以上に動物性たんぱく質を摂取するようになる。食肉を得るにはそれを産する家畜が消費する大量の穀物が必要となる。かくして世界の穀物市場では供給を上回る食糧需要を満たすために増産を始める。しかし、ここでも地球の有限性の問題が出てくる。地球上の穀物生産地は限られ、しかも一部の穀物生産国に偏っている。

このため、このままいけば、食糧、そして穀物の争奪戦が深刻化する。しかも、エネルギー不足に伴いバイオ燃料需要の増大で、トウモロコシのバイオエタノールへの転用などがそれに拍車をかける。こうした需給の逼迫は当然、穀物価格の高騰を呼び起こし、世界中の貧困な人々は飢餓の危機に直面する。また、食糧自給率の低い国々は食糧確保に苦しむ。この問題は人類に突きつけられた問題である。

4 社会インフラの脆弱性

アジア各国が今後も持続的に経済発展をしていくために、資源・エネルギー、環境問題等に並んで重要なものは社会・産業インフラストラクチャー（以下、社会インフラ）の整備がある。道路網・鉄道網整備、道路・港湾・空港等の物流網の整備、電力の安定供給体制、工業用水・飲料水の安定供給、良好な生活環境の整備等のハードウェア・インフラの整備、ハードウェア・インフラの運用・運営ノウハウ、初級・高級教育システムの整備、法体系の整備、公衆マナー・公衆道徳の向上などのソフトウェア・インフラの整備などもハードウェアと並んで重要である。こうした社会インフラの充実があって初めて持続的な経済成長が可能となる。こうしたインフラの充実には高度の技術と経験が必要であり、必ずしもアジア諸国だけでは実行困難な分野もある。こうした分野に関しては先進国が様々な方法で技術移転を行う必要がある。

5 社会体制の脆弱性（貧困・格差問題、民主化）

この問題はその国の政治・社会体制とも絡んで複雑な問題である。たとえば、ある国が特定の社会体制を維持するために反体制的な言論を制限し、弾圧するような方法ではこの問題は解決しない。基本的には、経済成長を持続し、所得分配に配慮しながら人々の民度を向上させ、中産階層の増大、貧困層の撲滅を図っていく。そうしたプロセスの中で民主化の範囲を広げていくといった政治・行政面での努力が必要である。

6 通貨・金融システムの脆弱性

前の項で既に述べたように、アジア地域の貿易・為替・金融システムの自由化・共通化はEUに比べ、大きく遅れをとっている。一九九七年に発生したタイの通貨バーツの暴落に端を発し、近隣諸国に燎原の火のように広がったアジア通貨危機はその脆弱さの故であることをアジア各国に知らしめた。以降、アジア諸国はこの経験を教訓にASEAN、日中韓などが協力しながらアジアにおける域内共通経済・金融通貨圏の構築への努力を続けている。アジア域内自由貿易構築についてはFTAをテコにしてアジア経済共同体やTPPの構築が進んでいるが、通貨・金融システムの共同体形成についてはまだ十分ではない。

年のチェンマイ・イニシアティブ[4]といわれる通貨に関するコンセンサスを起点にして今後アジア共通通貨・金融システム構築にむけて各国が努力を積み重ねていかなければならない。

[注]

(1) EPA(経済連携協定)は特定の国・地域同士が経済成長のため、関税分野や人の移動、投資のルールを決めたりする協定。その中心がFTA（自由貿易協定）で、工業製品や農産物の輸入時にかける関税を撤廃したり引き下げたりする。

（2）二〇一五年までに加盟国間の貿易において、工業品、農業品、金融サービスなどをはじめ、全品目の関税を一〇年以内に原則全面撤廃することにより、貿易自由化の実現を目指すFTAを包括するEPAを目標としている。二〇一〇年十一月現在、アメリカ、豪、ペルー、ベトナム、マレーシアが参加、次いでコロンビア、カナダも参加の意向を表明している。日本は二〇一〇年十月の「新成長戦略実現会議」で菅直人首相が参加を表明したが、コメをはじめ農水産物の自由化への反対意見も強く、態度決定は先延ばしとされている。

（3）近年、東アジアでは尖閣諸島問題で日本、台湾、中国が領有権を主張、二〇一〇年九月には中国漁船が海上保安庁の巡視船に衝突する事件が発生した。また、東南アジアでは南沙諸島をめぐり、中国、ベトナム、マレーシア、台湾、フィリピンなどが領有権を主張し、緊張を増し、中国をはじめ各国が海軍力を増強していることが憂慮される。

（4）アジア通貨危機後の二〇〇〇年五月、タイのチェンマイで開催されたASEAN（東南アジア諸国連合）＋日中韓蔵相会議で、域内の資本フローに関する整合性の取れたタイムリーなデータ及び情報の交換を促進するために、ASEAN＋3の枠組みを活用すること、及び、ASEAN五ヵ国（インドネシア、シンガポール、タイ、フィリピン、マレーシア）間に既に存在するASEANスワップ協定を全ASEAN加盟国を含み得るよう拡大し、ASEAN、中国、日本、及び韓国の間の二国間のスワップ、及びレポ取極（とりきめ arrangement）を締結し、東アジアにおける危機発生時の自助・支援メカニズムを強化することで合意した。これをチェンマイ・イニシアティブという。スワップ取極は、アメリカドル他の外貨と借入国の自国通貨の交換を約するもの。レポ取極は、米国財務省証券等信用度・流動性の高い証券を見合いに、アメリカドル他の外貨の供給を約するもの。

第Ⅲ部

新興国市場と日本企業の挑戦

第8章　新興国市場の勃興とビジネスチャンス
──新興周辺諸国の動向と日本企業の新しいビジネスモデルの構築──

1　日本企業の新興国シフト

1　収益源が先進国向けから新興国向けにシフト

日本企業の動向を見ると、リーマンショック以降、主要企業の新興国シフトの傾向が強まっている。日本総合研究所（二〇一〇）の調査によれば、上場企業一三一社の海外営業利益全体に占める新興国のシェアはリーマンショック前の〇八年四～六月期の四九％から七～九月期には六五％にまで高まっている。十～十二月期決算でも、自動車やタイヤ、硝子、モーターなど関連部材メーカーが中国、インド、タイなどで好調な業績を上げている。日本企業はリーマンショック後二年で欧米依存から脱却し、アジアを中心とする新興国依存型の収益体質に転換しつつある。

二〇一〇年三月期の日本上場企業全体の地域別営業利益（集計ベース）は新興国向けが二兆六、三〇〇億円と二〇〇〇年三月期の約四倍に増え、連結営業利益に占める割合も九％から三六％に上昇した。これは有価証券報告書などで地域別営業利益を開示した三月期決算企業（金融、新興市場を除く）のうち、連続比較が可能な四二〇社を集計したものである。これによると、興味ある変化を見ることができる。二〇一〇年三月期の連結営業利益は、七兆三、四〇〇億円と〇〇年三月期と同水準で、金融危機の不況を反映している。しかし、どこで利益を稼いだかを示す地域別構成をみると、大きな変化が起きている。二〇〇〇年三月期は日本が七四%、米州一五%、欧州が二%で、新興国は九%だったものが、二〇〇七年三月期に新興国が米州を逆転し、二〇一〇年三月期は日本が五二%、米州が一〇%、欧州が二%、新興国が三六%と大きく変わっている。業種別に見ると、電機のアジアの利益は、二〇一〇年前に比べ、二・六倍の七、六〇〇億円、他の業種も二～五倍が多く、一方自動車・部品は五四倍の五、四〇〇億円と急拡大し自動車関連が新興国へ急速にシフトしていることが分かる。九〇年代にアジアなど新興国で最も現地生産が進んだのが家電や電子部品など電機であったが、それが二〇〇〇年代になると、新興国の経済力が高まり、自動車メーカーの新興国進出が活発化して、今後は鉄鋼、化学といった素材産業の現地生産や建設、小売など非製造業の海外進出が焦点になっている。いずれにしても日本企業の新興国シフトは止まりそうにない現状である。因みに、日本の自動車各社のBRICs諸国での生産計画を合計すると、二〇一一年にも生産台数が年五〇〇万台を超える見込みであり、これは北米における生産を上回るという。BRICs各国地域の世界の経済成長への寄与度を見ると、中国、インドは、新興国全体の七割以上を占めている。同時期のアメリカと比較すると、中国はアメリカの二・九倍、約三倍となる。インドもアメリカを上回る。日本の貢献は中国の一二分の一でしかない。今、世界で新たに富を生み出しているのは、日米欧ではなくて、むしろBRICs+アジア、中近東と言える。

中国、インド、ASEAN諸国などの高成長は今後も続くとの期待から、日本企業の新興国シフトは今後さらに加速すると予想される。大手商社やメーカーの中には、本部機能をシンガポールに移管したり、中国、インドなど新興国に大幅な人員をシフトさせる動きが加速している。例えば、ユニクロでは国内の店長、本部の管理職合わせて九〇〇名を三～五年以内に海外拠点に派遣するという。また白物家電では、中国とタイで研究拠点を大幅に増強したり、マーケティング・センターを新設する動きも見られる。ホンダは二〇一一年からインドで九〇万円の低価格車を投入する。日産自動車は二〇一一年以降新興国での攻勢が目立っている。低価格車の車台（プラットホーム）で小型車、中型セダン、ミニバンの新型車を新興国向けに開発、生産する。また、五、〇〇〇ドル前後の超低価格車を開発、「ダットサン」ブランドをインドやロシアで生産、販売を行う。中国では電気自動車を生産する。日産の計画では一〇年度は世界販売の五割強を日米欧の先進国が占めていたが、一六年度までに新興国が初めて逆転するという。トヨタ自動車はインドの生産能力を一三年末までに現行（一〇年：一六万台）に比べ二倍近い年間三一万台に引き上げると発表した。総額三〇〇億円超を投じて低価格車「エティオス」などを増産、エンジンの加工ラインも増強する。インドを中国とタイに次ぐアジアの拠点に育て、競合他社に比べ出遅れが指摘されるインド市場での巻き返しを急ぐ。一方、電機各社はインドで販売網強化に乗り出す。キヤノンはインドの大・中規模の都市でデジタルカメラやプリンターの専売店「キヤノン・イメージ・スクウェア」を多店舗展開する。フランチャイズ方式で現地の卸・小売業者が経営する。二〇一一年内に一〇〇店まで増やす予定である。パナソニックは、インド全土に四〇拠点を持ち、販売員一二万人を擁する化粧品・日用品販売の地元企業モディケア社と農村部で提携し、ヘアドライヤーや炊飯器の販売を委託する。都市部ではテレビやエアコンを扱う一一八の専売店網を一二年三月までに二〇〇店に広げる。これにより、エアコンや冷蔵庫、テレビのインド市場で一割以下にとどまるシェアの拡大を急ぎ、それぞれ二～三割のシェアを握る韓国のＬＧ電子とサムスン電子を追う。インドでのグループ売上高を二〇〇九年度の四〇〇億円強から一、〇〇〇億円に増やす計画である。ソニーはデジタルカメラやテレビなどを扱う二六六専売店を持っているが、二〇一二年三月までに三〇店追加するという。非製造業でも小売や消費者金融、住宅、建設、物流、人材派遣などの業種で海外進出が相次いでいる。小売大手でも海外、特にアジアでの収益が拡大している。イオンではアジアでの事業拡大のため、二〇一〇年三～一一月期にアジアの営業利益が前年同期比で七六％増えた。イオンはアジアでの事業拡大のため、二〇一一年度上期に北京に中国本社を、二〇一二年度上期にクアラルンプールに東南アジア本社を設立する。両本本社に市場調査や商品調達、店舗開発などの機能を集め、多岐にわたるグループ企業の進出を後押しする。ファミリーマートやエービーシー・マートの海外事業も二桁の増収増益だった。パソナグループは人材サービスで海外展開を加速する。海外拠点を二〇一二年五月までに約三割多い三八にする。日本の国内人材派遣市場は二〇〇八年をピークにして二〇一〇年度は三割減の五兆円強程度にまで縮小したため、海外にビジネスチャンスを求めようとしている。薬品ではエーザイがインドで医薬品の一貫生産に乗り出す。原料の生産を二〇一一年中にも開始し、二〇一四年を目途にインドでの原料生産力を日本を上回る規模に引き上げる計画である。現地での一貫生産でコストを低減し、需要が拡大する新興国向けの供給拠点とする。武田薬品工業は医薬品の委託生産を検討している。ビールではキリンホールディングが中国のビール最大手華潤集団と提携し、二〇一一年内にも共同生産販売の合弁会社を設立する。華潤が持つ中国全土をカバーする販路やキリンの現地工場を活用して両社の飲料事業を拡大する。中国は世界のビール消費の四分の一を占める最大の成長市場である。アサヒビールはすでに現地二位の青島ビールと提携しており、競争が激化しよう。

2 内需型日本企業も海外に軸足を移動

戦後一貫して、海外市場で積極的に事業を展開してきたのは主として、繊維等の輸出産業を皮切りに、その後は電機・電子機器、精密機械器具、自動車、造船等の機械産業等、いわゆる貿易財産業、鉄鋼などの素材産業が主であった。そしてその他製造業、非製造業といった産業はもっぱらGDP世界二位の国内市場を主要活動舞台としてきた。しかし、近年、国内市場が成熟し、縮小する傾向が見え始めた。今や国内市場中心に事業展開をしてきたいわゆる「内需型産業」(1)企業が、生き残りをかけて二〇〇九年あたりから雪崩を打ったように、続々と海外、とりわけアジア・中国の市場に積極的にビジネスチャンスを求めて出始めている。ビール業界では、アサヒビールや、経営統合交渉が不調に終わったキリンビールとサントリーも海外企業買収を本格化させている。化粧品業界では、資生堂がかなり以前からアジア・中国に進出していたが、現在は更にそれを加速している。日本経済の成熟化、縮小化に対応してこれまで国内市場中心で事業をしてきた内需型産業は強い危機感を抱き、閉塞感を打開しようと海外にビジネスチャンスを求める、この動きは今後も続くことはまちがいない。

内需型企業は企業の成長や新たなビジネスチャンスを得るためには、海外市場に注目せざるを得なくなった。しかも二〇〇八年以降の米国景気、欧州景気の後退と世界的不況の本格化に伴い、円が各国通貨に比べて割高になり、企業買収には絶好のチャンスとなった。目下日本企業による海外企業買収が活

表 8－1 日本企業の海外企業買収（M&A）事例（2010～2011 年）

年	日本企業	買収対象企業（国籍）	買収金額
2010 年	KDDI	リバティ・グローバル（米国）	3,600
	アステラス製薬	OSI ファーマシューティカルズ（米国）	3,553
	NTT	ディメンション・データ（南アフリカ）	2,387
	住友商事	ミネラソン・ウジミナス（ブラジル）	1,705
	資生堂	ベアエッセンシャル（米国）	1,388
	三井物産，三井石油開発	アナダルコ（米国）	1,352
	NTT データ	キーン（米国）	1,124
2011 年	武田薬品工業	ナイコメッド（スイス）	11,086
	テルモ	カリディアン BCT（米国）	2,162
	東芝	ランディス・ギア（スイス）	1,863
	新日鉄，双日など	CBMM（ブラジル）	1,620
	三井物産	SM エナジー（米国）	1,524
	キリンホールディング	スキンカリオール（ブラジル）	1,988

（注）買収総額は発表時の為替レートで換算。買収金額は億円。
（出典）新聞報道などから筆者作成。2011 年は 1～8 月。

発化している。海外経営経験が浅く、内需型の日本企業が今後のビジネスチャンスの獲得と企業の成長を考えれば、避けては通れない試練である。日本企業による海外企業買収攻勢の背景をビール業界でみてみよう。世界の最大のビール会社はベルギーのアンハイザーがある。アンハイザーはビールに特化しており、大陸をまたぐ国際M&Aを、すでに何度も繰り返して規模を拡大してきた。規模拡大によってビールの原材料調達を世界的な規模で展開することによって、スケール・メリット（規模の利益）を追求できる体質を築いてきた。ちなみに、アンハイザーのビール生産量は、日本のトップのアサヒビールの一五倍以上であり、規模の格差、グローバル化の違いが明確である。そこで、日本メーカーも世界のマーケットに成長機会を追求するという判断を下したといえる。現在の海外事業比率を見ると、キリンホールディングが二八％、サントリーが一二％、アサヒビールはわずか三％となっている。

3　日本企業の海外でのM＆A増加

日本企業の海外企業に対する二〇一〇年のM＆A（企業の合併・買収）は金額で昨年より八割以上増加する見通しとなった。手元に潤沢な現金・預金を抱え始めた日本企業が急激な円高を追い風に買収などを仕掛けている構図で、インドやブラジルなど新興国企業相手のM＆Aが続出した。日本経済が伸び悩む中、伸び盛りの海外企業と連携して業績回復につなげようとする動きが加速している。米国トムソン・ロイター社の集計によると、二〇一〇年の日本企業による海外企業の買収や資本参加額は合計三兆三、五〇八億円で、昨年の一兆八、〇八八億円と比べて八五％の大幅増となった。リーマンショックが起こった二〇〇八年の水準と比べると金額ではまだ半分以下にすぎないが、件数は前年比約四五％増の五〇九件と最近五年間で最も多い。

その受け皿となっているのが新興国で、インドが金額ベースで二〇〇九年の二〇・三倍の二、三九二億円、シンガポールが一六・〇倍の一、六六八億円、ブラジルが三・二倍の一、七三〇億円だった。中国は大型案件が少なかったため金額では六一％減の三、五五七億円だったが、件数では二・六倍の六八件だった。日本企業が新興国に頼るのは、国内市場の先細りに対する懸念を解消する狙いもある。JFEスチールは「市場に成長性が見込める」としてインド企業に出資。NTTは南アフリカのIT大手を買収し、中東やアフリカでの本格的な事業展開を目指している。新興国は二〇一一年以降も高い成長が見込まれており、海外に成長を求める傾向は続くものとみられる。

二〇一一年になると、円高の昂進もあって、日本企業の海外企業買収はさらに加速している。最近の大型買収の例としては八月に発表されたキリンホールディングのブラジル企業の買収がある。ブラジル第二位のビール会社スキンカリオール・グループを一、九八八億円で買収した。キリンホールディングの海外企業買収は二〇〇七年のオーストラリア乳製品大手ナショナルフーズの買収（二、九〇〇億円）、二〇〇九年の同ビール大手ライオンネイサンの買収（二、三〇〇億円）に次ぐ。医薬品メーカーの海外企業買収も引き続き増加している。特に、二〇一一年の武田薬品工業のナイコメッド買収額は一兆円を超えた。総合商社による海外天然資源、エネルギー資源企業買収、IT・電機メーカーの大型企業買収も増加している。

4　小売業のケース

小売業を例にとると、日系企業はその業態を問わず、中国では二〇代・三〇代の中間所得層に的を絞っている。具体的なイメージとしては、外資系あるいは大企業に勤めている共働きの夫婦、あるいは就職したてのホワイトカラーなど、若年中間所得層、つまり世帯年収でいえば三万五千元から一〇万元くらいの二〇代、三〇代である。彼らは、これまでの世代と消費スタイルがかなり違う。日本などと似ており、高学歴者が多く、インターネットを活用している率が高く、外国の文化やライフスタイルに対して柔軟に対処するだけでなく、むしろ歓迎する傾向がある。沿岸都市部の人々がその代表格である。一人っ子政策が開始された一九七九年以降生まれたこの世代は、経済的にも家庭的にも恵まれた人たちが多く、このような二〇歳代が約二億人もいて、これは日本の人口より多い。日系企業の強みが発揮しやすい消費者としてこのような階層が注目されている。しかし、日本でよく売れるから、中国で同じものが売れるとは限らないということを日系の小売企業は考慮しなくてはならない。販売が好調な製品の代表格は化粧品と衣料品である。化粧品市場だけでも、上海では過去一〇年間で市場規模が八倍になった。中国の衣料品市場ではユニクロがよく知られているし、同じく日本のハニーズや、スペインのザラ（ＺＡＲＡ）、スウェーデンのＨ＆Ｍ、アメリカのＧＡＰなどが、人気ベスト五となっている。最近は、結婚する一人っ子政策の世代の人たちが増えているが、マンションやアパートの需要が高まり、コンパクトでしかも品質がいいので日本製の家具が売れている。日本の小売企業は新しいライフスタイルの顧客層を主要な顧客層として取り込んでいるが、今後もシェアを上げ続けるのは困難になりつつあり、日本の百貨店、総合スーパーは苦慮している。戦略の一つは、安心、安全な商品ということを際立たせること、また日本独特のきめの細かいサービスや施設などの店舗環境を整えることにも努力して

写真8-1　ユニクロ上海店

いる。例えば、衛生管理、明るい照明、店内の品揃えに欠品がないようにする、エステルームなど店内の無料サービスを充実させる、幼児の遊びスペースなど工夫を凝らして、差別化するといったことである。

今後の成長市場としては沿海部の上海、天津、北京あるいは広東などの沿海部大都市からやや内陸に入った中規模・小規模都市が交通の便の改善に伴い魅力度を増している。さらに、四川省の成都、武漢、重慶など、人口が二千万にも及ぶ内陸部の巨大都市が、未開拓のフロンティアになってこよう。こうした地域にいかに浸透していくかが日本企業の更なる中国におけるマーケティング戦略の大きな課題である。

5 新興国市場における競合状況

しかし、こうした市場には既に地場企業や欧米系企業、さらに台湾、韓国企業が先行的に進出し始めており、猶予は許されない。

前述のように、新興国市場は中間層を中心に急拡大している。日本企業は、日本国内市場では高いシェアを確保しているが、拡大する新興国の消費市場においては外国企業に比べシェアを確保しておらず、主要プレーヤーにはなりえていない。欧米企業、台湾企業、韓国企業、現地企業が高いシェアを占めている。たとえば、デジタルテレビ市場では、日本国内、アメリカ、中国市場において日本企業は一定のシェアを確保しているのに対し、ブラジル、ロシア、インド市場では韓国企業が高いシェアを占めている。韓国企業は、これら市場に加えて、中東、アフリカ市場までも視野に入れ、日本企業の手薄な市場で着実にシェアを確保している。携帯電話では、日本企業は日本国内市場では八割弱と圧倒的なシェアを占めているが新興国市場や欧米市場では欧米企業、韓国企業が高いシェアを獲得している。日本企業にとって国内市場は、成熟化し、成長は低いが世界有数のGDPを有する大市場であり、第一の優先順位としている。一方、海外市場、新興国市場については、これまで、補完的な市場ととらえる企業が多かった。特に、内需型産業においてはその傾向が強かった。一方、韓国企業は、自国市場の規模が狭隘であるため、海外市場に活路を見出さざるを得なかった。これは韓国企業のみならず、台湾企業、ASEAN企業にも言える。こうしたことから、エレクトロニクス、自動車、鉄鋼等の分野を中心に韓国企業は欧米企業や日本企業が十分に注力していない新興国をはじめ、積極的に海外展開を進めている。特に薄型テレビ、携帯電話、白物家電、自動車等の個人消費向け（B to C）分野では現地市場ニーズをふまえた緻密なマーケティング戦略をもとに、性能・品質と価格のバランスをとった商品を提供することで新興国市場でブランドを確立し、市場シェアを拡大している。

6　日本企業も本腰

日本企業も遅ればせながら、対抗策をとり始めている。例えば、東芝は新興国で液晶テレビの開発に乗り出す。インド、インドネシア、ベトナムの三ヵ国にデザイン拠点を置き、二〇一一年十月から現地仕様の製品を企画する。二〇一二年以降は設計やソフトウェア開発などの機能を加え、現地ニーズを反映しやすい体制にする。専用モデルを拡充し、サムスン電子など先行する韓国勢に対抗、世界販売台数に占める新興国向けの割合を二〇一〇年度の約二割から一三年度に約五割に引き上げる。東芝によれば、二〇一〇年に新興国専用の「パワーテレビ」という名称の液晶テレビを投入した。停電が多い電力事情を考慮したバッテリー内蔵型や弱い電波を増幅してノイズを減らす機能を搭載した製品などを東南アジア、インド、中東・アフリカ地域で販売している。東南アジアの一部ではシェアが二〇％程度となり、これまでの二倍程度に上昇しているという。今後は地域ごとにきめ細かくデザインを変更したり、国ごとの電力事情などを考慮した製品づくりに乗り出す。携帯電話など他のデジタル機器との接続機能を加えたりすることも検討する。すでにインドなど三ヵ国で現地法人にデザイン部門を設置して、それぞれ一〇人程度を配置した。現地の要求を掘り起こし、適した機能やデザインを提案する活動を二〇一〇年十月から開始する。ノートパソコンも対象となる。インドでは二〇一二年度中に人員を三〇人程度に増やし、製品投入やソフト開発を手がける体制を整える。白物家電では多くの日本企業がアジアに同様の拠点を置いているが、デジタル家電関連で複数国に展開するのは異例である。東芝はこれまで日本に液晶テレビの開発の中核拠点と位置づけ、一部の欧州向けを除き、海外モデルも日本で開発してきた。欧米と異なり、新興国市場では地域によって生活環境や消費者の好みが異なるため、よりきめ細かい商品開発が必要と判断した。パナソニックなどもインドにR＆D（研究開発）センターを置いているが、デザインやソフト開発の部分まで視野に入れるのはめずらしい。東芝は二〇一三年までに液晶テレビの世界販売を二〇一〇年度比八割増の二、五〇〇万台に増やす計画を打ち出している。

2 韓国企業の新興国市場戦略

韓国企業は日本に先行して新興国市場を積極的に開拓し、すでに多くの国で確固たるプレゼンスを築き始めている。代表的企業としては、電子機器ではサムスン電子、LG電子、自動車では現代自動車などがあげられる。これらの企業は、中国、インド、東南アジアといった地域だけでなく、今や中東、アフリカ、旧ロシア圏、東欧地域までがその範疇にはいる。こうした地域にいち早く進出し、シェアを獲得して先行者利益を得ている。日本企業よりも一歩も二歩も先行しているといえる。

その戦略はマーケティング面と製品面に分けられる。まず、積極的な現地マーケティング戦略があげられる。まず、対象国の主な場所に自社ブランドと製品に関する巨大広告を掲示する。地元テレビで自社のコマーシャルや、人気スポーツクラブのスポンサーとなったり、思い切った資源投入によってブランド認知度とイメージを向上させる。次に、現地の文化や嗜好を知り、ニーズを吸い上げ、地元密着のマーケティングを行ううえで貢献しているのが、「地域専門家制度」である。入社して間もない若手社員を一年間新興国に派遣して、その間は会社の業務にはタッチせず、ひたすら現地の人々の中に飛び込み、彼らの言葉だけではなく、文化や価値観、嗜好やニーズを徹底的に学ばせる制度である。こうして派遣され、その地域の専門家となった社員の累計人数はいまやサムスン電子で三、八〇〇人に達するという。こうした人材が新興国市場開拓の尖兵として活躍し、その情報を踏まえたきめ細かな現地マーケティング戦略を推進することができる。次に、現地人の活用である。現地での販売をよく知っている優秀な現地人を積極的に採用し活用して強力な販売組織を擁していることである。流通戦略では現代自動車はインドでは全国規模の大規模ディーラーを獲得して強力な販売・サービスネットワークを構築している。価格戦略ではインド人は中古車を好むので新車は安く設定するが中古車は高く設定して収益向上を狙う。

サムスン電子はサプライチェーン・マネジメント（ＳＣＭ）を重視し、マーケティングと生産を統合し、販売店と連携を強化し、在庫を減らしている。製品面での特徴は、差別化製品を短期間で集中的に投入する戦略である。現地でのものづくり体制については本国の親工場のプロセスをそのまま持ち込んで展開し、短期間で操業を始めることである。研究開発面では現地対応の製品開発がある。テレビや携帯電話の開発は本国で開発しそれをグローバル展開する。しかし、現地ニーズに応えるためにソフトウェア開発は現地で行う。Ｒ＆Ｄについては現地化を重視する。現地人への権限委譲を行い主体性を重んじる。最後にすばやい意思決定とアクションである。スピードが韓国企業の最大の特徴であろう。

以上のような韓国企業の戦略と日本企業を比較して言えることは、第一に、新しい潜在市場にいち早く手をつけ、これまで蓄積した先進国や新興国での成功ノウハウを活かして積極的に市場を開拓していること。そのスピードと決断力、行動力は見習うべきである。第二に、経営の現地化であり、現地マーケティングや販売活動における思い切った現地人の活用である。今やこうした市場での韓国企業のブランド力は極めて強力なものとなっている。

3 新興国市場の開拓・事業展開に向けた日本企業の戦略

1 発想の転換が必要

日本企業はこれまで、GDP世界第二位（二〇〇九年まで）の国内市場があるために、国内市場向けを重視してきた。また、国内他社との競争が激しいこともあり、国内市場仕様の過剰品質・過剰機能・高価格の製品にこだわり、海外市場ニーズに必ずしもマッチしない商品を作るという「ガラパゴス現象」[2]も問題となっている。特に、新興国市場を見据えた戦略で韓国企業に遅れをとっている。今後、日本企業はこれまでの戦略を改め、グローバル市場で生き残らなければならない。近年、新興国市場の中でも中間層の需要が急速に伸びているということもあり、日本企業は既に新興国市場向けの専用モデルの開発・販売を加速しつつある。この専用モデルは広範囲にわたっており、機械から生産財、生活用品にまで拡大しつつある。低価格であることに加えて、現地の商習慣を反映するアジア仕様にすることで、アジアのニーズに応えて中間層需要を取り込む、ということを狙っている。しかし、これまで一つの基準によって日本で全部作っていたものを、現地で設計し、設計思想も現地で、材料も現地の素材を使う、各国の事情にあわせて商品を展開していくとなると、その分コストがかかる。通常ならば、モノづくりのコンセプトを完全に変えることが必要となる。課題は現地企業とどのように競合していくか、ということである。中国には多くの地場企業がある。その代表格が総合家電メーカーのハイアール（海爾）集団で白物家電に強みを持っている。中国でのシェアは、洗濯機が三四％、冷蔵庫がトップの二七

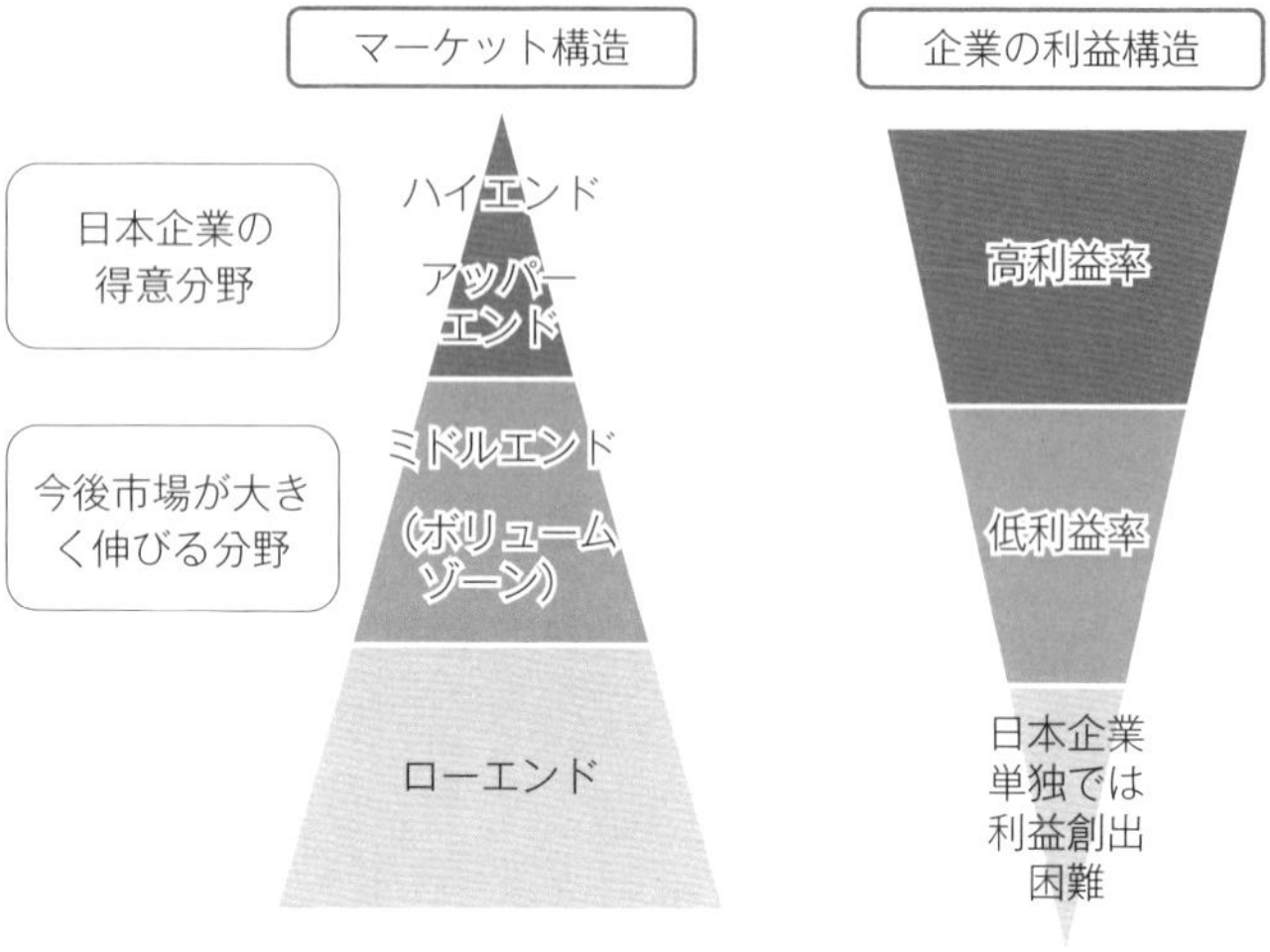

（資料）国際経済交流財団（2009）「資本移動と我が国産業競争力に関する調査研究報告書」をもとに経済産業省作成

図8－1 新興国における市場構造

%に達している。加えて、韓国のサムスン電子やLG電子、台湾メーカーは既に先行して中国に進出しており、いかに彼らに優位性を発揮できるかが鍵になる。新興国市場でのこうした戦略は日本企業にとってリスクの高いものでもある。最適解は低価格・低品質か高価格・高品質か、という二者択一で考えるのではなく、新しいコンセプトを創造しながら、日本の特徴を出した高品質・高ブランドで、しかも価格も割高感のない製品を先行的に出し続けるといった製品・販売戦略が重要であろう。

2 現地市場ニーズに対応した製品・サービスの提供（現地適応の製品・市場戦略）

新興国市場は先進国市場とは多くの面で異なる要素を多く持っている。したがって、日本企業は現地に受け入れられ、強いポジショ

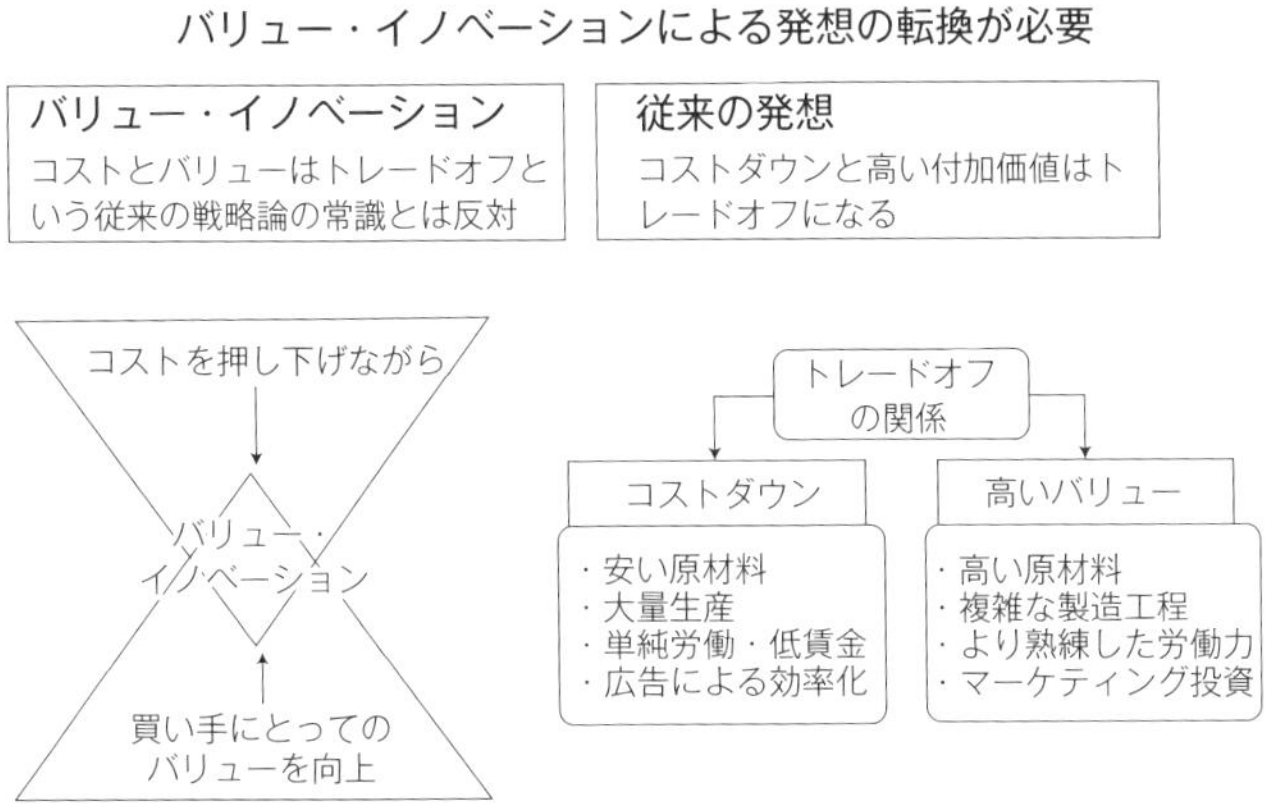

（出典）Kim, W. Chan and Renee Mauborgne, "Blue Ocean Strategy" HBS Press, 2005に加筆訂正，安部義彦・井上重輔［2009］

図8－2 新興国へのアプローチ

ンを築くことができるかどうかが、現地に密着した製品・市場戦略を推進できるかどうかにかかっている。日本企業は技術や製品面では世界でも有数のレベルにある。しかし、ともすれば日本国内市場で受け入れられている高価格・過剰品質製品の延長線の発想で海外市場でも販売しようとしてしばしば失敗するケースがある。ＢＲＩＣｓ諸国市場のボリュームゾーン向け製品（今後大市場に成長する新興国の中間層向けミドルエンド製品）は現地での入念な市場調査を行い、それに応じた製品開発・製品設計を行い、それに沿って部品・材料の現地調達を図ると生産を行う。これを有効に行うためには、現地の人材や現地企業との間で適切な協力関係を構築し、パートナーとしていくことによって現地ニーズの把握、現地政府との円滑な関係、現地の販売網の構築にも有効であり、その結果、現地顧客ニーズの迅速かつきめ細かい対応を可能にする。また、台湾や中国、インド企業との工程間分業ネットワークを構築する。そして、現地のコスト構造に合わせた製品設計と製品の現地化を行い、なおかつ高品質と高ブランドを兼備することである。即ち自社技術だけでなく、他社が持つ技術や製品開発力、アイディアを組み合わせたり、革新的なビジネスモデルを生み出すこと、すなわち「オープン・イノベーション」の推進である。このように、仕向け先別にビジネスモデルの使い分けを考えていく必要がある。

3 現地に密着した販売・マーケティング戦略の推進

徹底した現地化については、新興国の現地市場向けの販売・マーケティング戦略が重要である。日本企業にとって最も緊急の課題とも言える。現地顧客ニーズ・嗜好の把握、顧客ニーズに合った価格と商品スペック、そして顧客サービスの提供が最重要事項といえる。そして、この部分が韓国企業と比較して最も遅れている部分である。日本企業の新興国での知名度はまだまだ低い。また、販売網も手薄と言わざるを得ない。こうした部分を補うためには、全て日本企業だけで行うのではなく、現地地場企業や外資との業務提携やM&Aも重要となる。現地顧客との距離の短縮化のための様々なマーケティング手法を駆使していく必要がある。マスメディア、広告等の媒体を活用するだけでなく、顧客と直接ひざを交えるような店頭でのプロモーションやイベントの開催、地域活動などの社会活動による信頼度の向上なども必要となろう。そのために現地の人材活用が不可欠となる。すなわち、製品コンセプトについては、従来のような「価格志向（コストダウン）か高級品嗜好（高価格）か」というトレードオフの発想ではなく、「コストを下げつつも顧客価値は下げない」つまり相反する要素を両方とも満たすという従来の常識とは全く違った発想で製品づくりへ転換する「バリュー・イノベーション（Value innovation）」(3)

が必要となる。もうひとつの発想は「リバース・イノベーション（Reverse innovation）」[4]の考え方である。これは購買力が低い新興国を念頭に、ゼロベースで機能本位、実用本位の製品づくりに徹し、これを世界市場（新興国＋先進国市場双方）に供給するというもので、いわば新興国での適正技術[5]をベースに製品づくりをし、それを先進国でも展開するという考え方である。米ＧＥのヘルスケア商品やユニクロがその典型である。

４　高信頼性・独創性ある製品開発

日本企業が最も得意とするのは独創的な製品開発である。独創性を出すことにより高機能・高付加価値製品投入や高信頼性・安全性を追求した商品を他社のどこよりも先に市場投入することによって先行者利益の獲得を可能にして価格競争を避けることができる。一見、どこにでもあるようなモジュラー型製品であると思われるものでも、擦り合わせ要素が集約された部分がある。その部位での優位性を構想することにより、容易に追随者の模倣を困難にさせることができる。

５　安心・安全、省エネルギー性、省資源性の追求：日本の優位性の発信

日本製品の強みは、安心・安全、省エネルギー性、省資源性といった世界に冠たる共通項がある。こうした強みは今後の先進国・新興国とにかかわらず、世界の顧客ニーズに適応している。環境・エネルギー面、工業製品などほぼすべての商品において世界的に認められている。電機自動車、ハイブリッドエンジン等の省エネ技術、各種製品の省資源・省エネ化、農産品・食品などの安全基準の厳密さなども

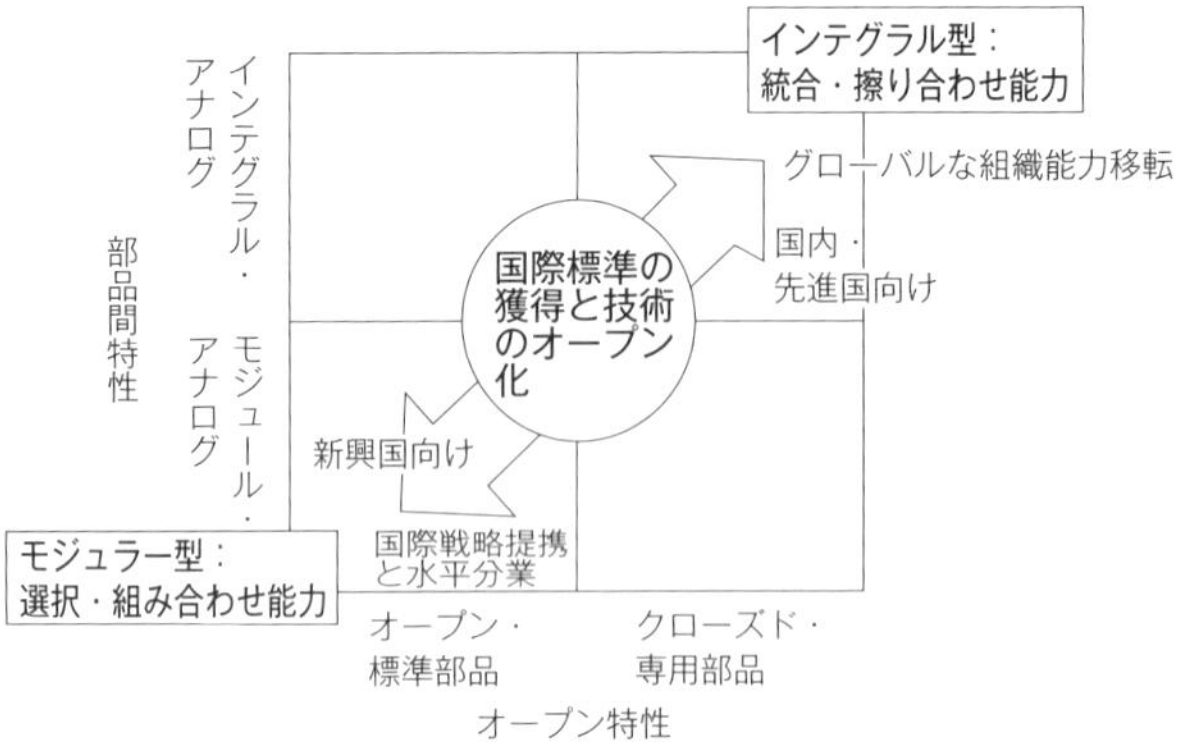

筆者作成

図8－3 ハイブリッド型ビジネスモデルの推進

世界最高水準にある。今後は高齢化社会に向けての介護・福祉などの生活分野でのロボット技術、高度の医療器具等々枚挙にいとまがないほどである。こうした側面を世界にアピールし、商品サービスに組み込むとともに、世界標準化していけばチャンスはいくらでも開けると考えられる。

6 オープン・イノベーションの推進と世界標準の獲得

近年、日本企業は技術力はあるが、事業では負ける、というジレンマの繰り返しが多い。携帯電話では日本メーカーは世界一高付加価値・高品質の携帯電話を作ることができる。しかし、世界市場ではほとんど存在感はなく、ノキアやサムスン、最近はアップルのスマートフォンが市場を独占している。製品の性能がいかに優れていても事業としてそれが持続的に収益を生むかどうかは別次元の問題である。欧米企業が世界市場で優位性を発揮しているのは、その製品の事業としての優位性を確立する仕組みを理解しているからにほかならない。それは知的財産権と業界標準（デファクト・スタンダード：事実上の標準）の獲得である。インテルは台湾のメーカーを受託生産のパートナーとして、インテグラル型の技術をモジュラー部品に落とし込み、それを普及させる。欧米企業が基本的なコア技術を押さえ、かつ全体シナリオを描き、ＮＩＥｓやＢＲＩＣｓ企業が格安の製品に仕立て上げて一気に普及を加速する新しいイノベーションモデルである。すなわち、従来の部品から完成品までの垂直統合、研究開発から販売までの垂直統合といった自前主義の企業をグローバルに連合を組んだビジネスモデルが凌駕しつつある現実がある。これを「オープン・イノベーション」という。また、アップルの iPod や iPhone に典型的にみられるモデルもその例といえる。アップルはメーカーのように見えるが、実はその製品のほとんどは外部委託で作っている。アップルの強みは、ブランドとアイディアとコンセプトの斬新さ、さらにデザインである。iPod に使われている部材の大部分はマイクロプロセッサーやビデオプロセッサー以外は日本の企業が供給している。アップルはさらにその音楽ダウンロードサービスである iTunes でも高収益をあげており、その利益は膨大である。携帯電話ではノキアやモトローラは部材をほとんど日本企業にまかせ、サービスで稼いで利益をあげている。こうしたビジネスモデルの変革と標準化との組合せがグローバル市場で勝つために条件になりつつある。日本企業はまた業界標準獲得競争に敗れることが多い。いかに技術に優れていても国際標準を獲得できないと市場で太刀打ちできない。業界標準の獲得には技術のオープン化、オープン型・世界参加型・水平分業型ビジネスモデルの構築が必要である。前述したように国際的アライアンス（国際戦略提携）構築も視野に入れる必要があろう。日本企業にとって、国際標準の獲得にはアジア等の企業との連携強化も重要となろう。

4 日本企業の構造改革

1 垂直統合型ビジネスモデルから水平分業型ビジネスモデルへの軸足の移動

一九九〇年代以降、グローバル化の進展、ＩＴ／ネットワーク化・デジタル化、サービス化の潮流の中で、ビジネスモデルの変革という大きな変革の波が押し寄せた。かつては欧米企業もＧＥも含めて、大企業はほとんどすべてが垂直統合型(6)であった。しかし、最近は欧米企業の多くが水平統合型・国際分業型のビジネスモデルを採用し、コスト志向のプロセスはアジアの企業に委託する事例が多くなっている。日本企業は、その面では欧米企業に比べて遅れを取っている。今日の経済や経営は国際的な相互依存が非常に高まっている時代である。グローバル経営とは世界的視野で世界中の市場と顧客を相手にして、世界中のヒト、モノ、カネ、情報、ノウハウといった経営資源を活用して、競争優位を獲得する戦略を実行している経営である。そして今日の多国籍企業は世界市場を単一市場と捉え、付加価値活動（利益を求める経営活動）を幾つかの機能領域において世界規模のオペレーションを標準化し、かつ世界中のオペレーションを統合するマネジメントを展開している。

ＩＢＭは企業向けサービスを事業の中核に置いており、半導体の一部以外の部品や、自社ブランドで売られる製品の多くは受託製造業者に委託している。ＴＩは製品の生産から撤退して、部品の製造に力を注いでいる。デル・コンピュータに至ってはビジネス・プロセスのうち販売やマーケティング以外のほとんどを外部に委託している。

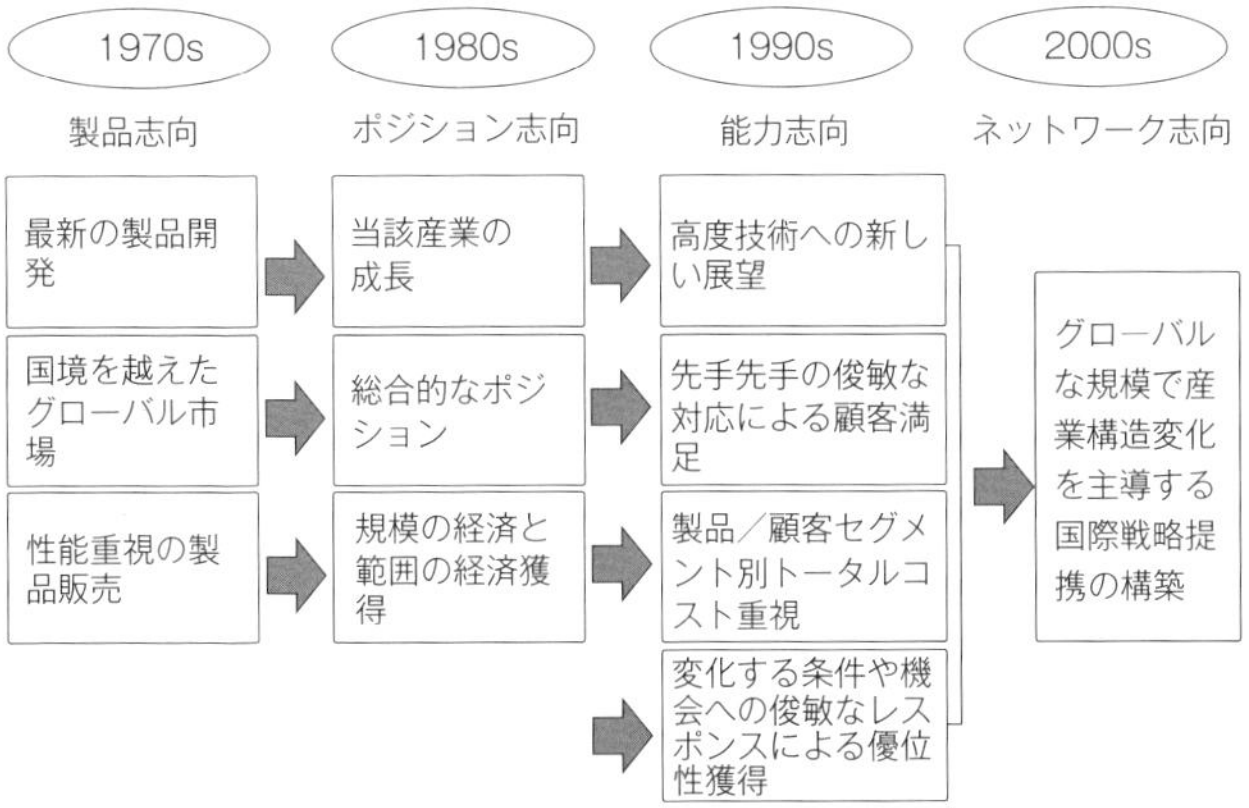

（出典）Source : Booz Allen & Hamilton analysis, 1996–1998, Projection for 2000s by auther を筆者訳

図８－４　ビジネスモデル変革におけるグローバルな能力構築競争（国際的企業間提携革命）

一方、日本のエレクトロニクス企業は今日においても垂直統合型が多い。もちろん、一九九〇年代後半以降、グローバル競争の激化に伴い、総合型企業の中では広範にわたる事業分野の選択と集中とともに、それらの製品のうち、どれぐらいまでを自社で行い、どれくらいまでを外部に任せるべきかについて社内で議論がなされてきた。その結果、企業によってその範囲は違ってきてはいるが、多くのエレクトロニクス企業は部品と製品の両方を作っている。競争力を高めるには部品の自社生産は欠かせないとする考え方は依然として根強いものがある。シャープは液晶ディスプレイを自社生産することによってテレビや携帯電話で強みを発揮している。半導体事業については、欧米企業の多くは巨額の設備投資負担はあまりにも大きいため、チップの生産のすべて、もしくは大半を自社で行わず、台湾の半導体受託製造業者（ファウンドリー）に生産の大部分を委託している。そのやり方には色々な類型があ

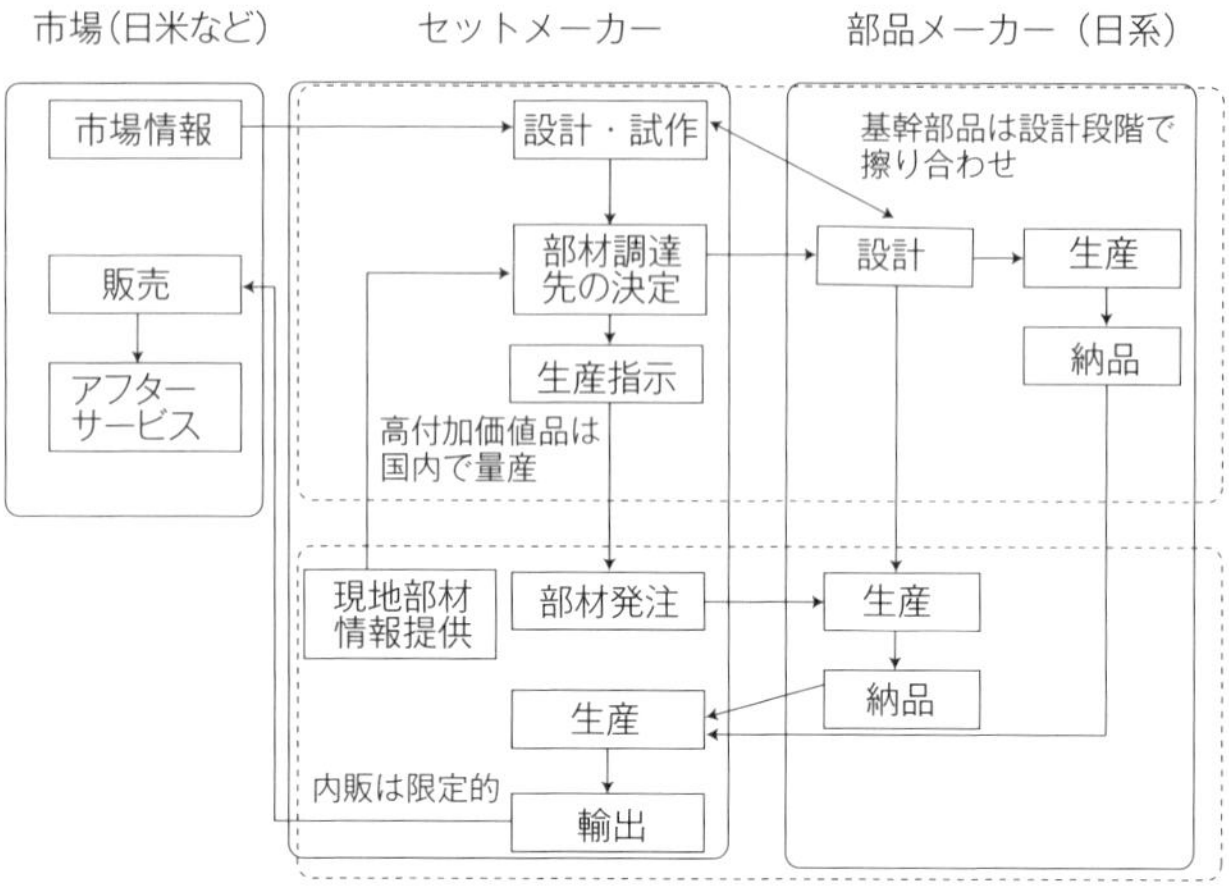

※中国拠点で生産する場合も設計・試作は日本国内が基本。調達先も日本で決定する場合が多い。中国拠点はいわば「オフショア」として位置付けられる傾向が強い。

（出典）ジェトロ［2004］。

図8－5 デジタル家電の分業体制（擦り合わせ型垂直統合）

る。自社で部品だけを作る企業、設計に特化する企業、自社で工場をもたないが、外部の工場をコントロールする企業など様々である。

たとえば、パソコン産業のバリューチェーンには六つのキー事業分野があり、収益性は各段階によって大きく異なっている。これを傾向線として描くと横U字形となり、台湾の宏碁電脳（Acer）の創業者・施振榮が唱えたスマイル・カーブ（付加価値曲線）と同じ形状となる（図8－6）。こうしたバリューチェーンの各段階を全て先進国で生産した場合、コストが極めて高くなり、競争力がなくなる。そこで各事業段階で最適地を探し、そこで生産し、それをネットワークで結ぶというビジネスモデルが出てくる。

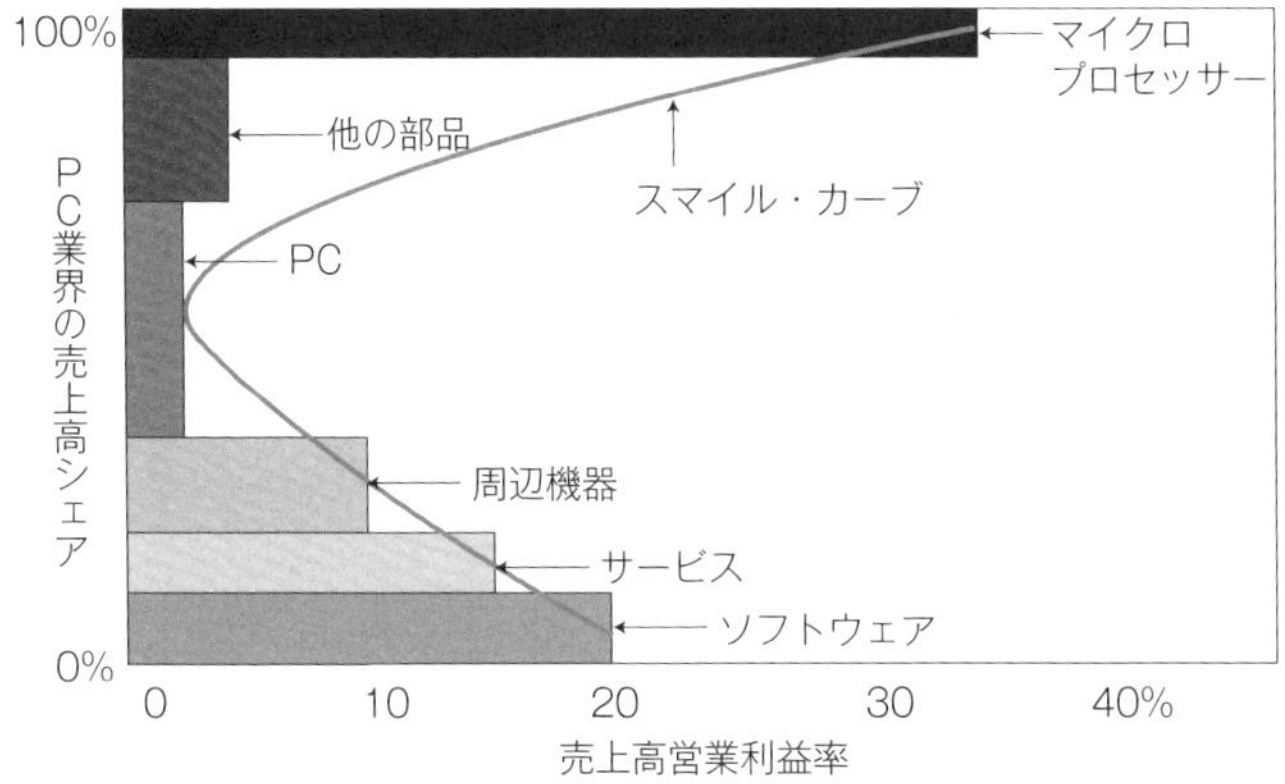

（出典）Gadiesh and Gilbert [1998], p. 145 をもとに筆者作成

図 8－6 PC 産業のバリューチェーン（プロフィット・プール）とスマイル・カーブ

2 モジュラー化：製品アーキテキチャと日本のジレンマ

以上のようなアウトソーシングを可能にしたのは、製品のモジュラー化の進展である。部品をあちらこちらから寄せ集めて組み立てても、比較的容易に商品として使える。このような製品を「モジュラー型」と呼んでいる。日本のエレクトロニクス企業のイノベーション能力は高く世界に先駆けて多くの革新的なデジタル商品を開発してきた。デジタルカメラ、ＤＶＤプレーヤー・レコーダー、薄型ディスプレイ、カメラ付携帯電話、カーナビ等、世界をリードしてきた。イノベーションは経済成長のエンジンである。デジタル機器（情報家電）の多くの分野で日本企業は世界を技術的に先導し、製品開発でも先頭を走りながら、急速な価格低下に直面し、不安定な事業収益に苦しんでいる。問題は、優れた商品を効率的に開発して販売量が増えても、それが利益に結びつかない点にある。製品のモジュラー化が急速に進行し、新商品を市場に投入

しても、中進国のキャッチアップが容易なことから短期間に模倣され、価格競争に巻き込まれる。これが製品のモジュラー化とそれによるコモディティ（日用・雑貨品化）化であり、日本企業のジレンマとなっている。最近の典型的な現象では、液晶パネルがある。数年前まではシャープを先頭に日本メーカーが圧倒的であったが、近年は韓国メーカー、台湾のＥＭＳ企業などが大規模な投資を敢行してキャッチアップし、シェアが拮抗する中、価格競争が激しくなり、日本メーカーは赤字に陥る事態となっている。製品の様々な機能が簡単にデジタル化され、素材に転写されて安いコストで世界中に送られようになってきた。欧米企業は、どちらかといえば組み合わせ型（モジュラー型）の製品に強く、製品の開発や設計は自社で行うが、部品は世界中からアウトソーシングし、組み立てはコストの一番安い国で組み立てて、製品を市場に出していく。中国は、安い労働コストを武器にして、こういった組み合わせ型（モジュラー型）製品の組み立ての部分に強みをもっている（表7-1）。

東アジアにおいては、このように多様な国家・地域群があり、それぞれ経済発展段階やモノづくりに関するアーキテクチャの違いがある。こうした特性を生かし、日本企業そして欧米企業、そして韓国・台湾などアジアＮＩＥｓ企業はそれぞれのアーキテクチャに応じた工程間分業ネットワークを構築しようとしている。

3　日本のとるべき対応策

以上のような世界的潮流は、日本に対する挑戦となって対応を迫っている。日本のモノづくりは昔から伝統的な熟練技術者が多く、長年培った技術で擦り合わせをしながら自社グループ内で製品を組み立

表８－２　日本がとるべき地域別製品・市場戦略

	(1)　国内・先進国・中進国向け	(2)　BRICs中間層向け
技術；生産	自主開発と設計：インテグラル（垂直統合）。国境を越えた組織能力の移転，海外子会社強化がKFS	技術・コア部品はインテグラル。生産はモジュラー型国際水平分業。 現地企業との戦略提携
競争戦略	品質（開発：生産） ・信頼性・価格	品質＋価格
重点市場戦略	原価と品質の統合・ブランド	原価＋品質＋信頼性
市場への対応	市場を先取りする技術開発	同左
原価管理	原価企画とカイゼン・自己設計・開発戦略	コア部分：自己設計，生産・組立：モジュラー，国際水平分業

筆者作成

ていく自動車や精密機械のように特殊設計部品を細かく隙間無く擦り合わせて組み立てていくような、擦り合わせ型（インテグラル型）の製品に強い（垂直統合型モデル）。つまり、中国と日本とではものづくりのアーキテクチャが違うのである。今後は、その違いをうまく組み合わせて、中国と日本が相互補完関係をつくっていけば全体として共存共栄ができるのではないかと思う。

　日本としては、インテグラル型とモジュラー型製品や技術の特性を十分に吟味し、日本で作る製品・部品、海外に出すものを戦略的に考えて対処していくべきである。また、コア部品を作る技術や真似のしにくい製品、製品の「ブラックボックス化[7]」を考えていくこと、常に一歩先を行く技術革新や製品開発努力を怠らないことが肝要である。日本企業が今後成長を続けるためには国内市場志向から脱却し、海外市場にもっと目を向けなければならない。先進国市場のみならず、ＢＲＩＣｓ市場を狙うべきである。ＢＲＩＣｓ市場へ参入するためにはＢＲＩＣｓの富裕層だけではなく中間層も視野に入れる必要がある。その場合、これまでの日本企業のモノづくりを根本から変革しなければならない。バリュー・イノベーション、リバース・イノベーションを視野に入れた戦略が必要となる。

4 市場セグメントごとの製品・市場戦略の推進

今後、日本企業が手がけるべき製品・事業群を大きく分類すると、(1)インテグラル型で国内および海外で高品質・高価格帯で販売可能な製品・事業（日本国内市場向け、海外高所得者向け）、(2)ＢＲＩＣｓ中間層向け製品事業群でかつ高品質・高ブランドに加えて競争的価格も必要な製品・事業である。それぞれの地域向け製品・事業戦略はイングラル型とモジュラー型をうまくバランスさせた製品・市場戦略を確立していくことが必要である（表８－３参照）。

①日本国内・海外高所得者向け製品はこれまでの日本の強みを生かしたモノづくりであるが、インテグラル型で国際的な競争優位を築くには、モジュラー型と比べて国境を越えた組織能力の移転や現地での販売網構築が重要である。このためにはそれに適した地域への事業立地、現地での学習と組織能力開発、本国・現地法人間の組織的統合化マネジメントと企業システムの構築が必要である。②ＢＲＩＣｓ中間層向けはインテグラルと海外との連携によるモジュラー型生産のハイブリッド型、地場企業と同じコスト構造に立った、しかも日本メーカーの品質や信頼性をバックにした製品・市場戦略を推進する。これを可能にするために日本企業は、第一に、現地企業との戦略提携によるグローバルなネットワークを構築し、現地の経営資源を活用できる経営能力が要求される。経営の内外におけるグローバル化である。第二に、モジュラー化・コモディティ化への対応である。モジュラー化はコモディティ化を促進

し、新興国企業のキャッチアップを容易にする結果、日本企業は価格競争に巻き込まれ、収益低下をもたらす。これを避けるためにホンダはオートバイの分野でベトナムやタイ市場において、インテグラル製品を現地対応の設計の採用や、現地部品採用、生産の現地化などの国際分業によって大幅コストダウンと低価格化を実現して活路を見出した。こうした製品開発を可能にするために最も重要なことは、意識の抜本的変革である。すなわち、日本仕様からの脱却であり、国内志向からグローバル志向への転換である。国内中心主義、過剰品質・過剰機能志向型を脱却し、グローバル市場にビジネスチャンスを求める戦略への転換である。ＢＲＩＣｓ市場を攻略するためには、インテグラル型生産の改良とモジュラー型国際水平分業体制を確立しなければならない。また、戦略面での変革が必要である。この二〇年間、日本のエレクトロニクス企業は強い技術力、開発力を持ち、数々の新製品を一番早く市場に投入しながら、市場では必ずしも成功せず、利益も十分に獲得することができなかった。これは技術の問題というより、戦略のミスであったといえよう。ＤＲＡＭ、薄型ディスプレイ、携帯電話などでいえば、投資戦略（タイミング、集中投資）の失敗、技術流出と普及品の大量生産の不徹底、国内市場志向の過剰品質、業界標準（デ・ファクト・スタンダード）を意識しない製品・市場戦略といった要因があげられよう。今後は、グローバル市場を意識し、国内企業間だけの視野の狭い製品開発競争ではなく海外競合企業の戦略を意識した競争戦略を推進して行く必要がある。初めから世界の業界標準を獲得するための国際戦略提携も重要であり、このためには世界の同業他社と交渉し、自社の陣営に引き入れ多数派工作を推進する政治的・戦略的スキルが求められる。そのためには、オープン・イノベーション(8)の推進が必要である。

以上のことも含め、今後日本企業がとるべき戦略として以下をあげたい。第一に、事業の集中（収益源の選択と集中）である。すなわち、日本企業が長期的に優位性を発揮できる分野を特定し、それに基づいた事業戦略を構築する必要がある。そのためには国内業界再編を行い、事業分野ごとに強い国際的競争力を持つ少数の企業グループに統合して、経営資源を特定分野に集中させる。第二に、インテグラル型製品・事業では素材・部品から最終製品までの垂直統合とイノベーションの持続。これは日本企業の強みと特徴をコスト要因とのバランスを考えながら持続させる戦略である。しかも、今後はこれを国内のみならず、国境を越えて最適地に拠点を構築して本国と現地法人間の組織的統合ネットワークを構築することが求められる。第三に、市場変化に対応した独創的な製品開発とマーケティングである。独創性を出すことにより差別化、ブランドの確立、そして高付加価値化を可能にして価格競争を避ける。第四に、モジュラー型製品であっても、擦り合わせ要素が集約された部分があるので、その部位での優位性を発揮し、追随者の模倣を困難にさせる。第五に、国際的アライアンス（国際戦略提携）戦略の推進である。自前の経営資源で不十分な領域やモジュラー化して低価格化が必要な製品はアジアのコスト構造に合わせるためにアジア企業との水平分業戦略をとって、現地市場での競争力を上げる戦略である。最後に、経営者の国際感覚と強いリーダーシップによる戦略的経営である。日本企業は以上のような製品・市場戦略をとることによって、強い技術力と製品開発力を十二分に発揮し、再び、世界市場で主導権を握り、復活しなければならない。

5 日本企業の事業再構築

以上のような企業環境の中で、日本企業もようやく思い切った事業構造の変革を推進し始めた。それはあらゆる業種に及んでいる。電機業界はその代表例である。日本の電機業界は長い間、多くの企業が日本国内にひしめき合い、拮抗した同業企業同士が横並びで熾烈な競争を続けてきた。しかし、国内市場は成熟化し、これ以上不毛な過当競争を続けるよりも成長するアジア市場や新興国市場にビジネスチャンスを求めるのが得策と判断し始めた。しかし、世界の競合企業が覇を競う海外市場で勝ち残るには、国際的競争優位を持たなければならない。そのためには企業間の買収・合併、提携などによる事業再編が不可欠である。東芝によるアメリカの有力原子力発電メーカー・ウェスティングハウス社買収、パナソニックによる三洋電機の買収とパナソニック電工等系列企業の子会社化などがある。二〇一一年八月末には東芝、日立製作所、ソニーの三社と官民ファンドの産業革新機構は中小型液晶パネル事業の統合会社を二〇一二年春に設立すると正式発表した。電機三社の技術力を結集して新工場を建設し、スマートフォン（高機能携帯電話）など向けに急拡大する中小型液晶市場をリードする狙いである。新会社「ジャパンディスプレイ」の二〇一二年三月期の売上高は単純合計で五、七〇〇億円であるが、二〇一六年三月期までに七、五〇〇億円以上にする計画である。世界シェアでは二〇一二年三月期で二二％で一五％のシャープを抜いて世界首位となる。日本に電機大手は液晶パネル事業で先行したが、テレビ向けの大型パネルでは韓国・台湾勢に抜かれた。中小型分野ではこの事業統合により世界での競争力を高める。こうした例は他の業界でも同様、枚挙にいとまがないほどである。今後も日本企業同士、日本企業と海外企業との合従連衡は加速しよう。こうした動きは、筆者が本節冒頭で指摘した日本企業の事業の選択と集中の一環でもあり、さらに本格的に進めていくべきである。でなければグローバル企業競争には勝ち残れないであろう。

5 企業イメージの戦略強化とCSRの重要性について

1 中国、新興国における日本企業のイメージ

中国の市場では現在、欧米や世界中の外資系企業が熾烈な競争を展開している。その中で、企業イメージという面では、日本企業は非常にアンバランスなイメージで認知されているということが指摘されている。

中国では、消費者に対して様々な視点での企業イメージに関するアンケート調査が行われているが、例えば企業の社会的なイメージや就職選択といった視点では、圧倒的に欧米系の企業に人気が集中している。一方で、商品選択となると、日本企業が一位を獲得している。これらのことから、日本企業の製品には魅力があるが日本企業そのものには魅力がないと中国の消費者は考えているということが分かる。何故、このようになっているのかを考えると、日本企業は企業の広告やイメージ広告よりも、製品戦略や製品そのもので勝負してきた結果であるといえるであろう。一方、ASEAN諸国では日本企業の人気は高い。国によってきめ細かな対応が必要であろう。

２　変わる日本企業のイメージ戦略

上記のような状況の中、最近では日系企業の中にも積極的な企業広報活動や顔の見える企業ＰＲを積極的かつ戦略的に展開する企業が増加しており、改善が図られている。例えば、中国共産党が発行する「光明日報」という権威ある機関誌では、二〇〇四年から外資系企業で社会貢献度の高い二〇社を表彰する「光明公益賞」という賞が設けられているが、ソニーと東芝が三年連続で受賞している。このことは各企業のＰＲ戦略次第ではもっと企業イメージを向上させることが可能であることを示している。

３　最近の中国における企業イメージの決定要因

現在、中国における企業イメージを決定付ける要因が、二つの変化によって大きく変わってきている。変化の一つ目は消費者の変化である。最近の中国では、消費者の力が非常に強くなってきており、消費者が様々な苦情やクレームなどを、はっきりと言うようになってきていること。そして、もう一つの変化はメディアの多様化である。昔であれば、メディアは全て中国政府によって統制されており、メディア機関というのは、共産党や政府に付随する一つの部門にすぎなかった。しかし二〇〇三年に規制が緩和されたことで、独立採算化や民営化という流れが発生し、それに伴いメディアの数が増加した。それと同時にインターネットが急激に普及しており、現在のネット人口は一億二千万人ほどになっているといわれている。このネットを通じて、様々な情報が人々の間に広がり、ネットから評判が形成されるという現象も起きていることである。

このような環境の変化の中で、日本企業もＰＲの重要性に気付き始めている。例えば東芝の場合、中国の地域本社として東芝中国社が設立されているが、そこでは一九九七年頃から企業のＰＲに関して本格的な取り組みが行われている。東芝中国社の総裁がメディアへのアピールや記者会見を定期的に行ったり、植林等の地域貢献や様々な寄付行為など中国社会に貢献することを積極的に行ったりしている。それに続いてホンダやトヨタといった企業も地域密着、地域貢献ということを推進しており、成功する企業も出てきている。今後、日本企業が製品の優秀性のみではなく、中国社会の良き企業市民としての魅力度を高め、企業イメージを高めるには、もっと「顔の見える」企業ＰＲを積極的・戦略的にかつ継続的に行って、ＣＳＲ（企業の社会的責任）を重視した経営努力を積み重ねていくことが肝要である。

6 日本企業が直面している中国、新興国市場での人材不足

既に中国に進出している日本企業の殆ど全てが、人材不足という問題に直面している。

今、中国市場には世界中のあらゆる業種の企業が進出し、競争している。言ってみれば、今後の鍵は、中国市場で以下に自社のプレゼンスをあげ、消費者の心を掴むかが、売り上げ増に直結する。このため今、中国市場では全国規模でホワイトカラー人材の争奪戦が起こっていると言っても過言ではない。日本企業は資金力や技術力は非常に強いが、人材の取得という点では、苦戦している企業が多い。

1 マネジメントの分かる人材の不足

確かに、中国や新興国の人口は多い。その中で今問題となっているのは、現地の有能なホワイトカ

ラーの不足である。新興国でのビジネスは、「どうものを造るか」から「どう中国市場に売るか」に変わりつつある。これまでのように、ただものを造ったり、単純労働をするだけでよかった人材ではもう通用しなくなってきているのである。今求められているのは、経営管理、マーケティング、販売、研究開発などマネジメントができる人材である。しかし、そういった人材を確保することがなかなか難しいという問題がある。

2 日本企業の人気

もちろん、中国にもマネジメントの分かる人や専門知識を持つ人たちはいる。しかし、欧米の企業や地場の企業が、そういった人材をかなりの数で採用し、日本企業にはなかなか人が回ってこない。中国では、日本企業は現地の大卒の人々にあまり人気がない。その理由には、昇進や給与の問題がある。中国の日本企業では、上層部や幹部のポストはほとんど日本人が押さえているため、現地で採用された中国人にとって、将来の昇進の見通しが立ちにくいという評判がある。近年、こうした傾向は大幅に改善されているが、まだまだ欧米企業に比べると、その傾向がある。また、日本企業は年功序列型なので、欧米に比べて給与とボーナスが一方的に低いことも人気のない理由である。二つめの理由は、一般に中国の大学では欧米指向が強いため、第二外国語として英語を勉強する人が圧倒的に多く、中国で日本語をしゃべれる人は少ない。中国の日本語人口は、全大学で一%程度といわれている。ところが、日本企業では日本語を重視するため、なかなか採用がうまくいかない。三つめには、日本企業は自分の企業をアピールすることが下手で、経営戦略、イメージ、魅力を十分に伝えていないということが多分にあると思う。

欧米企業はこの分野では非常にたくみであり、広報活動を積極的にやっている。中国の現地大学とのパイプも非常に強く、欧米企業には、大学関係の専門部署を設置しているところもある。大学に寄付したり、学生に奨学金を出すなど、いろいろな社会貢献活動をしている。人材については、現地で採用することも大事であるが、今、中国から日本に留学している優秀な学生を確保することも一つの方法であろう。彼らは日本で生活した経験があり、日本の経営のことをよく知っているし、日本語もできる。さらに経営の専門知識を身につけた学生であればなおさら良いといえるであろう。もう一つは中国の学生で、現地の大学を卒業した学生や、欧米から帰ってきた学生を採用するのもよい。つまり、日本語にこだわらず、採用の間口を広げるということである。そのためには現地の大学とつながりを持つこと、地元中国の自治体の協力を得ることも大事だと思われる。それから、中国進出の際には、日本的な経営の良さを維持しながら、同時に現地に合った経営形態をうまく作り上げていくという「現地化」努力も必要である。

【注】

(1) 国内市場を中心に事業を行ってきた産業。具体的には国内の景気に大きく左右され、また影響を与える産業。建設・不動産、小売業、サービス業（金融・証券等）など。また、日本の場合、いわゆる貿易財以外の製造業、例えばビール、製薬、食品などの製造業も国内市場中心に事業を行ってきた。⇔外需依存型産業。

(2) 太平洋上のガラパゴス諸島の生き物たちが周囲から隔絶された環境で独自の進化を遂げることを指す。最近では日本の携帯電話市場が、世界市場と無縁な形で発達してきた状態を指してよく使われている。携帯電話以外の商品でも、過剰品質、過剰機能、国内だけで通用する機能などを指し、海外市場では通用しない。

(3) バリュー・イノベーション（Value innovation）はW・チャン・キムとR・モボルニュが「ブルー・オーシャン戦略」の中で提唱した新市場創造のための中心的な概念。業界の常識を破る「取り除く」、「減らす」、「増やす」、「付け加える」の四つのアクションによって「差別化」と「低コスト」の同時実現を達成し、顧客にとっての価値を高めること。

(4) リバース・イノベーション（Reverse innovation）とは、新興国において、ボリューム・ゾーンをターゲットにして製品開発して、安い価格と最低限の品質・性能を実現し、その製品を先進国でも拡販する戦略で、アメリカのGEが実行している戦略。

(5) GEのヘルスケア事業としては・ソリューションの提案構築、提案、契約締結までのフォロー・医療従事者への商品のデモンストレーション、導入後のフォロー（アフターサービスの提供）・市場分析と、主要顧客への中長期的戦略の立案等のサービス。主要製品：CT、MR、超音波診断装置、X線撮影装置、核医学診断装置、医療用画像ネットワーク・生体モニタ、液体クロマトグラフィー装置、ゲル担体、生体分子標識検出試薬、生体分子間相互作用解析装置、細胞解析装置ほか。

(6) 部品の開発・生産、最終製品の組み立て、販売など一連の業務プロセスの中心的要素を一社で一貫して行う企業のことを垂直統合型の企業という。自動車でいえばエンジンなど基幹部品を自社またはグループ企業でつくるというビジネスモデル。これに対して、自社の事業をある特定の層の業務に専門特化し、その他の業務は他社に任せるタイプの企業のことを水平型の企業という。

(7) ブラックボックス（Black box）とは、内部の動作原理や構造を理解していなくても、外部から見た機能や使い方のみを知っていれば十分に得られる結果を利用することのできる装置や機構の概念。転じて、内部機構を見ることができないよう密閉された機械装置を指してこう呼ぶ。例えば、キヤノンのコピー機に内蔵されているカートリッジは分解しても模倣ができない仕組みになっており、技術流出を防ぐ効果がある。

(8) オープン・イノベーション：自社技術だけでなく外部の開発力を活用したり、知的財産権を他社に使用させたりすることで革新的なビジネスモデルなどを生み出し利益を得る考え方をオープン・イノベーションという。技術や市場の変化が激しい業界では、他社と協業して利益を生むビジネスモデルをいち早く構築して先行者利益の確保を図ったほうが競争優位を築ける場合が多い。

第9章　新興国市場向け新規有望ビジネス

新興国市場向けの製品はこれまで述べてきたような標準量産品だけではなく、今後有望なビジネスが数多くあり、そこでは日本企業も大いに活躍できるビジネスが目白押しである。国内市場が縮小傾向にある今日、日本が真に勝負できる有望事業で新しい発展の活路を見出したい。政府が掲げているわが国の新成長戦略（基本方針）の中で掲げられているのは図9－1のとおりである。いずれも日本が貢献できる有望分野ばかりであり、これを足がかりに新しい成長に結び付けたい。

上記の四分野（環境・エネルギー、健康（医療・介護）、アジア、観光・地域活性化）の内でいえば、環境・エネルギーおよびアジアにまたがる分野として新興国向け社会インフラビジネスがある。

1　新興国向けの社会インフラビジネス

新興国が今後更なる発展をしようとするとき、最大のボトルネックとなるのは社会インフラストラクチャー（以下、社会インフラ）の未整備ないし不足である。この分野は、新興国のアキレス腱となっており日本が貢献できる分野である。

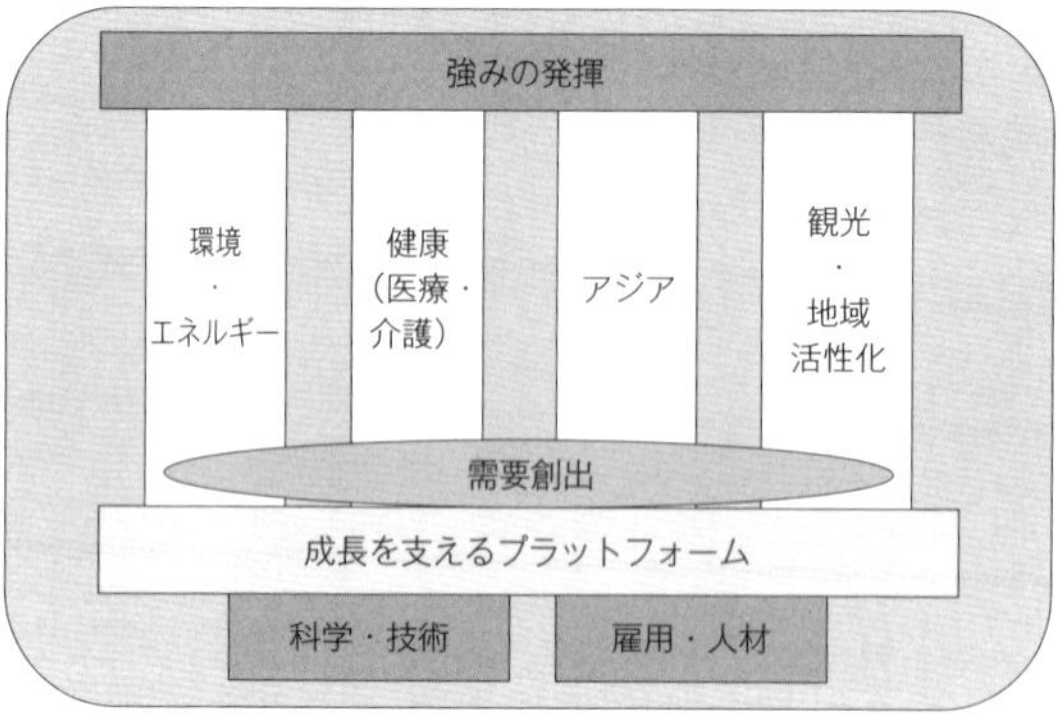

（出典）経済産業省「新成長戦略（基本方針）」（2010 年）

図 9－1　「我が国の新たな成長に向けて」イメージ

1　爆発的な需要拡大

新興国・途上国のインフラ市場は未開拓である。新興国では高い経済成長を支える社会インフラの充実が必須条件となっている。日本企業自身も新興国に進出した企業が電力不足でまともにものづくりができないなど、深刻な悩みを抱えている。そこには、従来日本企業が得意とした耐久消費財である家電製品、情報通信機器、半導体、自動車といった単品ビジネスとは全く別の有望な市場として新興国のインフラ市場がひらけている。中国で日本の新幹線の技術が導入されたが、交通関連だけでなく、あらゆる社会インフラ関連設備の充足を求める国はこれからますます増えてくる。今、アジアでは中間所得層が、一九九〇年から二〇〇八年の間に六・二倍に増えている。そこに住む膨大な数の人々が家電品や自動車などの耐久消費財を購入し始めている。こうした需要を支えるには、電力等のエネルギー・交通網・通信システムなどの社会インフラの整備が必要であり、その重要が爆発的に拡大しているのである。

2　ソフトインフラがカギ

現在、新興国や途上国では道路・港湾・鉄道・空港・発電所・送・配電上下水道あるいは情報通信システム・都市開発・工業団地などのハードインフラとそれを運用するためのソフトインフラ（交通法規・安全基準・企画、または空港の管理方法、配電、発電所の運転、上下水道、情報通信システムの運営方法）の両面が決定的に不足している。アジア開発銀行の試算では、二〇一〇年から二〇二〇年のアジアのインフラ需要は、八〇〇兆円に達し、膨大な市場として開ける。日本も中国・インドあるいは東南アジアの国々とすでに多くの受注契約をしている。しかもハードのインフラは、適切な運用ノウハウや制度がなければ、効果的かつ効率的な使用が困難である。新興国や途上国の多くでは、そのようなソフトが不足している。こうしたインフラのソフト面は世界的には国際協力機関あるいは国際機関がその大半を担ってきた。日本の場合、ソフトインフラの大部分は国内で、しかも運営主体は民間（企業）ではなく、主として自治体が管理・運営をしてきた（もちろん、発電所の場合などは電力会社など民間が中心になっていたがそれは例外的）。すなわち、日本の場合、ハードインフラはメーカーが担当するが、運営は公的部門が担当してきた。一方、欧米先進国では九〇年代以降、それを民営化しようという動きが活発化し、現在は民間主導となっている。

3　ハードは強いがソフトに弱い日本

日本の特徴は、国際競争の面では、ハード単体については強いが、ソフト面が弱いといわざるをえない。換言すれば、単品売りには強いが、システムインテグレーション、すなわち全体を統合した運営管理、例えば発電所を運営するとか、上下水道を運転して維持管理をするという総合的なビジネスに弱い面がある。

具体的な例としては、二〇一〇年末アラブ首長国連邦で原子力発電プラントプロジェクトの入札があったが、韓国の企業体連合が日米連合とフランスの企業体連合を破って、初受注した。勝因は韓国勢が原子力発電所を長期間にわたって安全・確実に運転することをオファーの中核にすえ、アラブ首長国連邦側はこれを極めて高く評価したことにある。これに対して、日本勢は民間のメーカーが主体であった。このため、安全な発電プラントを絶対保証するということをオファーの中核にすえたのだが、原子力発電は数十年間運転しなければならない。ところがアラブ首長国連邦には熟達した人材がいないので、数十年間それを保証しなくてはならない。民間企業では、その国で政変が起こったり革命が起こったりクーデターが起こったり、あるいは天変地異や、地震などの自然災害といった長期にわたる保証は民間企業にとってはリスクが大きすぎる。韓国やフランスもそれは同じであるが、それを韓国の電力会社や政府が保証することを約束したため、それが決め手になって受注に成功したのである。

4　官民連携による海外展開を

日本は単品売りには強いが、運営・維持管理まで含めた総合的なビジネスに弱いのが問題である。この分野は民間企業の努力だけでは無理があるので、欧米各国や韓国、中国のように政府機関など公的部門が参画し、純粋なビジネスベースではなく、政治的・外交的な力学で入札を決めることも多い。日本も今後、官民連携を強化して、国をあげて企業支援を行う体制を構築していく必要がある。二〇一〇年

表9-1 政府のインフラ関連産業の海外展開のための総合戦略

注力分野	市場規模予測	目標・方策
水	2007年の36.2兆円から20年に72.5兆円に拡大	25年までに1.8兆円を獲得。水道を運営する自治体のノウハウも活用
石炭火力発電	08～30年に約7.1兆ドルの設備投資	途上国の石炭火力発電はエネルギー効率が悪いため，効率性や信頼性をアピール
送配電	08～30年に約6.5兆ドルの設備投資	アジア地域などではシステム整備，先進国ではリプレースメント需要を取り込む
原子力	30年までに最大2倍，年16兆円の市場規模に	受注一元化のため官民一体で「新会社」設立へ
鉄　道	07年の15.9兆円から20年に22兆円に拡大	コンサル能力の強化，トップセールスの強化などで政府が支援
リサイクル	05年の15兆円から20年に22兆円に拡大	中国の家電や自動車のリサイクルを皮切りに成功事例を積み上げる
宇宙産業	5年で年平均14%成長。現在の15兆円から拡大見込む	5年後に年間5～10機程度の衛星を受注
スマートグリッド		新興国ではシステム全体の受注を獲得
再生可能エネルギー	現在の7.9兆円から20年までに26.4兆円に拡大	システムの受注拡大には，実証を進め，結果を実績に，案件獲得を進める
情報通信	07年の300兆円から20年までに500兆円に拡大	各事業者の海外売上率を50%以上に
都市開発・工業団地	08年の230億円から20年までに360兆円に拡大	アジアを中心とした都市開発市場で中心的役割を果たす

（出典）経済産業省，2010年6月

の六月に閣議決定された政府の新成長戦略でも、重点的な七つの戦略分野の一つに、パッケージ型インフラの海外展開が挙げられている。また経済産業省の産業構造審議会でも、インフラ輸出に関連する一一の重点分野を決め、官民が一体となり公的資金も付けるということになった。日本もやっとそういう方向に動き出したので、今後はかなりの受注獲得が期待される（表9－1）。

政府は政府と国内有力企業が組んで環境配慮型のインフラを輸出する計画の内容を二〇一一年五月に発表した。政府が一五事業を選び、投融資など全面的に支援するもので表9－2のとおりである。東芝やパナソニック連合がインドで電力供給体制を整備し、三菱重工業などはシンガポールで電気自動車（EV）を活用した交通システムを構築。受注額は合計で七、〇〇〇億円規模に達し、約二万人の国内雇用創出効果を見込む。対象は日本企業が得意とする環境技術を都市計画に活かすスマートコミュニティ（環境配慮型都市）である。アジアや中東など成長市場を中心に旺盛な需要を取り込む。IT技術やエネルギーなど各分野で国際競争力がある企業が組み、発注元の政府などに最先端のインフラを提案する。東芝連合には東京ガスやNECが参加し、インド三大財閥の一つリライアンスと連携する。デリー近郊のハリアナ州で計画中の工業団地のインフラ整備を目指す。パナソニックはここに家庭用エアコンを製造する世界最先端の環境配慮型工場を建設する計画である。EV、蓄電池、水処理など日本企業が世界をリードする技術を活用する計画が多い。三菱重工業などがシンガポールで手がけるのは電気バスの運行・充電管理などのシステム構築である。日立製作所などはインドで海水淡水化プラントを建設する。一五事業のうち、インド六件、中国四件などアジア向けが一三を占める。中東、欧州向けでもアラブ首長国連邦（UAE）でのEV充電システムや、ブルガリアの世界最大級の太陽光発電所建設が

表９－２ 政府が採択したインフラ輸出事業
主な参加企業（事業内容）

インド
住友商事，日立製作所（電力供給，工業用水システム）
東芝，三井物産，パナソニック（現地財閥と連携し，エネルギーインフラ）
東芝，東京ガス，NEC（GPSなど活用した物流システム）
三菱重工業，三菱商事（天然ガス活用の高効率火力発電など）
日立製作所，伊藤忠商事，京セラ（海水淡水化技術を使った工業用水システム）
日揮，三菱商事，日建設計（上中下水道の水処理システムなど）

中　国
東芝，日本設計，伊藤忠商事（天津でのエネルギー管理など）
日立製作所（広州で環境配慮型の都市開発）
日本郵船，日本IBM（上海の港湾で自動車の物流システム）
パナソニックなど（家庭向け電力線通信の普及目指す）

シンガポール
三菱商事，三菱重工業（電気バスの運行・充電管理など）

インドネシア
明電舎，シャープ，NEC（蓄電池などを使った電力供給）

ベトナム
富士電機（主要都市に環境監視ネットワーク）

UAE
三菱重工業（電気自動車管理システム）

ブルガリア
東芝（世界最大級の太陽光発電所）

（出典）日本経済新聞，2011年５月６日

選ばれた。政府は産業革新機構に最大一、三〇〇億円の投融資枠を確保し、各社で構成する特定目的会社に出資し、事業が始まる段階で必要になるリスクマネー(1)を提供する。事業化調査の費用補助や国際協力銀行、日本貿易保険を通じた金融支援も実施する。トップ外交でも経済産業大臣等が受注を後押しする。こうした官民連携によるインフラ受注は今後も新興国からの旺盛な受注意欲をバックにますます増加が期待される。

2 水資源

1 日本の課題

現在、水ビジネス市場ではフランスを中心としたヨーロッパの民間企業、いわゆる「水メジャー」が先行し、高いシェアをもっている。その他、アメリカのGEやドイツのシーメンス、韓国の企業も政府と連携して積極的にアジアの新興国の水ビジネスに取り組んでおり、水処理関連ビジネスを受注している。

欧米諸国の場合、水ビジネスは過去に官営から民営に移管を済ませ、今や民間企業が水ビジネスに携わることが多くなったことがその理由としてあげられる。一方、日本企業は浄水化技術や海水の淡水化技術といった水ビジネスの要素技術では世界有数のレベルにある。例えば東洋エンジニアリングや栗田工業、川崎重工にクボタ、最近ではＪＦＥのエンジニアリング部門がその代表である。また、水の浄化や海水淡水化に使う薄膜では東電工や東レ、旭化成が世界市場でトップシェアを有している。それにもかかわらず、高い要素技術を擁する日本勢が、水ビジネス受注競争で欧州勢や他の国の後塵を拝している理由としては、日本の場合、水ビジネスは民間ではなく、地方自治体が国内で水道の管理運営を担当してきたという事情がある。水道事業の個々の技術でみれば日本の民間企業は世界トップレベルの強みをもっているが、海外で水インフラをビジネスとして一括して受注するには、水道施設の運営管理のノウハウも求められる。しかし、日本国内では上下水道設備の管理運営の九九％を自治体が行っており、民営化率は一％未満である。国内ではともかく、海外ビジネスの経験がほとんどない自治体が運営ノウハウを持っているために、日本企業の海外での受注が遅れているという状況が起きている。

２　拡大する新興国の水ビジネス市場

経済産業省の予測では、水ビジネス市場は、二〇二五年には二〇〇七年の二・八倍の八七兆円に拡大する見込みである。そのなかでも最大規模の市場である中国では年率一〇・七％、インドでは一一・七％の急成長が予想されている。インドの水に関するシンクタンクの担当者は、将来水不足が原因で戦争が起きても不思議ではないと言う。実際、中国は黄河が干上がるという砂漠化の問題を抱えているが、その一方で高度経済成長と人口増を遂げている。このように水の供給と需要の両方からダブルパンチできいており、水の受給が逼迫している。このように世界の水ビジネス市場は極めて有望であるが、人類の生存にも関わっているものであり、重要なビジネスであるといえる。

3 日本の取り組み

新興国では水道設備を管理運営するノウハウや経験に乏しく、先進諸国は施設全体をセットで受注し、管理運営も請け負うケースが多くみられる。しかし、前述のように日本では自治体が上下水道の管理運営主体となり、設備の建造や機器の製作はメーカーが主導してきたので海外ではほとんど経験がない。日本政府もここにきて国の成長戦略の中に世界的に急成長を遂げている水ビジネスの獲得を位置づけ、官民連携による海外インフラ需要の獲得を盛り込んだ。海外での水ビジネス獲得に向け本格的に取り組み始めたのである。日本の自治体が海外の水ビジネスに携わっている具体的な例としては、北九州市の下水道の国際貢献活動があげられる。北九州市はこれまでに中国など八ヵ国へ職員を派遣し、また、九六カ国から研究員の受け入れを行ってきた。また、日立プラントや東レといった地元企業と北九州市、横浜市や大阪市、東京都の官民連携も始まっている。官と民が組んでビジネスチャンスを手にしようということであるが、日本の場合には海外市場での企業と自治体の連携がカギとなってくる。しかし、解決すべき制約や課題もある。例えば、自治体が公益法人を立ち上げる際には、議会の承認や市民への説明責任が必要となってくる。また、海外展開のリスクを誰が負い、誰が経営の舵を取るのか、という問題に関してもまだ踏み込んだ議論は十分になされておらずこれからという状況である。しかし、今や、新興国市場を中心に巨大なビジネスチャンスが開けており、フランス、ドイツ、アメリカ、韓国等の政府と企業は連携して受注を決めている。先行する海外勢との差を縮小させるためにも、日本は官民連携した早期の市場参入が急務となっている。

3 原子力発電

二〇一一年三月十一日に発生した東日本大震災は巨大地震、巨大津波、そして東京電力福島原子力発電所の事故と三つの災害が重なる未曾有の大惨事となった。これを機にこれまで世界的規模で拡大を計画していた原子力発電所建設計画も大幅な見直しを迫られている。ドイツは脱原子力を明確に打ち出し、イタリアも追随した。アメリカも急遽原子力発電計画の修正を打ち出した。その他の国々も見直し機運が高まっている。しかし、現実的な見通しから言えば、現在の地球の経済成長を支えるエネルギー源となると限られており、電力に関しては原子力発電に変わる有力な手段は目下見当たらず、当面は原子力に依存せざるを得ない部分も大きい。太陽光、風力、波力などの自然エネルギーの開発は進歩しているものの、コスト的にも出力的にもこれだけではとても電力の需要量を満たしえない。このため、冷静に考えれば短期的には原子力発電慎重論が世界的傾向とはなろうが、長期的には安全性をさらに確保するという前提つきではあるが、原子力発電は今後も拡大するものと見られる。特に、アジア新興国では、先進国キャッチアップを目指し、より豊かな生活を目指して更なる経済成長を望んでおり、それを支える電源として原子力発電計画は避けて通れず今後も継続するものと見られる。東日本大震災以前のデータ（日本エネルギー経済研究所、その他のデータ）を参考に今後の計画をまとめると次のようになる。このうち、いくつかは変更があるかもしれないが、経済成長が今後も続くと予想される新興諸国を中心に建設意欲は根強い。

1 中国、ロシア、インドは引き続き導入計画を拡大

中国、ロシア、インドでは、引き続き原子力発電所の建設計画が進んでいる。二〇一一年現在世界で建設中の原子力発電所は一五ヵ国、六六基あるが、このうち中国とロシアで合計三六基。特に中国の新規建設ラッシュは一段と進んでおり、現在は二六基を建設している。この背景には、中国では高い経済成長を進める上でエネルギー消費量が拡大しており、年間五、〇〇〇万キロワット以上の電力需要が増加し、深刻化する電力不足に向けて原子力の大規模開発を進めている。「原子力発電開発中長期計画（二〇〇五～二〇二〇）」（二〇〇七年十月制定）では、「二〇二〇年に原子力発電所四、〇〇〇万キロワットを運転、一、八〇〇万キロワットを建設中とする」としていた。現在は上方修正が視野に入っており、二〇二〇年に七、〇〇〇万キロワット以上を目標とすることが検討されている。ロシアは国内の電力需要増への対応と天然ガスによる発電比率を下げるために、二〇三〇年までに原子力発電量シェアを現在の一六％から二五～三〇％に高めていく計画である。また原子力産業の発展を国家戦略に掲げ、原子力技術の輸出に力を入れている。

インドは、二〇〇九年二月、二〇〇九年度の経済成長率が七・五％になる見通しを発表した。経済成長に伴い急増するエネルギー需要に対応するため、二〇一〇年一月現在四一二万キロワットの原子力発電設備容量を二〇三二年までに六、三〇〇万キロワットに拡大する計画である。これは日本の商用原子炉の合計の約一・四倍である。

2　中東、東南アジアなどでも広がる原子力発電

原子力発電導入の動きは、中東や東南アジアでも広がっている。中東では、アラブ首長国連邦（UAE）が、二〇〇九年十月に原子力規制機関の設立やウラン濃縮活動の放棄などを盛り込んだ原子力法を制定し、二〇二〇年までに一〇〇万キロワット級の原子力発電所四基の建設を計画している。二〇〇九年十二月に海外事業者からの応札を行い、KEPCOコンソーシアム（韓国）が事業者として二〇一〇年に選定された。二〇一七年に最初の一基の竣工を目指し、建設が行われる予定である。

トルコは、二〇〇八年三月に原子力発電所の建設・運営に向けた入札を開始し、日本と契約を締結した。また、サウジアラビアは、二〇〇八年五月にアメリカと民生用原子力協力の覚書に署名した。東南アジアでは、ベトナムが、二〇〇九年十一月に原子力計画の国会承認をし、一〇〇万キロワットの原子力発電所を四基建設することが決まった。インドネシアは二〇〇七年に制定された「長期国家開発計画法」において、二〇一五〜二〇一九年に初めての原子力発電所の運転開始を予定している。タイは、二〇〇七年に制定した「電力開発計画」において、二〇二〇年および二〇二一年に合計二〇〇万キロワットの原子力発電所を計画している。このように世界の原子力発電市場は今後大きく拡大することが予想され、日本にとっても大きなビジネスチャンスとなっている。日本としては東京電力福島原子力発電所事故を教訓にして、代替エネルギーの現実を踏まえた冷静な議論と分析を通じて、国の長期エネルギー戦略を再構築しなければならない。風力、波力、地熱発電などの能力的、コスト的限界があるとすれば、当面は原子力発電は避けて通れない。とすれば、徹底した安全性の追求を行い、その上で国内、海外の需要に応えていかざるをえない。

4 医療ツーリズムの国際化

健康・医療分野では、医療ツーリズムが有望である。医療ツーリズムは、もともとアメリカで、ピッツバーグ大学の周辺やテキサスメディカル・センターなどの医療ツーリストを受け入れる医療産業が集積したのが始まりである。この分野は比較的歴史が浅いが、世界的に事業機会が大きく開けつつある。医療ツーリズムは、医療を受ける目的で他の外国へ渡航することで、今では世界五〇ヵ国くらいで実施されている。最先端の医療、あるいは高品質の医療を受けるために外国に行って、一定の間そこに滞在するということになる。医療ツーリズムは、マーケットとしては、二〇〇四年に四〇〇億ドル、二〇〇六年には六〇〇億ドルになり、二〇一二年にはおそらく一千億ドルを超えるだろうと言われており、急成長市場である。

1 アジアの動向

日本政策投資銀行の調査では、医療ツーリズムの受け入れ先としては、アジアが一番多く、今アジアだけで約三〇〇万人を受け入れている。中でも、受け入れ先のトップはタイである。タイは、現在医療ツーリズムに力を入れており、医療ツーリズムの先進国になっている。同国は二〇〇二年に政府が医療ハブ構想を発表し、外国人のビザ発行手続きを簡素化する政策を実施した。また、タイはもともと観光地であったので、観光資源に、病院サービスをプラスすることで、タイだけで、既に二〇〇万人の医療ツーリストを受け入れるようになっている。その他にはシンガポールやインドが、各一〇〇万人ずつくらい受け入れており、この三つの国がアジアの中でもとりわけ熱心に取り組んでいる主要な国である。日本は、こうした国々に比べ、すべてにわたって検討中という状況で、相当遅れているといわざるをえない。医療ツーリズムのトップにいる国を見ると、国が国家戦略として相当の資源投入をしながら、同時に民間資本で大規模な医療ツーリズム専門の病院を作って、合同して行っており、官民連携して取り組んでいることがわかる。

2　アジアの医療ツーリズム拠点

その他のアジアの代表的な医療拠点を挙げると、韓国・済州島のヘルスケアタウンがあり、中近東には、ドバイにヘルスケアシティがある。ドバイでは、世界各国から最先端の医療を集積し、中東における最新医療センターを目指している。具体的には医療、医療教育、健康診断、スポーツ医学、ヘルスケアサポートなどで、潤沢なオイルマネーをもとに医師も世界中から呼び集め、最先端の医療機器を導入している。もう一つの例は中国である。北京の燕達国際健康城は世界最大規模の国際総合医療施設であるが、病院であり、外国人も受け入れる国際老人ホームでもある。それに加えて医学研究院、国際会議センターもあり、ベッド数が三千床もある。中国では民間企業としては初めてこのような取り組みを始めており、今後の動向が注目される。

3 日本の現状

アメリカでは、前述のようにピッツバーグ大学の周辺、テキサスメディカル・センターなどの医療ツーリストを受け入れる医療産業が集積した地域がある。一方、日本には、医療メディカルサービスクラスターのような地域はまだなく、遅れをとっている。しかし、最近、日本でも取り組みが加速してきて、二〇〇九年十二月に閣議決定された政府の「新成長戦略（基本方針）」に盛り込まれている（筆者自身、二〇一〇年三月四日に経済産業省貿易振興課から成長戦略と九州に関し、福岡でヒアリングを受け、九州の医療ツーリズム拠点化の可能性についても触れた）。このように、最近、日本でも医療ツーリズムの議論は本格化してきており、官側では、内閣府、経済産業省、厚生労働省、観光庁、外務省が、民間では、日本経団連が構想を打ち出そうとしている。

4 日本に対する世界の潜在的需要

医療ツーリズムの潜在的な需要としては、いわゆる新興国の富裕層、特に中国、ロシア、中近東の人々の中で、日本のエックス線装置、内視鏡の治療、ＭＲＩ、人間ドックのノウハウといった最先端設備や効率的なメディカルサービスを望んでいる人は多くいる、ということがまずあげられる。ただアジア諸国が既に先行的に三〇〇万人くらいの患者を受け入れているので、日本としては技術優位性と非価格競争力によって、どのように特徴を出していくかが難しいところである。世界的に見ても、日本はコストが高く、国際競争ではそれをどう克服し、差別化して、アジアの高所得者層を迎え入れるかが鍵になる。日本政策投資銀行が調査した日本に渡航する医療ツーリズムの潜在需要は、二〇二〇年時点で年間四三万人で医療ツーリズム（含む観光）の市場は五、五〇〇億円。その波及効果は二、八〇〇億円と試算している。外国から人が来るということで、韓国では、医療ビザが設置されており、タイ、インドネシアにも、医療ビザがもう既にある。一方、日本は現在、医療ビザの新設を検討中である。海外からの患者を受け入れるためには、医療ビザ以外にも条件整備が色々必要である。また、受け入れる患者の国の政府のニーズを聞く必要があり、どういう人が何を望んでいるかを調べる必要がある。また、マーケティング的には日本から世界へ情報発信しなければならない。医療サービスを外国人向けに行うので、医療通訳者の育成や、医療機関を中心に、異文化や多言語化への対応が必要になってくる。

医療ツーリズムの体制が整うことは、経済成長に寄与し、観光と医療を通じて幅広くその地域に人がきて、お金が落ちることで他産業への波及効果も期待できる。医療機関にしても、国際競争に巻き込まれることで、経営改善を一生懸命行うこと、さらに医療機関と自治体の連携ということを通じて、地域の経済の活性化にも通じるのではないかと期待される。二〇〇八年に刊行した拙著『グローバル経営の新潮流とアジア――新しいビジネス戦略の創造――』の中でも、既に医療ツーリズムの可能性を述べている。例えば、九州には、九州大学等医学部を擁する国立大学や、久留米大学、福岡大学等有力私立大学の医学部が存在し、しかも温泉、リゾート地、観光地もふんだんにあり、まさに医療ツーリズムの場所になれる可能性が十分にある地域であると考える。また、九州はアジア・中国に近く、東京・関西に比べ生活コストが安く、生活環境もよいということも魅力的であると思われる。

5 医療関係者とのコンセンサス形成が課題

しかし、問題点もある。医師会、既存の中小の開業医、地方の医療機関では、医療ツーリズムを行うことで、国民皆保険の原則が崩壊するのではないかとの危惧がある。医療ツーリズムのような公的医療保険に依存しない民間市場が拡大すると、海外客を受け入れる病院は限られているので、優良・高価格な病院、大きな病院に人材（医師）が集中してしまい、小さい病院や過疎地、地方に医師が集まらなくなってしまうのではないかとの危惧がある。人材が偏ってしまうのではないかというような危惧もある。さらに営利目的の組織的な医療行為というのは倫理的に抵抗感を感じる向きもあるようである。すなわち、海外の高所得の受益者も大事だがまずは自国の患者を優先すべきである。国内には十分に医療を受けられない人たちがたくさんいるのに海外の金持ちだけに高級な医療サービスをするのは抵抗があるという意識もある。こうした問題を、関係者を動員してコンセンサスをとり、迅速に決断し行動する時に来ている。

5 日本の農産品のアジア新興国への輸出増進

1 他産業のノウハウを導入し、普通の産業へ

日本の農産物の質の高さには定評がある。これを他の産業のように普通の産業にすることが必要である。農業の場合もまず顧客や市場を発見するということである。すなわち、マーケティングと販売戦略である。ターゲット顧客を誰にするか、顧客が求めているものは何かをまず考えることが大切である。大消費地に近いのか、近くなければ世界に市場を求めることを考える。食品加工業でいえば、色々な地

産地消の弁当、あるいは観光業との融合、農業体験ツアー、フラワーツーリズムなども視野に入れる。

次に、脱一次産業化ということである。日本の農業は現在六〇歳以上の人が主要な担い手であり、衰退産業と言われているが、これを一次産業から知識産業に脱皮させることである。それは他産業のノウハウを取り入れ知識産業を目指す、異業種同士を結合させる、シュンペーターの言う新結合、すなわちイノベーションと同じである。これによってこれからの日本の農産品産業にも十分チャンスがあろう。生産性を向上させて競争力を上げるということは、日本の場合には自動車・電機など先端産業が多くの経験やノウハウを持っているし、技術の集積も進んでいるので、それをうまく活用することが十分可能ではないかと思われる。例えば製造業の工業技術と農業技術を融合する、ということは既にやっていることであるが、農業を工業生産化する、たとえば野菜工場で電照野菜を作るといった他産業のノウハウや成果を取り入れることでシナジー効果を図れば、農業も一つの大きなビジネスとして十分成立し得るのではないか。農業は天気に左右される部分が多いが、野菜工場のように工業化すれば、天候に左右されず安定供給できるし、生産性を向上させることができよう。

2　守る農業と攻める農業の使い分け

日本は農業に対する発想を転換して、守るべき部分は守りながら、攻める部分は積極的に今後の巨大市場、アジア・中国を視野に入れて、様々なビジネスモデルを開発していくことが、大事ではないかと思う。まず、守るべき面でいえば、コメの問題がある。これについては韓国のケースが参考になろう。後述するが、韓国は国内市場が小さいため、海外市場に活路を求め、ＦＴＡを積極的に押し進めているが、長年、農業問題がネックになっていた。しかし韓国はコメや豚肉などには政府が手厚い農家に対する個別所得補償を行い守りを固め、同時にそれ以外の農産物は積極的に海外市場に売り込んでいく戦略に転じた。このように農産物にも守る部分と攻める部分を分けていくことも大切であろう。

因みに筆者が現在住んでいる九州を例にとれば、九州における農産品の出荷額は、二〇〇九年時点で約一兆七千億円で、これは日本全体の一割を占めている。更に農産品をもう少し広く考え、食料品製造・加工業、飲料、タバコ、飼料製造業、これら全部を加えると、全製造業出荷額の約二割、つまり四兆円以上に膨らむ。これは「シリコン・アイランド」といわれる九州の半導体の二兆七千億円、あるいは「カー・アイランド」といわれる自動車産業の二兆四千億円を上回っており、九州では最大の産業ということになる。二〇〇〇年代に入って香港や台湾に苺や梨あるいは野菜類を輸出しはじめたが、予想以上に現地の顧客に受け入れられた。二〇〇八年の九州の農産物の海外出荷額は一〇億円強と、この五年で一〇倍に増えている。香港の他にシンガポールやドバイへも輸出している。中国では食糧不足、水不足、工業化、異常気象、環境問題が深刻化していて、日本の農産品ビジネスが歓迎される余地が多くあるので、これからますます増やすことができるのではないかと考えられる。すなわち、「シリコン」「カー」を上回る「フード・アイランド」化である。農業の活性化のためには、それを担う人材も必要である。専業農家の高齢者だけでなく、それを推進するためには高度の専門人材を質量ともに増やしていく必要がある。農産品ビジネスについてもオランダやスイスやオーストリアのように近代的な経営感覚と経営手法に秀でた色々なタイプの専門家を早急に養成し、他産業からも、また外国人留学生などの海外の人的資源をも積極的に取り込んでいく必要があろう。

不幸にして、中国やアジアで好評を博した日本の農産品ビジネスは二〇一一年三月十一日に発生した東日本大震災の風評被害で大きなダメージを受けている。これは短期的には確かに痛手ではあるが、時間が解決してくれる問題でもある。やがて、時がたち、人々の意識が冷静さを取り戻せば、日本の農産品ビジネスはその安心・安全さを売り物にして必ず復活しよう。いまは我慢の時である。

6　第三の開国とＴＰＰ

1　韓国が先行

政府は明治維新、第二次大戦後に次いで、「第三の開国」が必要と主張していた。しかし、その後、政治の迷走が続き菅首相が発した二〇一一年六月までにＴＰＰ参加の決定についての目途をつけるとの主張は結局先延ばしとなった。アメリカのオバマ政権はアジアが今後の世界経済の成長センターになり得ることに確信を持ち、国家戦略上アジアを重視する政策をとっている。アメリカの今後の成長はアジア市場にアメリカからの輸出を増やし、マーケットを確保できるかにかかっているとの認識を深めている。そのためにＴＰＰに参加し、一早く楔を打つという戦略を進めている。また、アメリカは中国の膨張を警戒しており、日本や韓国など同盟国、そして東南アジア、インド、豪州などの周辺国を巻き込んで対中パワーバランス（力の均衡）を構築する必要も感じている。東アジア各国の中で、日本と競合する分野が多い韓国は国を挙げて開放戦略を推進している。韓国はアジアの国家としては、初めてＥＵとＦＴＡを締結し、先鞭をつけた。二〇一一年七月にそれが発効し、それにより、現在ＥＵが韓国に課している関税はほぼ全廃された。これにより、ＥＵ側では一六億ユーロ（約一、八〇〇億円）、韓国では一一億ユーロ（約一、二〇〇億円）の効果があるという試算をしている。日韓両国企業については、ＥＵは日本製品にはこれまで同様関税をかけ続けるので、日本企業は韓国企業に対して貿易上極めて不利になる。それに円高、ウォン安がそれに輪をかけることになる。同じことはアメリカ市場でも起きることになる。なぜなら、韓国は二〇一〇年アメリカともＦＴＡを締結することに成功したからである。これが発効すると日本は欧米両市場で韓国企業にきわめて不利な競争を強いられることになる。これに加えて、日本企業は韓国に比べ割高な法人税率が課せられるので二重三重のハンディを負わされることになる。韓国は明確な長期国家戦略を持っている(2)。すでに二〇四〇年の展望を大統領直轄の部署でまとめている。それによれば、韓国は今後労働力人口が減るので、複数国籍を共有し労働力を増強する必要がある。大学生も含めて高度専門人材を国家をあげて世界から招くというものである。もう一つは、二〇四〇年までに貿易の規制・関税を廃止するというものである。韓国は語学教育を含めた戦略を積極的に展開している。韓国は国内市場が四、八〇〇万人で、日本の半分以下の人口しかなく、国内市場が狭隘なので、どうしても海外にビジネスチャンスを求めざるを得ないという国家的な要請もあるが、積極的かつ先行的に開放戦略を次々と打ち出している。動きの鈍い日本とは対照的である。

ＡＳＥＡＮ諸国もＴＰＰに関しては前向きである。貿易依存度が半分あるいは八割以上という貿易立国が多いので、自由貿易の地域連合をできるだけ活用し、アメリカが加盟すると輸出量が非常に増える。最近ベトナムもＴＰＰに参加表明した。ベトナムは貿易が国家の繁栄に不可欠という強い認識の下で意思決定した。

2 日本も迅速な対応が必要

日本の今後の動きであるが、アメリカとのFTA締結のための交渉の開始が決まっている。EUとも交渉を始めようしているが、韓国に比べるとテンポが遅いといわざるをえない。例えばEUのケースでは現在、韓国製自動車には一〇%、テレビに一四%の関税がかかっているが、それが段階的に引き下げられて全廃される。しかし、日本製品にはそれがそのまま課せられるとなると、競争力に大きな差がつく。一方で、日本では農業が大きな問題になっている。この点、韓国の措置をみると参考になることが多い。韓国では日本以上に農業は頭の痛い問題で、長年外国に対し高い関税をかけていた。しかし、ここにきて米と豚肉以外は関税を思い切って撤廃する方向であると宣言した。それと引き換えに、FTAをアメリカ及びヨーロッパと締結したのであるが、一方で農業のうち特に米に関しては、韓国政府は日本を上回る農家の個別所得補償を負担している。つまり、守るべきところは政府がしっかりと補償し、外国に対しても交渉をするがそれ以外の農産品はアジアや中国に積極的に輸出する戦略に切り換えているわけである。日本では長年の政府の農業保護が習い性のようになっていて、議論のテーブルにつくことそのものがなかなか難しい状況である。しかし、そろそろ発想を転換して農業も補償すべきところは補償し、農産品ビジネスでも攻めの政策をとって外貨を稼ぐところは稼ぐというようにうまく使い分ける戦略が望まれる。それを農家や関係者の理解を得て、国民的コンセンサスをとりながらスピード感を持って推進していくべきである。

［注］

（1）株式や企業買収など高いリスクを伴いながら、高い運用収益が求められる投資へ投入される資金のこと。不確実性が大きい反面、成功すると高い運用収益が得られる。

（2）二〇一〇年六月十一日、李明博大統領直属の未来企画委員会が開いた「第七回未来企画委員会」で「未来ビジョン二〇四〇」が発表された。未来企画委員会が提示した二〇四〇年韓国経済の姿は「国民所得六万ドル、国内総生産（GDP）二兆八、〇〇〇億ドルで世界一〇位の経済圏に飛躍するとしている。不安要因は、人口の高齢化による労働力の供給不足であり、海外人材の導入など思い切った施策が必要としている。

第10章　アジアの都市間関係と地域

筆者は本書の冒頭で、グローバリゼーションの特徴と世界の変化について述べた。そこでは、これまでの国と国とのかかわりあいから、競争や分業関係が世界の地域や都市、そして、個人同士の競争と共同作業の時代になってきた。その傾向はアジアにおいても全く同様であり、アジアの各地域・都市、そして個人のあり方に大きな変化が起きつつある。これはアジア各国の経済成長により、一定の所得水準に達した階層の人々（都市中間層）が、各国の大都市に続々と誕生していることが背景にある。そしてそこで起きていることは同質性と競争性ということである。そして日本の地域は、その渦の中で生き抜いていかなければならない。

1　アジア新興国の都市中間層の勃興とその共通性

1　都市中間層とは

今、上海、北京、香港、台北、ソウル、釜山、シンガポール、クアラルンプール、バンコク、マニラなどの東アジアの主要都市では新しい階層が続々誕生している。いわゆる都市中間所得者層である。その数は今や膨大な数字となっている。この階層の消費動向が今後の経済を左右する要因の一つとなっている。その数は二〇〇〇年に一・一億人から、二〇一〇年には、九・四億人に拡大しており、アメリカ、EUを合わせた人口規模を上回っている。また、アジア新興国における中間所得者層は、二〇二〇年には二〇億人に拡大することが見込まれており、世帯可処分所得三五、〇〇〇ドル以上の富裕層二・三億人と合わせると、アジア新興国全体の三分の二を占めるまでに拡大する見込みとなっている。

彼らの共通項は年齢的には二〇～四〇歳前半で高学歴、専門的職業につき、共働き、経済的余裕があり、消費意欲旺盛、国の違いにかかわらず共通の価値観、意識構造を持ち、ITに強く、ファッションなど流行に敏感で感覚も類似している。

東アジアの文化の特徴はこれまで多様性、つまりバラバラであることといわれてきた。しかし、それを覆すアンケート結果が発表されている。それは経済産業省の経済産業研究所というシンクタンクの二〇〇五年の調査結果であるが、近年のインターネットの普及、交通手段の発達、あるいはグローバリゼーションの進展によって、東アジアの経済活動が非常に活発化している。それに伴って、人や物の移動が非常に活発化し、同時に文化交流が活発に行われるようになってきた。今、都市部に住んでいる中間層の人達の生活スタイルや嗜好性、好みがどこでも急速に共通化している現象が起こっている。例えば、家庭電気製品などの耐久消費材の普及状況が非常に似てきているし、嗜好も共通項が多い。

2 文化面での嗜好の共通化

もう一つは文化面での嗜好の共通性である。例えば日本製の漫画やアニメ、ファッションやキャラク

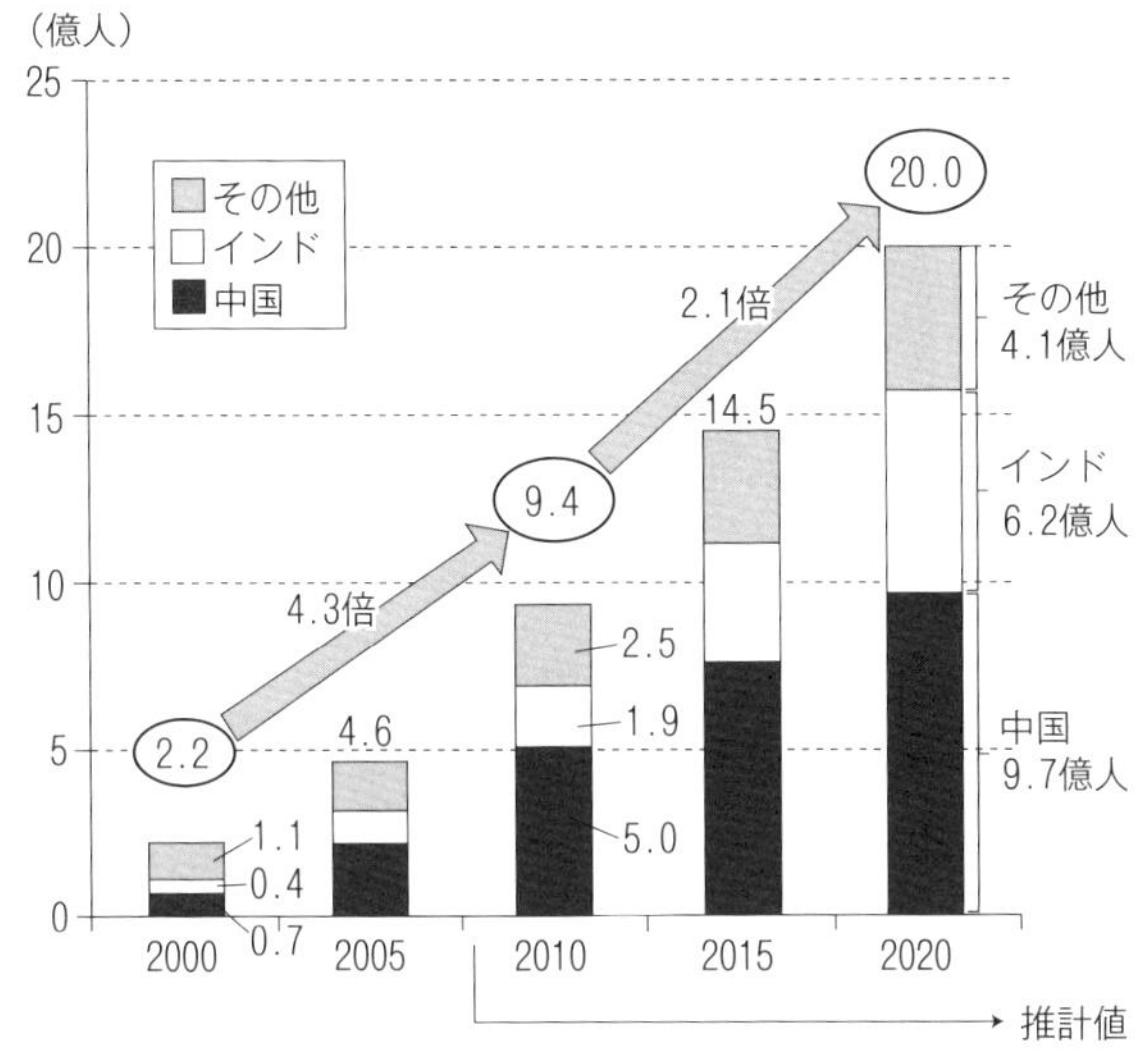

(備考) 世帯可処分所得の家計人口。アジアとは中国・香港・台湾・インド・インドネシア・タイ・ベトナム・シンガポール・マレーシア・フィリピン。2010年，2015年，2020年はEuromonitor推計値。
(資料) 経済産業省『通商白書2010』，Euromonitor international 2010から作成。

図10－1 アジア新興国における所得階層別人口の推移

ター製品、日本のテレビ番組や日本のアーティストのコンサートが開かれたり、韓国のテレビドラマや音楽が幅広く売られている。これらは、いわゆるポップカルチャー（pop culture）とよばれているもので、今や日本が世界の発信源となっている。「ポップ（pop）」とは「通俗的な、大衆向きの」と訳される英語から来たもので「大衆文化」や「民衆文化」である。最近の世界では、日本の文化を「かっこいい（cool）」と見なし始めている。アジアでも例外ではない。アニメ、キャラクター、アジアでは音楽、などがポップカルチャーの中身である。日本の大人には奇妙に見える若者文化が世界に流布しているのである。かつてのポッ

写真 10－1　マレーシア・クアラルンプールのペトロナスタワー

プカルチャーの発信地はアメリカだった。しかし、最近は日本がそれに取って代わろうとしているように見える。日本のポップカルチャーの特徴はかわいさやcoolさである（"Cool Japan"）。「ハローキティ」がその代表格である。また、ポケモンのテレビアニメは二五ヵ国語に翻訳され、世界の六八ヵ国で放映されているという。また、新しくは日本の少女マンガ、少年マンガなどを掲載した雑誌も人気である。ある国のポップカルチャーが世界に波及していく原因は、そのカルチャーの中に他の国の人々をひきつける何か、あるいはそれを生み出す国や国民、その生き方に魅力があり、共感が持てるということである。それは日本が誇る高性能の工業製品とともに日本の存在感を示す誇るべきものであると評価できよう。日本が生み出す製品に込められた美意識（仕上げのよさや品質、センスなど）が世界の人々に親しまれていくことはすばらしいことである。成長著しいアジアにあって、日本に対するあこがれや魅力は日本の工業製品のみならず、ポップカルチャーにおいても、その精巧さ、精緻さ、美しさ、仕上げのよさ、かわいさ、カッコよさが世界の若者を捉えるのだと思う。

二〇一一年三月十一日の東日本大震災後にも「日本ブランド」は衰えを知らない。日本国内最大のファッションイベントとして知られる東京ガールズコレクション（TGC）は同年五月に北京でショーを開催し、多くの来場者で満員となった。「セシルマクビー」など日本の一〇～二〇代女性に人気のブランドの人気は圧倒的である。一方、成長著しいインドでは「クレヨンしんちゃん」「ドラえもん」など日本アニメがテレビで連日放映され、子供たちの間で日本ブームが起きている。震災直後の三月十二～十四日、経済産業省はムンバイで日本のアニメ映画上映などのイベントを開いた。経産省は日本のアニメなど文化産業の海外売上高が二〇二〇年にはアジアを中心に最大一七兆円と現在の約四倍に増えると推計する。

3　新都市中間層向け商品の開発と販売競争激化

アジア新興諸国における新都市中間層の人口は増え続けており、二〇一〇年には、九・四億人に拡大している。日本を始め、韓国など世界の企業は、新しい成長市場である新中間層をターゲットにした市場開拓に本腰を入れて取り組んでいる。この階層を獲得するかどうかが今後の新興国市場での企業の成否を決めるいわば天王山であり、世界中の企業がしのぎを削っている。特にアジア勢では、サムスン電子、LG電子、現代自動車など耐久消費財産業を中心に韓国企業が先行的にこの市場に先鞭をつけ、積極的なマーティングと販売戦略によってシェアを増大させている。日本企業はやや出遅れの感もあるが、日本国内市場の縮小もあり、今や、電機や自動車などの輸出型産業だけでなく「内需型産業」といわれ、これまで日本市場でしか商売をしてこなかった産業に属する企業までもがこぞって新しい成長源を求めて海外のこの市場に乗り出し始めた（日本企業の戦略については第8～9章参照）。

2 アジアの都市間競争

以上のように、東アジアの主要都市では中間層を中心に共通化が進んでいるが、一方で東アジア各国の都市同士の競争も激しくなってきている。都市間の競争の中でも、外資系企業の東アジア事業機能拠点（地域統括機能、ハブ機能）争奪をめぐる都市間競争が非常に激しくなっている。

1 アジアの拠点を東京から上海、シンガポールへ

まず、外資系の多国籍企業にとってのアジアのビジネス拠点とは何かという場合、外資系多国籍企業がアジア地域全体を統括する拠点、あるいはアジアの地域本部を意味する。これまでは外資系大企業のアジア統括拠点は、圧倒的に東京に置かれていた。もしくは、東京に拠点を置いて、その支社や支店をシンガポールなどに置くという企業が多くあった。ところが最近は、アジアのビジネス拠点を東京から上海やシンガポールに移す外資系の企業が増えてきた。

2 上海の強み

外資系の企業が中国の上海にアジアの地域本部を設ける狙いは、何といっても中国には一三億人という巨大な市場があることである。上海がビジネスの中心である。

それから家庭電器や自動車産業に代表されるように富裕層、中間層の消費市場が非常に伸びていると

いうこと、また、金融や物流でも上海は香港を追い抜く勢いになっていることもあげられる。

上海市当局によれば、上海に地域本部を置いている外資系の企業は二〇〇六年には約一三〇社あったそうだが、これが現在二〇〇社以上に増えている。また、日本の森ビルが二〇〇六年、上海に進出した外資系企業に実施した調査によると、上海をアジアの地域本部にしたいと答えた企業は当時全体の七％であったが、現在では、一三％を超えていると見込まれる。

アメリカ自動車部品大手のデルファイはアジア太平洋地域本部を東京から上海に移し、東京の役割は日本の顧客対応が中心になった。スイスに本拠を置くエンジニアリング大手のＡＢＢは産業用ロボット部門の世界統括本部をアメリカのデトロイトから上海に移した。自動車などの製造業向けロボットの生産管理から営業までを上海で意思決定する。理由は欧米や日本市場よりも中国の成長機会に期待しているからである。

写真10－2　中国・上海

また、ドイツのコンチネンタル（ドイツの自動車部品メーカー）や、アメリカのベストバイ（家電販売店）、ウォルマートなども二〇〇七年になって上海にアジア全体の本部を置いた。

3　シンガポールの強み

一方、シンガポールがアジアの拠点となりつつある理由は、域内関税の引下げが進むＡＳＥＡＮ、こ

写真 10－3　シンガポール

れに加えて最近成長著しいインドのマーケットをにらんで、その対応が可能な拠点（物流・金融・情報集積・英語圏など機能が充実）ということであり、シンガポールの人気が多国籍企業の中で高まっている。

ＡＳＥＡＮに加盟しているシンガポールの場合、東南アジア、特にＡＳＥＡＮ地域の国々で相互貿易が活発になり、それら国々での金融決裁が非常に増えていることから「国際拠点」の認可を得て、インドもにらんで体制を強化するのが目的である。

また、シンガポールは昔から物流の拠点だったことから、東南アジアやインドに関する情報が多く入ってくる上に、英語が通じるという利点がある。これらが外資系企業の中でシンガポールの人気が高まっている理由と言える。

4　上海とシンガポールの両都市の躍進の背景

外資系多国籍企業がアジアの拠点を東京から上海やシンガポールに移そうと考える理由は以下の通りである。東京と比べて、上海とシンガポールの両都市が優勢になっている共通の背景には、英語が通用しやすく欧米的な文化の背景があること、外国人にとって住みやすい生活環境が整備されていることがある。また、上海とシンガポールの両政府が非常に積極的に企業の支援策や外資系企業に対する優遇策を促進していることも挙げられる。シンガポールでは二〇〇四年度に法人税を二〇％に引き下げ、アジアでは香港に次ぐ低水準になった（日本は四〇％）。また、シンガポール経済開発庁（ＥＤＢ）から「地域統括本部」の認定を受けると、法人税はさらに半分以下となる。認定企業は既に約四〇〇社に達した。

5　東京一極集中から多極化の傾向

これまで、アジアの中心といえば東京ということになっていたが、最近のアジア・中国の経済的躍進もあり、また、インドの台頭もあり、アジアの中心が多極化してきたのである。このことは、それだけ東京のウエイトが下がってきたとも言える。生活費、土地、交通料金等々、コストが高いこと、外国語が通じにくいこと、東南アジアの情報が集まりにくいこと、等々の理由もあると思われる。外国の対日直接投資は近年全く増えていない。何とか手を打つ必要があると考える。

フランスの有力紙「ル・モンド」の記者は「今日の日本は二つの速度を持った社会だ」と指摘した（二〇〇三年）。そして、日本の経済改革の遅れや政治の停滞といった面のスピードの鈍さと、怒涛のように押し寄せる日本の大衆文化（pop culture）の誕生と、それが細かい日常製品に組み込まれるスピードの速さを対比している。彼は日本をアニメ映画、衣装、音楽、グラフィック・デザインなどが次々に生まれて、新しいライフスタイルが発信されている国だと紹介している。これを読むと、ポップカルチャーのスピードの速さに比べて、日本の経済面・政治面でのスピード感の不足が憂慮される。世界の経営資源（ヒト・モノ・カネ）を呼び込む土俵づくりの面でアジア諸国に遅れを取っていると言わざるを得ない。

3 アジアにおける「ハブ機能」争奪戦

「ハブ」とはある地方において周辺地域への様々な交通機関や物流機能が集中する場所を言い、「ハブ機能」とはその地域の中心となることをいう。「ハブ港」や「ハブ空港」などがそれに該当する機能を持つ港や空港のことである。かつては、北東アジアにおいては東京が色々な意味でのハブ機能を持っていた。しかし、その後のアジア各国の躍進の結果、そのハブ機能はアジア各地に分散されつつあり、日本は必ずしもアジアの中心とは言えなくなってきた。

グローバル化する世界において、ヒト、モノ、カネ、情報の集散の中心（ハブ）となることは、そこが経済や産業、さらには貿易の中心とな

表 10－1 世界主要港のコンテナ取扱量（国土交通省作成）

順位	港湾	取扱量
1	シンガポール	2,992
2	上海（中国）	2,798
3	香港（〃）	2,449
4	深圳（〃）	2,141
5	釜山（韓国）	1,345
6	ドバイ（アラブ首長国連邦）	1,183
7	寧波（中国）	1,123
8	広州（〃）	1,100
9	ロッテルダム（オランダ）	1,080
10	青島（中国）	1,032
24	東京	416
29	横浜	348
39	名古屋	282
44	神戸	256
50	大阪	224
112	博多	82
161	北九州	45

2008 年暫定値。単位は万 TEU（1TEU は 20 フィートコンテナ 1 個分）

表10-2　4港湾の採点結果（1,000点満点）

項　目	阪神	京浜	伊勢湾	北部九州
釜山などに対抗できるサービス提供の目標など（350）	291	297	163	123
コスト低減（150）	114	98	127	41
広域からの貨物集約（150）	119	120	48	26
荷主へのサービス向上（50）	38	33	39	33
環境・セキュリティー（50）	39	38	41	32
戦略的な港湾経営の実現（100）	81	54	53	7
民間の視点，港湾の一元的経営（150）	87	89	82	14
合計（1,000）	769	729	553	277

四捨五入の関係で各項目の点数を合わせても合計と一致しない場合もある。
（出典）国土交通省調査（2010年）

り、経済的な繁栄をもたらすことを意味する。

1　港　湾

ここでは港湾を例にとってみよう。韓国は釜山港を東アジアにおけるハブ港とする構想を持ち、現在、その実現を目指し、世界に誇る国際貿易港・釜山新港の建設を進めている。二〇一五年の全面開港をにらみ、約三〇隻の大型貨物船が寄港できるコンテナターミナルを現在の釜山港の西方につくるのである。韓国政府は、アジアのライバル港に対抗するため、日本企業などの誘致に力を入れている。韓国が巨費を投じて新港を建設する背景には、①上海やシンガポールなどアジアの港が急成長していること、②韓米自由貿易協定（FTA）の締結で今後取り扱い量がさらに増えること、などがある。世界のコンテナ取扱量上位六位までをアジアが独占し上位三〇港のうちアジアの比率は七割近くを占める。釜山新港は日本と中国の間に位置しており、この地の利を生かして、輸出入を仲介する東アジアの「メガハブ港湾」（巨大中心港湾）を目指している。一方、日本の港湾は桁違いに小さ

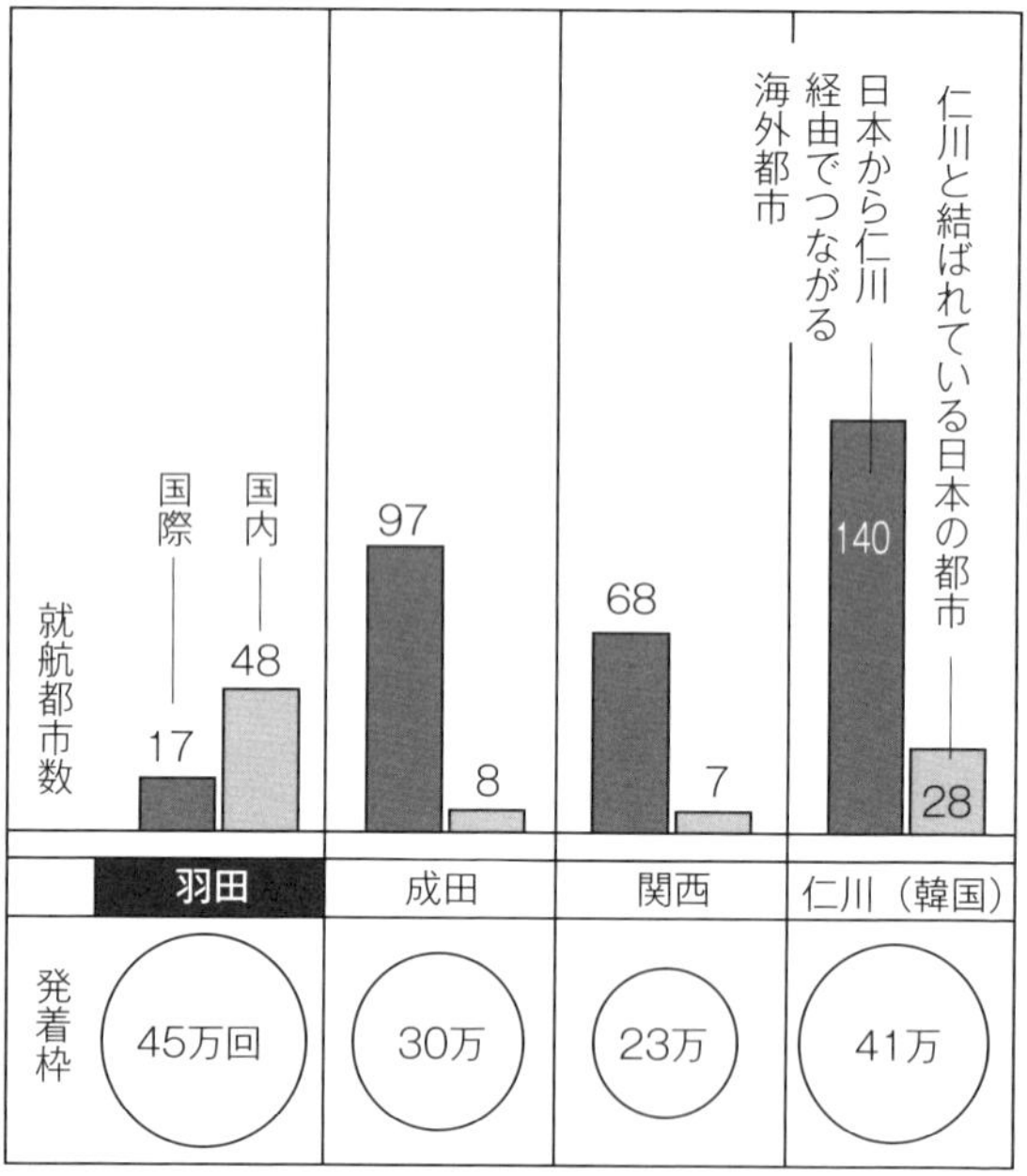

（備考）就航都市数は，羽田は2011年の2月時点，その他の空港は2010年の数。羽田，成田の発着枠は14年度までの見込み
（出典）朝日新聞 2010.10.17

図 10－2 日韓のハブ空港の能力

く、東京でさえも二四位にとどまっている。釜山に隣接する福岡、北九州両市は当初、博多・北九州両港を中国の貨物を西日本地区に運んだり、北米・欧州向けの貨物を積み替えたりする中継地として期待していたが、大規模な釜山新港の完成によって全ての貨物が釜山に集中する可能性が大きい。「世界の物流拠点」をめぐる港湾の競争は今や国境を越えて繰り広げられている。アジアに近い九州の港はどうあるべきか、真剣に検討する必要がある。

アジアのハブ空港に対抗する拠点となるハブ港を目指して、政府が予算を重点配分する「国際コンテスト戦略港湾」の選定で選ばれたのは、阪神と京浜二港で、他は漏れた。しかし、選ばれた二港も釜山港（千点）に大きく水をあけられている（表10-2）。

2 空　港

これは港湾だけにとどまらない。空港もそうである。東アジアではこれまで各国で大規模な新国際空港が続々と建設されており、日本の成田空港、関西国際空港などに比べ数倍の広さを持つ空港も多い。たとえば、韓国の仁川国際空港、上海の浦東国際空港などは成田空港に比べはるかに大きい。このままでは、空の玄関も日本はアジアのローカル空港になってしまう。日本が掲げる「アジアのゲートウェイ」構想はこのままでは絵に書いたモチとならざるをえない。港湾と空港の例を挙げたが、グローバル化した世界ではこのように世界各国、地域、都市が競争する時代になっているのである。

3 証券市場

こうした東アジア各都市、地域間における拠点争奪戦は地域拠点やバブ機能だけではなく、第三章で述べたように、生産、研究開発、調達、物流、ファイナンスなどすべての事業プロセスに及んでいる。また、株式市場においても日本の地盤沈下が進んでいる。東京証券取引所に上場している外国企業数は、ピーク時の一九九一年には一二七社あったが、二〇一一年三月現在、単独上場外国企業数はわずか三社にまで激減している。一方、アジアの金融センターとして急成長しているシンガポールでは上場企業数の三分の一を超える二四二社が外国企業である。シンガポールが外資を呼び込んでいる要因としては、株式譲渡益や配当の非課税処置などにより取引が活発化していることがあげられる。香港や上海市場も元気である。東京市場の場合、規制が多く、コストが高く、手続きが煩雑なこともマイナスに作用している。また、外国投資家が株価の値上がりが少ない東京市場から投資を引き揚げ、新興市場である他のアジア市場へ向かっていることもある。彼らは今後、ますます割安なアジア市場への投資を積極化しよう。グローバルマネーの潤沢な流動性が増加し、アジア市場へ資金が流入することが予想される。世界的なM&Aの活発化もそれを促進する。M&Aはその本質において株式の取引であるから、事業活動のグローバル化と証券市場のグローバル化は表裏一体の関係にある。日本としては日本経済全体の活性化、景気浮揚に努力し日本の魅力度を上げていくこと、株式市場の規制の一層の緩和が必要である。

4 「東アジア版ハンザ同盟」構築による経済活性化

1 国レベルではなく都市レベルでの連携

本章第1節で筆者は、東南アジアを含めた東アジアの各都市（上海、ソウル、シンガポール、バンコク、香港、クアラルンプール、台北等）で共通の価値観が生まれていること、そういう中間階層が生まれていることを述べた。筆者はグローバル化の進展によって、世界的な流れとしてはあらゆる面で「国境」という壁が低くなり、外国との関係も「国と国」という堅い付き合いではなく、「都市と都市」あるいは「地域と地域」の単位で連携をする時代になってきたと考えている。少し唐突かもしれないが、将来は「東アジア版のハンザ同盟」を作っていくべきだと筆者は思う。ハンザは古いドイツ語で仲間や集まりを意味する(1)。

ハンザ同盟とは、十二世紀から始まって十五、十六世紀くらいまで続いた北部ヨーロッパの商人・都市の連合体である。これは北部ヨーロッパで、もともとはリューベックというドイツ北部の都市を盟主にして誕生し、十三世紀から十六世紀にかけて国家や封建諸侯の制約からのがれ、海上交通の安全保障、あるいは商圏拡張などを目的とした都市同盟である。最盛期には欧州大陸の北半分の殆どをカバーし、ドイツだけでなく、ロシア、スウェーデン、フランス、ベルギー、オランダ、ポーランドなどの二〇〇近い都市が加盟して繁栄した。

2　二十一世紀の都市同盟

これを今、二十一世紀に置き換えてみよう。今はグローバリゼーション、IT化も進み、WTO、FTAなど自由貿易体制の整備や世界的規制緩和も進んで各地域が地理的、空間的にそして人々の価値観も非常に近い関係になっている。

東アジアでも、技術や資本、人や情報などの経営資源が企業活動を通して活発に行き来しており、それも従来の国単位から地域単位、あるいは都市単位へと変わりつつある。

筆者は、こうした動きを背景にして、東アジアで各国の都市同士が都市同盟のようなものを作り、都市と都市がいろいろなかたちで連携しあい相互に伸びていくことが地域の活性化のために非常に重要だと思う。

3 東アジアの都市同士の柔らかい関係構築で活性化

国同士となると、政治的な要因や互いの面子などが絡まって、往々にしてギクシャクした堅い関係になりがちである。都市と都市であれば、比較的柔軟にそれぞれが自分の得意技を生かしながら身近にやっていけよう。今後は、この柔らかい関係でネットワークを結んでいくことがますます大事になると思う。例えば今、福岡を中心にして働きかけている環渤海《かんぼっかい》経済都市連携というものがある。これは中国の大連や青島や韓国の都市などを含めた地域連携を目的にして始まっている。

現代は手こぎ船とか帆船の時代と違って、飛行機などの移動手段や通信手段が革命的に発展している。それゆえ、もっと広い地域（アジア全域）で連携する余地もあると思われる。

そうした連携を通じて、福岡や九州がそのネットワークの中で主導的な役割を担っていければ地域経済・産業の活性化、国際化を大いに促進すると確信している。これが筆者の言う「東アジア版ハンザ同盟」である。

5 活力生む地方分権のすすめ

前節では「ハンザ同盟」を引き合いに出して時代の流れは「国と国」の付き合いから「都市と都市」、あるいは「地域と地域」との付き合いに変わりつつあるという話をした。

ここでは都市と都市が主体的に自主的に付き合っていくためには、地方分権になることが必要だということをドイツ、イタリアの二つの事例を挙げて述べたい。

1　地方分権はお財布（財源）の仕組み改善から

ドイツに行かれた方はすぐに分かると思うが、日本の東京一極集中とは異なり、どこへ行っても地域間格差がほとんどない。ドイツのほとんどの都市は格差がなくそれぞれ独自性を持っている。人口でみても百万人を超えるのは、ベルリン、ハンブルク、ミュンヘンの三都市だけであとは数十万人の都市が全国に散在し、州都や中核都市となっている。各州には首相、閣僚がいて、立派なオペラハウスもあれば大学もあり、全てワンセット揃っている。ドイツというのは典型的な地方分権の国である。筆者は昔、ドイツ北端のシュレスヴィヒ・ホルシュタイン州にあるキール大学世界経済研究所に留学したことがある。その時驚いたのは、ドイツ連邦共和国の経済学関係中央図書館がこの研究所に併設されていたことである。日本の常識では当然、東京に置かれるはずである。このようなドイツの例にならい日本もこれからの時代は地方がもっと主体性を持ち自らが意思決定できるようにするべきである。そのためには、税制も変えなければならない。今の日本は「三割自治体」といって、国が七割、地方が三割という財源になっており、自治体は地方交付税を政府から支給され、政府のコントロール下におかれている。ドイツでは、全く逆である。ドイツでは税金はまず、州政府が徴収し、その内の三割を中央政府（連邦政府）に上納するかたちになっており、財布を持っているのは州である。つまり、「三割連邦政府」（外交、軍事、通貨などを司る）である。地域の長期ビジョンや戦略の意思決定は地方政府が行う。これは地方分権の前提といえる。それによって優秀な若い人材も故郷に残り地域活性化が促進されるようになる。

2　地方分権の国：ドイツとイタリア

ドイツの場合、上記のように州は独立している。その中で南部にあるバイエルン州（州都：ミュンヘン）を例に挙げると、産業面ではハイテク面、特にバイオテクノロジーではドイツのトップを走っており、ミュンヘン大学、ミュンヘン工科大学を中心にしてベンチャー企業を続々と輩出している。州政府が主導して、バイエルン州に即した資源配分や施策を推進しているわけである。それが今、地方産業の産業集積や活性化に貢献している。

イタリアは周知の通り九九％が中小企業の国で、しかも彼らは非常に企業家精神に富んでいる。「イタリアモデル」と呼ばれるような産業（例えばシルク、革製品など）が、いろいろな地方に存在し、高品質高ブランドとして世界で競争力を誇示している。中国の価格競争と一線を画して独特の強みを保っている。

中央集権制度というシステムは、ある意味で途上国型のシステムである。途上国が先進国に短期間にキャッチアップするために、限られた資源を無駄なく使い、中央政府の命令一下で一斉に動くのには適したシステムである。しかしキャッチアップした後は、地方分権に移行していくべきであろう。筆者は、日本は一九八〇年代の後半あたりから地方分権に切り替えるべきであったと思う。今、道州制や地方分権の議論が行われているが、日本も早く道州制を導入し、いろいろな政策を地方が展開できるようにすべきである。そして、何でも国に頼るのではなく、主体的に東アジアとの都市連携ができるように努力していくことが必要である。このことを次節では台湾と九州を例にとって説明したい。

6 台湾と九州：何が成長性に違いを生んだか

1 戦後逆転した台湾と九州のGDP

ここで台湾をとりあげる理由は、日本が将来、道州制に移行し、九州が一つの独立体（沖縄はのぞく）となった場合を想定すると、国際化という面では、台湾の発展戦略は多くの面で九州の参考になると思うからである。台湾経済は、戦後貿易立国を旗印にして製造業を強化し、輸出を中心に伸ばして急速な経済成長を遂げ繁栄してきた。その担い手である台湾企業は世界を相手にビジネスを行っている。九州を一つの地域国家と考えた場合、台湾と九州とは様々な類似点がある。例えば、台湾と九州は、面積がほぼ同じだ。台湾が三六、一八八平方キロメートル、九州（七県）が三八、九五六平方キロメートル、また国内総生産（GDP）もほとんど同じで、台湾が四、二〇〇億ドル、九州が三、九〇〇億ドルである。これは国でいえば、オーストラリア、オランダに次ぐレベルである。人口は台湾の方が多く、二、三〇〇万人、九州が一、三〇〇万人である。ほぼ同じ規模であるといっていい。ところが、輸出額の最新の数字を見ると、台湾の輸出額が二、七四六億米ドルに対して、九州は八五八億米ドルと台湾のわずか三〇％強に過ぎない。外資系企業の進出数に至っては台湾の約二万五千社に対して、九州はわずかに約一〇〇社に過ぎない。この違いは何か。筆者の見解では、結局この二つの「島国」が戦後、「国際化・グローバル化に本気で取り組んできたかどうかの差」であると言わざるを得ない。戦前、そしてさらにそれ以前は、九州の方が台湾よりはるかに国際性が高く、豊かであった。台湾は従来サトウキビ

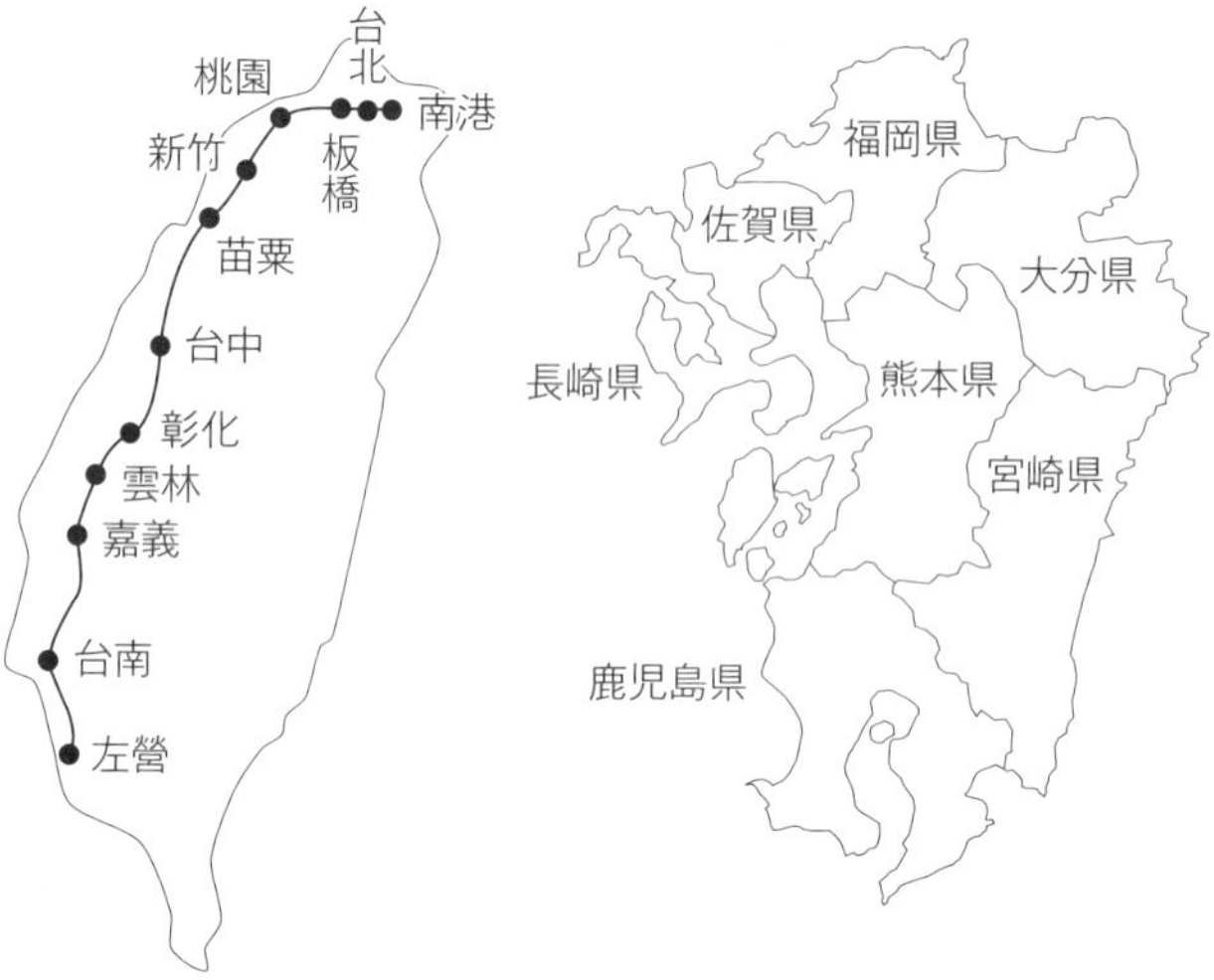

図 10－3 台湾と九州の比較

項　　目	台　　湾	九　　州（7 県合計）
面　積	36,188 km^2	38,956 km^2（日本の約 11.1%）
人　口	2,316 万人	1,326 万人（日本の約 10.3%）
GDP	4,288 億米ドル	3,942 億米ドル（2007 年度）
輸出額	2,746 億米ドル 電子部品、機械、化学製品 対九州：17.4 億米ドル	858.7 億米ドル 輸送機器、機械、化学製品 対台湾：49 億米ドル
輸入額	2,513 億米ドル	774 億米ドル
外資系企業数	24,753 社 日系：6,170 社	105 社（2010 年） 台湾系：12 社
貨物専用国際航空便	1 週間あたり 338 便（2009 年）	—
2 大主要産業生産額	液晶ディスプレイ：約 460 億米ドル 半導体：約 365 億米ドル	自動車：約 230 億米ドル IC：約 92.3 億米ドル

（出典）門司税関，九州経済産業局，台湾財政部統計處，台湾交通部統計處，台湾経済部投資審議委員会，台湾貿易センター

など農業・漁業を主体とした地域だった。しかし、戦後、台湾は地域国家として貿易立国を国是としてきた。九州との決定的な違いは自国市場の大きさである。狭隘な国内市場しかない台湾は世界に視野を拡げ、世界を相手に貿易で生きていくしか方法がなかったのである。台湾は製造業を重視し、モノづくりのノウハウを日本企業に学び、米国に多くの学生が留学し、近代的経営を学んだ。そして官民一体となって輸出産業の育成に取り組んできた。多くの中小企業よりなる台湾企業は低コストのOEM（相手先ブランドによる生産）に始まり、EMS（電子機器の受託製造サービス）やファウンドリーとよばれる半導体の受託生産と技術レベルを徐々に向上させ、今やIT、素材、半導体などで世界に冠たるハイテク産業の拠点を作り上げた。輸出産業は九〇年代後半以降は、IT、電子機器、液晶パネルなどのハイテク高付加価値製品へシフトした。現在、世界一のシェアを誇るのは、液晶モニター、チップ製造サービス、半導体実装、ノート型パソコン、マスクROMなど九品目に上る。グローバル企業はどこに拠点を置けば最適か、どこに投資をすれば収益が上がるかをあたかも人工衛星に乗って世界中を眺めて回っているようなものである。台湾はそのグローバル企業の目に留まった地域の一つなのである。自分の税金ではなく、海外の経営資源を惹きつけて多国籍企業の進出を促進してきた。台湾が飛躍を遂げたのは分業化が進み、ネットワークされたサプライチェーンの主要パーツになる道を選び、その機能を磨いてきたためだ。

一方、九州はこれまで国内にGDP世界第二位の広大な市場を持っていたため、極端に言えば、東京と関西圏を相手にすればよく、外に目を向ける必要が台湾ほどなかった。ここに台湾と九州では国際化・グローバル化の面で大きな違いがあるのである。九州は今、県や市が主導して九州を「アジアのゲートウェイ」として位置づけ、アジア・中国との接近を重要方針としているが、民間がそれに本気でついていっていないといわざるを得ない。九州がアジアの成長力を本気で取り込もうと思えば、更なる国際化が不可欠である。九州には自動車産業、半導体産業、機械産業、その他強力な製造業があり、豊かな農産物があり、温泉などの数多い観光資源もある、九州の潜在力はきわめて大きい。九州が台湾と同じやり方でいく必要はなく、九州の優位性を伸ばしそれに基づく成長戦略を進めればよい。そしてその推進力となるのが地方分権であろう。

2 台湾のビジネスモデル

台湾はいわゆる海外の有名ブランド企業から資材、あるいは生産を一手に引き受けて、それを相手先ブランドで生産して、納入することで発展してきた。その請負先企業を見ると、例えば、アメリカでいえば、アップル、デル、インテル、シスコシステムズとかヒューレットパッカード（HP）、ヨーロッパでは、ノキア、フィリップス、中国・日本・韓国企業でいえば富士通、東芝、ソニー、NEC、エプソン、レノボ（聯想）、サムスンなど、世界のトップブランド企業が台湾に生産を委託したり、部品・材料、半製品を調達したりしている。つまり、台湾の企業は海外企業と連携し、グローバル・サプライチェーンの主要な一角として発展してきたことが特徴である。初期のころは、OEMが中心であり、生産のみを引き受けていた。しかし、海外ブランド企業との共同作業の過程でノウハウを身に付け、様々な工程を受け持つことができるようなった。現在では、R&D、デザイン、パッケージング、物流、アフターサービスなどを世界のブランド企業から一括受注することによって、付加価値を高めてきた。最

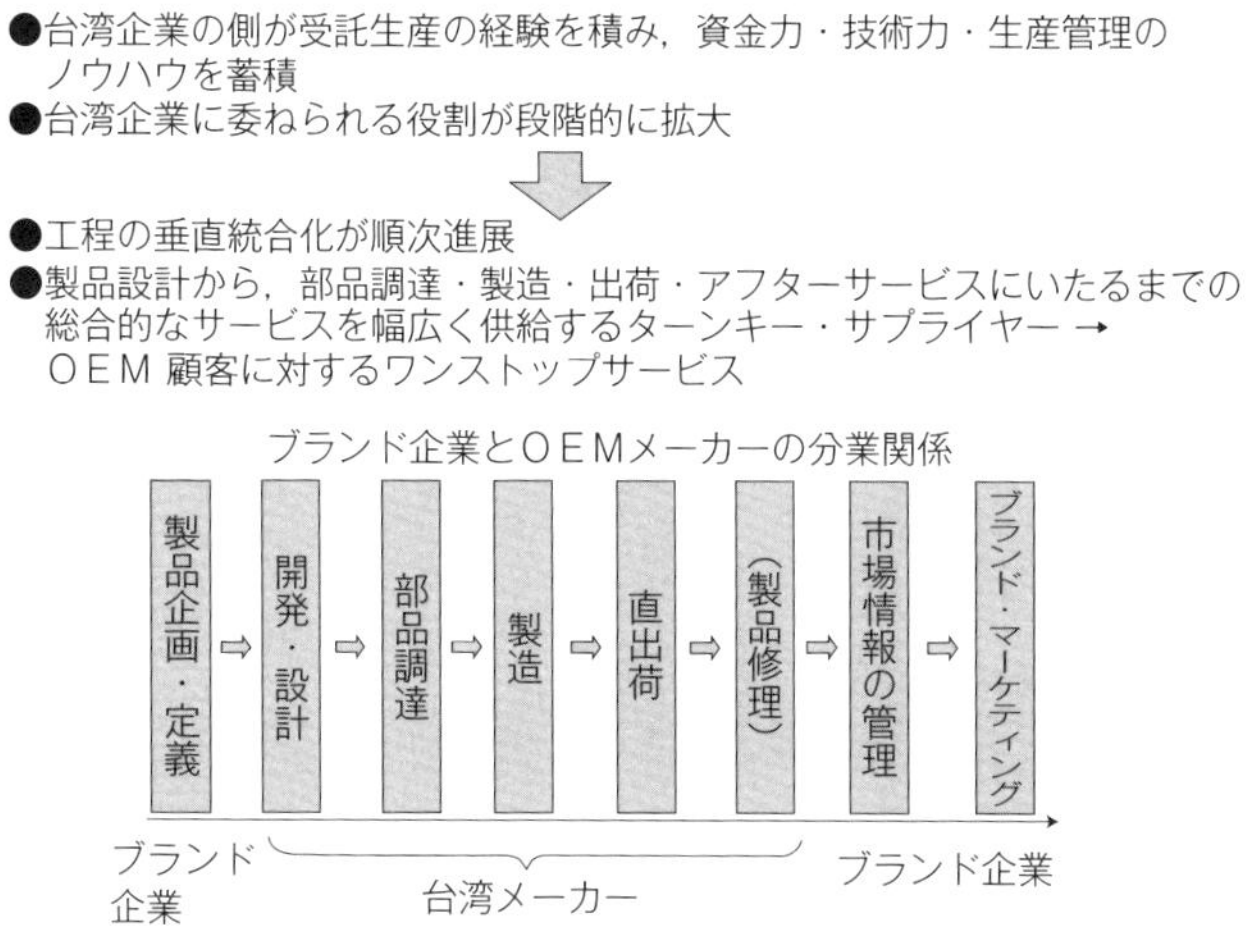
●台湾企業の側が受託生産の経験を積み，資金力・技術力・生産管理のノウハウを蓄積
●台湾企業に委ねられる役割が段階的に拡大
●工程の垂直統合化が順次進展
●製品設計から，部品調達・製造・出荷・アフターサービスにいたるまでの総合的なサービスを幅広く供給するターンキー・サプライヤー → ＯＥＭ 顧客に対するワンストップサービス
ブランド企業とＯＥＭメーカーの分業関係
製品企画・定義
開発・設計
部品調達
製造
直出荷
（製品修理）
市場情報の管理
ブランド・マーケティング
ブランド企業
台湾メーカー
ブランド企業

図 10－4　価値連鎖のなかの台湾企業

近の特徴としては、賃金コストの上昇に伴い、中国大陸に生産機能を積極的に移転し、台湾と中国大陸の間で、効率の良いサプライチェーンを構築して総コストの削減に努めている。また、台湾は賃金コストが高くなったことから、中国への直接投資によって、安いコストで生産を委託し、自身は研究開発やデザインなどを担当することによって付加価値を獲得することが、台湾の競争力の秘密である。政治的には中国と台湾は別の政治体制であり、地理的にも台湾海峡で遮断されているが、経済・産業面では今や極めて密接な関係になってきている。台湾政府当局は長い間、戦略物資であるハイテク分野の中国への技術流出を警戒し、厳しく制限していたが、近年ハイテク分野でも中国投資への厳しい規制から徐々に緩和しつつある。例えば、半導体、あるいは液晶分野などについても条件付きで緩和し、特に二〇〇〇年代になってハイテク投資も進み、現在台湾の直接投資全体の七割強が中国で占められている。この

ことは、お互いに重要な経済相手国ということを意味している。また、台湾の競争力の秘密は、中国への直接投資によって安いコストで生産を行っていることである。そして、他の研究開発やデザインといったものを台湾が担当して、付加価値を獲得している。また。日本企業にとっても、台湾は戦略的パートナーとして重要な相手先である。事実、日本と中国と台湾の中の域内貿易が、二〇〇〇年の一、八四九億ドルから二〇〇七年の四、六〇〇億ドルまで急増、その後も増加し、日中台間の関係が非常に高まってきている。最近では、台湾の企業は中国一極だけに依存することのリスクを避け、ベトナムやインドにも、パソコンのエイサーやEMS専門のフォックスコン、携帯電話機を大量生産する専門メーカーであるウィンテックなどが進出し始め、東南アジアでも存在感を高めている。例えば、東南アジアでは、台湾のシェアは、ベトナムで一位、カンボジアで二位、タイ、マレーシアで三位、フィリピンで四位と、トップ一〇の上位を占めている。東南アジア、ASEANの諸国の中でも、台湾企業というのは非常に存在感が高く、今後も注目しなければならない。台湾のもう一つの強味は、台湾企業の資金調達力である。台湾企業は今や、世界の半導体や液晶パネル生産などでも世界有数の地位にある。毎年のように巨額の設備投資が必要な産業であるにもかかわらず思い切った設備投資を行っている。この背景には、高い貯蓄率に裏打ちされた台湾の人々の投資市場への積極的投資がある。この累積が大きな資本市場を形成し、台湾企業はそこから巨額の資金を調達できるという事情がある。

7 グローバル時代における地域の未来

1 グローバリゼーションは地域・都市間競争を変える

これからの時代、私たちの仕事は何らかの形で世界とつながってくる。つまり、世界中につながった仕事の輪の一部を私たちが分担する形になってくる。その輪の中に参加できるためには私たちにどのような能力が必要となるのか、このことは地域の繁栄にもつながると言える。

都市や地域が今後繁栄していくためには、世界のヒト、モノ、カネがその都市や地域に入ってこなければならない。そのためにこれまでは政府がオリンピックや万博といった巨大なイベントを、住民の税金を使ってやってきた。しかし、このような手法は、時代遅れの感がある。現在、世界で繁栄している場所、例えば上海でもシンガポールでも、毎日世界中からたくさんの人や企業やおびただしい資金が流入している。なぜそうなるのかというと、企業から見れば、端的に言ってそこから利益を得ることができるからである。

結局、二十一世紀の都市や地域の繁栄は、政府や納税者の税金でもたらされるものではなく、世界中で有り余っている資金、そして人材を引き寄せ、外部の資源で自分の都市や地域を発展させるための競争に勝つこと、と言えるであろう。そして、そのためには世界中の投資家や企業をひきつける何かをもつことが必要である。すなわち、世界中から企業や投資、あるいは情報や人を呼び込むための様々な仕組み、あるいは強みを持った産業の確立、世界中の企業が欲しくなるような人材の供給といった魅力ある何かを整えることが求められる。そして、これまでに紹介してきた中国の都市、インドのバンガロール、シンガポールといった都市や国、地域というのはそういう面での多くの魅力を持つ場所である。

例えば、大連は前述したように豊富な日本語人口を活かしてコールセンターや事務業務の代行で先頭を走っている上に、観光面でも非常に好調である。ヨーロッパの事例では、アイルランドはかつて非常に貧しい農業国であった。しかし電話線さえ繋がっていれば世界に繋がる仕事ができるということが分かったことで、政府は子供から老人までの全ての国民にコンピュータの技術を身につけることを奨励した。その結果、今では世界中の企業が本社のバックオフィス機能（事務機能）の代行サービスを求めてやってくる国になっている。

2　日本の都市や地域が世界と競争するための条件

このような状況が進む中で、日本の都市や地域が世界をひきつけるために必要な要素を考えてみたい。日本の各地域は一体化（例えば道州制）すれば、上に挙げた国や都市よりも遥かに大きな潜在力を持っており、世界と競争するための潜在的条件は揃っている。ここでは繁栄する地域の条件を列記することにしたい。

(1)　国際空港、そして国際貿易を支えられる大規模かつ効率的機能をそなえた港湾施設、さらに良好な域内交通インフラ、快適な生活環境、優秀な人材。

(2)　高度に訓練された働き手である卒業生を送り出すことができる大学および研究施設。外国企業をひきつける技術力・ノウハウ・人材の存在。

(3) 外国人をいつでも快く受け入れる風土や寛容性

世界と共存し迎え入れる国際性を持ち、外国人やその家族が快適に居住するための生活や教育などのインフラを備えていること。

(4) 何らかの世界水準の優位性

つまり尖った(突出した)特徴を身につけること。直接投資の進出先を検討する世界の企業は、世界のどこに拠点を持つかを常に調査し、有力候補地が記載されたリストを持っている。そのリストの上位にランクしてもらえるだけの特徴や優位性(尖った部分)を持つことが求められる。その企画と実行に当たっては官・産・学が一体になり、様々なアイディアや専門知識を駆使して世界にアピールするものを明確化する必要がある。地域に有名人がいれば、その人をうまく使う。例えばデル・コンピュータ社の創立者マイケル・デルの出現によりテキサスの片田舎であったオースティンは一躍世界的に有名な都市に変身し、繁栄している。

(5) 地域ブランド

日本の地域を世界中の人々に知ってもらうことである。日本の地域や都市はまだ世界的には知られていない。その地域が成功を収めるためには、効果的なマーケティング戦略による地域ブランドの構築が必要である。その実行には優れた「マーケティング・マネージャー」の存在が不可欠である。アメリカでは州知事であったり、中国の場合では市長であったりする。彼らの役割は、自分の地域が持つ明確な特徴や優位性を世界に発信し、売り込むことである。

⑹　道州制

日本の地域・都市はそれぞれの大きな潜在能力を持っている。今後、世界やアジアの都市／地域との競争に勝ち残るには県単位にバラバラに動くのではなく、一つの地域単位として一体となる（道州制の導入）こと。そして、更なる成長のために常に自分の身体検査（自己の優位性診断）をきちんと行い、世界的にみてどこが優れているのか、どこを伸ばすべきかを明らかにし、そこを重点的に伸ばしていくというビジョンと戦略が重要となる。

⑺　一点突破の強み

世界から見て並みの強みしかない、特に目立った特徴やうまみもない、ではいくら頭を下げても、売り込んでも誰も来てくれないし、投資もしてくれないであろう。例をひとつ上げよう。長崎県の雲仙は、アジア有数のリゾート地であった。大正のはじめ長崎県は、多くの外国人が居留していた上海の英字新聞に雲仙の広告を行った。その結果、開通した長崎—上海航路（定期連絡船）で多数の欧米人が家族連れで来訪し、滞在した。以降、雲仙は温泉と避暑地を兼ねたアジア有数のリゾート地として繁栄した。現在でいえば九州には世界最先端の医療技術や外科手術能力のある病院や大学が多くある。これをうまく発信すればアジア・中国の高所得者層を呼び込むことができよう。そんな強みを持つことが都市の繁栄に繋がるのである。今、世界中の都市や地域は世界のマネーや技術やヒトを獲得するため、激しい競争を繰り広げている。アジアの都市や地域も例外ではない。日本の地域や都市もその競争に打ち勝たなければ繁栄を望むことはできない。

8 日本からアジアへ、アジアから日本へ

今、中国を中心としてアジアが非常に大きく経済成長をしている。日本からアジアや中国へ乗り込むのか、アジアや中国が日本に来るのか、これは大きなポイントとなる。これは製造業だけでなく、巡り巡ってサービス業、非製造業にもアジアの活力を取り込んでいけるということなのである。そのチャンスは国外へ出る方と国外から入る方の両方がある。

1 出るケース（アウトバウンド）

最近では日本の非製造業の企業も積極的にアジアや中国へ出て行ってビジネスチャンスを掴もうとしている例も多い。例えば、電力会社が中国に風力発電を設立したり、鉄道会社が中国で航空物流や韓国との間で高速船を経営したりしている。北九州市が蓄積した環境技術を活用して環境ビジネスで大連市と提携した。このように、非製造業、サービス業でも積極的にアジア・中国でビジネスチャンスを拡大しようとする動きがある。この流れを加速すべきである。

また、非製造業の場合、製造業が国外へ出ていくと、それに関連する非製造業のサポートサービスや関連するビジネスがいろいろと生まれてくる。例えば、コンサルティングやソフトウェアサポート、あるいは銀行で言えば、中国などに進出する企業に対する審査、融資、決済などがある。他にも、保険サービス、運輸サービス等々、製造業の中国進出に際して、いろいろなサービス産業が関連してくるわ

けであり、これによって中国へ進出する需要が増えてくることになる。

2 入るケース（インバウンド）

もう一つは、入る方である。一番わかりやすいものには観光や医療ツーリズム、国際会議やイベント開催などがある。[2] 今は日本に来るアジアの人々といえば、韓国と台湾からの観光客が大部分を占めているが、これからは中国人観光客の増加が予想される。中国の観光客をもっと増やすためには地名度を上げなければならないし、いろいろな受入れのための仕組みを用意しなければならない。観光客が増加すれば、ホテルや地場の観光関連ビジネス、おみやげ品、食品業、運輸、電車、バス、タクシー、宅配便等が増えるし、銀行も両替や融資など、広範囲にビジネスチャンスが関連してくる。これらを積極的に取り込みうるかどうか、それができれば、日本の地場企業もアジア、中国の需要をもっと取り込み、繁栄することができよう。

9 グローバル時代に必要なスキル

前述したように、グローバリゼーション3・0時代の現在、私たちが毎日行っている仕事のうち、定型化した仕事、マニュアル化・デジタル化が可能な仕事は、もっとコストの安い国や地域の人々に持っていかれることになる。したがって、今後私たちが意識してやらなければならないことは、何らかの専門能力やスキルを身につけることである。より高度の仕事、ほかの人ではできない特殊な仕事、独創的な仕事などができるようにならなければならない。

1　アウトソーシングされにくい能力とは

アウトソーシングされにくい仕事や能力にはいくつかの特徴がある。まず、他の人が容易にまねできない仕事、あるいは極めて特化した仕事や能力を持つ人である。

第二に、地元にしっかりと密着している仕事。地元に関する知識や顧客、患者や同僚等、直接個人的に長期に亘って築き上げた交流や結びつきを必要とする仕事、これも簡単にはアウトソーシングされないスキルであろう。

第三に、これから特に有望であると思われるのが、「新しいミドルクラス」と呼ばれる人々である。これは、

①　共同作業者・まとめ役

共同作業者というのは、いわゆるまとめ役である。企業のグローバル戦略によって企業の様々な仕事が世界の各地に立地するようになった。このような場合、国境を越えた水平的な共同作業を上手に調整して束ねる力が必要となる。例えば、異なった人種や様々な文化を持つ人材をまとめ、調整し、管理する能力を持つ人が重要になる。

②　ローカル市場向けの調整者

企業のサービスをローカル市場向けに咀嚼し、微調整する力を持つ人。すなわち、多国籍企業の持つ製品やサービスを地元のニーズに合わせて仕様やコンテンツを現地化できるスキルである。

③ 合成役（シンセサイザー）

異種のものを結びつけることで価値を生む能力（すなわち、イノベーション能力）を持つ人。例えばデル・コンピュータのように、世界中の企業をパートナーにしてパーツを組み合わせて完成品をつくり、それに自社のブランドをつけ、他社よりも格段に速く消費者に製品を届けるというビジネスモデルが該当しよう。デルの付加価値というのは、このように世界中の経営資源を組み合わせる能力をもった人たちがたくさんいることにあると思われる。

2 今後は人材の価値が変わる。教育も変わらなければならない

このような時代の中では必要とされる人材の価値も変わっていく。日本も教育から変わっていく必要があると思われる。

(1) 今までのように知能指数（IQ）が高い子供が優秀であるという評価だけではなく、好奇心指数（CQ）や情熱指数（PQ）の高い子供がもっと評価を受けるようにする。

(2) 人とうまくやる能力（コーディネーション）

人が好きだとか、人をまとめたり交流したりすることが好きで上手な子供などの才能を大事に伸ばしてやること（リーダーシップ）。

(3) 新しいことを考え出せる人

(4) 柔軟な感性を持った人

例えば楽器やコーラスなどの音楽活動、チームスポーツをやる学生なども有望であろう。

(5) 海外に興味を持ち、積極的に外国人と交流できる人。日本を紹介でき、英語や外国語が巧みな人。

このような能力をもっと伸ばしていくには、従来の教育方法や評価方法を変えていく必要がある。昔流に言えば、「読み、書き、ソロバン(計算)、記憶力」だけに優れた子供だけではなく、上記のような資質をもった子供の個性や能力を伸ばす教育が求められている。

また、高等教育も変えていく必要がある。理論だけでなく、実践を重んじる教育、即ち、ビジネススクールが行っている実践的な、プロフェッショナルな教育もますます重要になる。海外で活躍する欧米やアジアのグローバル企業の上級ビジネスマンの多くがMBA資格保持者でもある。また、海外のビジネススクールや大学に留学している学生も有望である。一つの国の実情に詳しく言語を縦横に駆使でき、かつ在学中に培った豊富な人脈を持つからである。また、外国語ができる、すなわち外国や外国人に興味を持つ人、外国人を違和感なく迎え入れることができるということも必要であろう。そのためには、幼いうちから、国際的な環境、できれば海外での生活経験や留学などの機会を与えることもいいであろう。同時に、国内においても国際的イベントや在日外国人や留学生との交流、などいろいろな機会を子供の時から提供して、外国や外国人との壁をなくしていくことも肝要である。

3 プロジェクト・マネジメント能力

企業における国際的な諸問題に対する問題解決力を高めるには、広い視野から問題の全体像を把握し、優先順位を決定するとともに、どこまでやるのかのゴールの設定を行うことが必要である。社内の多くの人々の衆知を集めてブレーンストーミングを行い、その中から重要なものを抽出して束ねる、優先順位をつけて資源の選択と集中を行う。何を、いつまでに、どこまで達成するかを明らかにする。その上で、それを実行するための行動計画を策定する。いわば、プロジェクト・マネジメント能力と言ってもよい。プロジェクト・マネジメント能力とは、取り組む課題の目標とスコープ（活動範囲・焦点）に関する計画を立て、リソース（ヒト・モノ・カネといった資源）の範囲で、定められた期限内で活動が終わるよう時間管理をしながら、チームで個別の作業（タスク）を実践して具体的な成果を生み出す能力である。多くの場合、短期日の中で、普段は異なる部署で働くメンバーたちの力を引き出して、問題解決を行う力であり、これを推進するリーダーをプロジェクト・リーダーという。プロジェクト・マネジメントでは、スコープ（領域）、時間、成果物、コストの四つを管理する。グローバルに展開した多国籍企業の場合、こうしたプロジェクトはメンバーも多国籍となる場合が多く、やり方はより複雑になる。ひとつの企業の中で、世界的な広がりを持つオペレーションや課題解決を全世界でいっせいにやろうとする場合などがその典型である。筆者も経験があるが、アメリカ、ドイツ、フランス、中国、日本、インド人のメンバーからなる多国籍チームを一つの目標のもとに、一定の期間内どこか特定の場所に集め、能力を発揮させ、問題解決というゴールに達するまで引っ張っていくには、かなりのプロジェクト・マネジメント能力を必要とする。言語は多くの場合、英語を共通語とし、リーダーには互いの価値観や文化の違いを理解し、モラールを維持していく努力とともに、問題解決能力、リーダーシップ、調整能力、管理能力が必要である。グローバリゼーション3・0時代に必要なスキルはこのように、多国籍の人々に対して高いモラールを維持しつつ、最大限に能力を発揮させる能力である。

10 人材の育成と供給：教育もグローバル競争になる

1 「読み・書き・計算・記憶力」の四点セットだけでは不十分

アジアや中国でビジネスのプロとして事業を推進していくのは、まさに「人」である。しかし、日本にはそれを推進するような優れた専門知識やスキルを持った人材が絶対数において不足している。あるいはそのような教育は企業に任せ、教育機関はひたすら、読むこと、書くこと、計算すること、記憶することの四つを教えてきた。想像力や個性、調整能力やリーダーシップといった教育は戦後は、ほとんどやってこなかったというのが実情である。グローバリゼーション3・0時代は教育も世界的競争の中にある。世界、中国あるいはアジアと競争していくにあたり必要となるビジネスに関する教育や、国内外の大学や研究機関、そして企業と連携して行うビジネスに関する研究、あるいは教育や研究に必要なビジネスに関するいろいろな教育の教材や研究成果や情報データの蓄積なども不十分である。日本にとり今後必要なことは、それぞれの地域にビジネスに関する、教育の場、研究の場、情報の場という三つの場を作っていくことである。そして、地域の企業や自治体、研究機関や大学の人たちがこれを活用していくことで、ビジネス教育を充実させていく必要がある。これは産学連携の中でのマネジメント教育を行うこととも言える。マーケティングや人事管理、経営戦略などのマネジメントができる人材、しかもアジアや世界で活躍できる人材を育てることが急務である。

こういったプロジェクトは一大学だけでは、できることに限界がある。したがって、地域一円の有力

写真10－4　松下村塾の講義室（山口県萩市）

大学が連携して束になる。また、海外の大学のビジネススクールとも連携を進めて、国際的な知の結集をする。自治体、あるいは企業の人々も輪の中に入って、ある時は先生になり、ある時は生徒になる。そうして互いに切磋琢磨しあいながら、国際ビジネスに必要なプロフェッショナルな知識とスキルを身に付けていくことが必要である。それで初めて世界と競争しうる人材を育てることができるだろう。

2　国際ビジネスの松下村塾

幕末、長州（山口県萩市）に、吉田松陰の松下村塾という小さな塾があった。ここでは身分を問わずに多彩な若者たちが集まり、ある時は地球儀をもとに世界の情勢を、ある時はナポレオンやワシントンを論じ、互いにディスカッションをした。こうした切磋琢磨を通して問題意識を高め、塾生それぞれの個性を伸ばし、この塾から多くの明治の元勲が輩出した。

日本には戦前、「富国強兵」を担う高級官僚養成を主目的とした帝国大学とは別に、「殖産興業」を担うビジネスでの幹部候補生養成機関として官立の専門学校、経営面では「高等商業学校」が設立された。東京高商（現、一橋大学）を皮切りに神戸、山口、長崎、小樽、横浜など日本の主要都市に生まれ、産業発展の原動力となった。今で言うビジネススクールである。戦後、アメリカに倣って高等ビジネス人材養成の必要性が叫ばれ、ビジネススクールやロースクールが生まれた。日本は国際化・グローバル化で世界の先進国に周回遅れになっており、こうした人材を特定の大学だけに求めていても世界の主要国にはとても追いつけない。これからは産官学の人材が連携し、自分の職業経験・知識・スキル、ノウハウを出し合い、学んでいく場（プラットホーム）を積極的につくっていくことが求められる。すなわち、吉田松陰の言葉でいえば、皆がこぞって国家建設に参加する草莽《そうもう》崛起《くっき》である。すなわち、「草莽《そうもう》」は『孟子』においては草木の間に潜む隠者を指し、転じて一般大衆を指す。「崛起《くっき》」は一斉に立ち上がることを指す。〝在野の人よ、変革に立ち上がれ〟の意である。すなわち、グローバリゼーション3・0時代の松下村塾である。日本人が外国語を駆使して、海外の人々と連携でき、マーケティングの話も互いに通じる、こういう人材をたくさん輩出するために地域が協力していく場をもっとつくっていく努力が必要である。

11 内なる国際化

日本企業が今後さらなるグローバル化を推進するためには、海外に出ていくことだけでは不十分である。海外での事業が拡大すればするほど、海外の人々とのコミュニケーションや共同作業が必要になってくる。日本企業が今後、最重要事項として考えなければならないことは、日本本社の国際化である。これを「内なる国際化」という。

まず、言葉の問題がある。欧米企業の場合、多くの社員は英語を話し、それを社内外で共通言語としている。第二外国語も複数話せる社員が多く、英語を通じて世界中の従業員とコミュニケーションができる。しかし、日本企業の場合、日本の本社では日本語が共通言語である。経営トップから、中間層、従業員までがそうである。そして日本人の思考方式で仕事をしている。日本の経営者は海外の子会社幹部に日本語のファックスを送りつけたりする。それを受け取った現地人秘書や社員は理解できず、疎外感に陥る。グローバル化が進むと海外の外国人経営幹部や従業員との日常的な意思疎通や意思決定の場が増加するのだが、日本の本社が最大のガン（障害）になるのである。思考方式も日本的思考と外国人の思考形態は異なる。それをすべて日本方式で押し通そうとすると軋轢が生じる。また、日本本社の役員の中に外国人が極端に少なく、会議は日本語で行われ、外国人役員は孤立感を味わう。日本企業の現在の最大の問題は、世界本社である日本本社の国際化・グローバル化である。世界的・国際的感覚を持った社員を増やし、経営の仕組みも極力グローバル化していく、「内なる国際化」を急がなければならない。これを実現しようとすれば、日本人一人ひとり、そして日本の地域・都市がもっと国際化していかなければならない。日産自動車はすでに社内公用語を英語にしているし、楽天も二〇一一年から英語に切り替えることを発表した。今後、こうした動きが日本企業の間にも拡がっていくと予想される。もちろん、日本全体の内なる国際化も重要であることはいうまでもない。

12 日本企業の国際化と今後の人材

1 今や業種を問わず海外市場に活路

二〇一〇年版通商白書によれば、二〇二〇年のアジアの消費市場が一六兆ドルとなり、アメリカ、欧州連合市場を上回り、世界最大になる見通しである。日本国内市場の縮小が確実視され、今まで国内市場でしか商売をしてこなかった産業も海外市場に成長の活路を求めようとしている。こうした時代、企業はどういう人材が必要なのか。もちろん、海外市場でも活躍できる人材である。まず、肉体的・精神的にタフであること、外国語でビジネスができるコミュニケーション能力、異文化理解力、積極的に現地に溶け込んでいく意欲がある、グローバルな環境でマネジメントができる、あるいはイノベーションの力がある、こういうスキルがこれから求められよう。欧米の企業は、もともとグローバル化が進んでいるが今や、韓国や台湾の企業も、猛烈なスピードで国際化、多国籍化を進めている。例えば、韓国では英語は小学校の三年生から必修であり、中学・高校レベルでも英語に注力する教育が始まっている。有力な企業でいえば、LG電子は二〇〇八年に英語を社内共通語にし、会議もEメールも英語にした。その結果ここ数年で外国人の入社希望者が二～三倍に増えた。サムスン電子は本社勤務の外国人の数を現在の八〇〇人から二〇二〇年までには二、〇〇〇人に増やす。サムスン電子には前述のように「地域専門家育成制度」というのがあり、若手の社員を世界各国に一年間派遣して研修させる。会社の仕事は一切させず、現地の習慣・文化を徹底的に習得させる。この人たちが戦力になって新興国やアフリカ諸

表 10－3 企業の今後の人材獲得計画（2010 年発表）事例

三菱重工	海外のグループ会社の社員数を今後 5 年間で，約 4,000 人増やし，2014 年には 15,000 人体制とする。一方，国内での新規採用は厳選主義とし，10～14 年度平均で 2,000 人と現在の 6 割程度に抑える。
ダイキン工業	中国でのエアコン開発者を今年 40 人から 200 人に増やす。
パナソニック	来春までにグループ全体で前年度比 5 割増の 1,100 人の外国人を採用する。
東洋エンジニアリング	インドで正社員の技術者など約 170 人を採用。グループ全体では 11 年までに採用する人員の 85%が外国人になる。
ユニクロ（ファーストリテイリング）	来年新卒で採用する約 600 人の半数を外国人にする。その後は毎年，倍増ペースで採用する。数年後の国内外の店長候補と位置付け，大半はまず地元の店舗に配属する。日本人採用者は全員海外経験させる。
楽　天	国内では積極的に日本への留学生を採用。2010 年では 398 人中 17 人，2011 年では 500 人中 70 人が留学生。新規採用者（日本人）の場合，入社 3 年目程度で TOEIC 600 点以上，管理職級で 700 点，執行役員級で 750 点以上が求められる。

国で活躍して市場を開拓しており日本よりもかなり先行している。日本企業も今や生き残りをかけて国際化にやっきとなっている。日本人社員のグローバル化が一番必要であるが、それで足りなければ、外国人社員の獲得と活用に行き着かざるを得ない。日本はリーマンショック以来、再び就職氷河期を迎えている。しかも、国際化という点で就職市場がこれまでと大きく変わった。今後、学生自身も、どの業種の企業も海外志向が強まっていることを認識し、これに対応したスキルや知識を身に付けておく必要がある。

これまで国内市場中心でやってきたいわゆる内需型産業までもが業種を問わず、生き残りのために積極的に海外に出るようになってきた。それに伴い、海外で活躍する人材の確保が企業にとって最大の懸案となってきた。今後、就職活動においてはライバルは国内の同世代のみならず、世界中の同世代にまで広がりつつあることを認識しなければならない。労働市場の国際化は今後、好むと好まざるとにかかわらず、日本にとっても避けることのできない流れとなってきている。企業も建前ではなく、今は本気で海外の人材の獲得に乗り出している。各社はビジネスチャンスを海外市場に求め対応を急いでいる。縮小していく国内市場、一億二、〇〇〇万人を相手にするよりも、むしろ二〇億人を相手にした方が、ビジネスチャンスが大きく広がるという判断である。

2　グローバルビジネス人材に求められる能力とスキル

日本企業は自動車、電気機械、精密機械のような従来から海外に力を入れている産業はもとより、前述のようにこれまで国内市場中心でやってきたいわゆる内需型産業でもここ数年、生き残りのチャンスを海外に求めようとしている。こうした企業が期待する人材の能力とスキルは以下のいくつかにまとめることができる。

(1)　タフネス（Toughness）

今の時代は変化の激しい時代である。そこでは時代の変化を敏感に察知して、すばやく対応する能力が必要である。その上で、変化を恐れない、むしろチャンスととらえ果敢にチャレンジし、大きな困難にもひるまない精神的・肉体的タフさが求められる。それには相手を受け入れるスキル、リーダーシップ、調整能力、忍耐力等も含まれる。

(2) 異文化適応能力

これからの人材は国内だけでは務まらず世界の舞台で活躍する、あるいは国内にいても海外の人々と国境を越えて仕事をしなければならない。そこで大事なことは、グローバルな舞台では「違い」が前提、「違いがあって当たり前」という意識を持たなければならない。自国の常識が海外では非常識となることもあることを理解していること。

(3) 経営に関する知識

経営戦略、国際経営、財務会計、マーケティング、貿易論などの実践的知識とそれを用いて経営や企業を分析するスキル、マネジメント能力(例えば、海外子会社の経営に従事する)を身につける必要がある。

(4) コミュニケーション能力

今や英語は世界の共通語となっている。英語という道具がなければ、世界の情報を十分に収拾できないし、意志疎通ができない。しかしながら、英語はあくまでも「道具」にすぎない。英語ができても中身がなければコミュニケーションはできない。海外の顧客や取引先、さらには提携企業との人間同士の共感、尊敬がなければビジネスは前に進まない。取引先との交渉もできなければならない。言語も、今後は英語のみならず、中国語など複数の言葉をこなしたい。

(5) 国際性

これが最も重要であるが国際人であることである。国際人となるには、語学だけでは不十分である。中身のない人間は言葉ができても海外では相手にされない。例えば、自分が自分の国のことを正確に伝えられる能力、相手の国の文化や価値観を理解し、尊重すること、共通の「言葉」（趣味、音楽、絵画、スポーツ等々）を持つことである。すなわち、言語ではなく、現地人と一緒に行動ができる手段を持つこと、など例をあげれば枚挙にいとまがない。以上のような能力とスキルはビジネスの実践の中で見つけていくものであるが、しかし、できるだけ早くそれを認識して時間をかけて蓄積していくべきものといえる。

［注］

（1）ハンザ同盟：「ハンザ」は現代ドイツ語では「ハンゼ」（Hanse）と呼ばれる。古高ドイツ語「ハンザ」は「団体」を意味し、もともと都市の間を交易してまわる商人の組合的団体のことを指した。ハンザ同盟の中核を占める北ドイツの都市は神聖ローマ帝国の中で皇帝に直接忠誠を誓う帝国都市であり、相互に独立性と平等性を保つ緩やかな同盟だったが、経済的連合にとどまらず、時には政治的・軍事的連合として機能した。しかし同盟の中央機構は存在せず、同盟の決定に拘束力も弱かったので、政策においてはそれぞれの都市の利害が優先された。リューベック、ハンブルク、ブレーメンなどかつてのハンザ同盟の中心都市は「自由ハンザ都市」を称して中世以来の都市の自由をうたっており、二一世紀の現在もなおハンザ同盟の遺風を残している。

（2）たとえば、医療ツーリズムと観光の結合、滞在型学習ツアー（日本ならではの農業体験ツアー、茶道・剣道・柔道・弓道等武道体験など）あるいは温泉と避暑セット型滞在プログラム（戦前の長崎県雲仙、軽井沢）などのプログラムを企画する。もちろん、医療と観光をむりに結合させる必要はなく純粋に医療、観光をそれぞれに推進するやり方もある。

参考文献

Bartlett. C. A. and S. Ghoshal［1989］, *Managing Across Borders : The Transnational Solution*, Harvard Business School Press.（吉原英樹監訳［一九九〇］、『地球市場時代の企業戦略：トランスナショナル・マネジメントの構築』日本経済新聞社）

Bartlett. C. A. and S. Ghoshal［1995］, *Transnational Management*, McGraw-Hill.（梅津祐良訳［一九九八］、『ＭＢＡのグローバル経営』日本能率協会マネジメントセンター）

Chandller, A. D., Jr.［1962］, *Strategy and Structure*, MIT Press.（三菱経済研究所訳［一九六七］、『経営戦略と組織』実業之日本社）

Doz, Y. L. and G. Hamel［1998］, *Alliance Advantage*, Harvard Business School Press（志田勤一・柳孝一監訳、和田正春訳［二〇〇一］、『競争優位のアライアンス戦略』ダイヤモンド社）

Dunning, J. H.［1981］, *Explaining the international direct investment position of countries : towards a dynamic or developmental approach*, Weltwirtschaftliches Archiv, 117（1）.

Dunning, J. H.［1981］, *Multinational enterprises and Growth of Services : some conceptual and theoretical issues*, The Service Industries Journal, 9（1）.

Friedman, T. L.［2006］, *The World is Flat, The Globalized World in the Twenty-First Century*, Penguin

Hamel, G., Y. L. Doz and C. K. Prahalad［1989］, *Collaborate with your competitors and win*, Harvard Business Review, January-February.

Heenan, D. and H. Perlmutter,［1979］, *Multinational organization development*, Addison-Wesley Pub. Co.

Hofstede, G.［1991］, *Cultures Organizations : Software of the Mind*, McGraw-Hill.（岩井紀子・岩井八郎訳［一九九五］、『多文化世界』有斐閣）

Hymer, S. [1960], *The International Operarions of National Firms : A Study of Direct Foreign Investment*, doctoral dissertation, MIT Press, pub. in 1976). 宮崎義一編訳［一九七八］、『多国籍企業』岩波書店）

Kim, W. and R. Mauborgne, R. [2005], *Blue Ocean Strategy : How to Create Uncontested Market Space and Make the Competition Irrevant*, Harvard Business School Press.（有賀裕子訳［二〇〇七］、『ブルー・オーシャン戦略』ランダムハウス講談社）

Kotler, P. [1999], *Kotler On Marketing*, The Free Press.（木村達也訳［一九九九］、『コトラーの戦略的マーケティング』ダイヤモンド社）

Nagaike, K., [2007] *The Global Electronics Industry Landscape and What's Next*, MIDA, National Seminar on Global Linkages and opportunities in the Electronics Industry, KL, Malaysia.

Nagaike, K. [2010], *Rising Global Horizontal Integration Business Processes Network Systems in Electronics Industry and Reorganization Strategies of Japanese Electronics Companies-Searching for the Crossroads of Vertical Integration Systems and Global Horizontal Integration Network Systems-*, Journal of Strategic Management Studies, International Academy of Strategic Management.

Ohmae, K. [2007], *The Next Global Stage : Challenges and Opportunities in Our Borderless World*, Wharton School Publishing.（吉良直人訳［二〇〇六］、『新経済原論—世界経済は新しい舞台へ』東洋経済社）

Penrose, E. T. [1959], *The Theory of the Growth of the Firm*, Basil Blackwell.（末松玄六訳［一九六二］、『会社成長の理論』ダイヤモンド社）

Perlmutter, H. V. [1969], *The tortuous evolution of the multinational corporation*, Columbia Journal of World Business, January-February.

Porter, M. E. [1986], *Competition in Global Industries*, Harvard Business School Press.（土岐坤・中辻万治訳［一九八九］、『グローバル企業の競争戦略』ダイヤモンド社）

Roach, S. [2010], *The Next Asia, Opportunities and Challenges for a New Globalization*, Willey.

Yoshino, M. Y. [1995], *Strategic Alliances*, Harvard Business School Press.
Vernon, R. [1966], *International investment and international trade in the product cycle*, Quarterly Journal of Economics.
Vernon, R. [1979], *The product cycle hypothesis in a new international environment*, Oxford Bulletin of Economics and Statistics.
安部義彦・井上重輔〔二〇〇九〕、『日本のブルー・オーシャン戦略』ファーストプレス
赤松要〔一九五六〕、「わが国産業発展の雁行形態─機械器具工業について」、『一橋論叢』第三六巻第五号
安忠栄〔二〇〇〇〕、『現代東アジア経済論』岩波書店
天野倫文・大木博巳〔二〇〇七〕、『中国企業の国際化戦略』ジェトロ
浅海信行編著〔二〇一〇〕、『世界不況を乗り越える韓国・台湾・中国企業』勁草書房
朝元照雄〔二〇〇三〕、『現在台湾経済分析』勁草書房
スザンヌ・バーガー（楡井浩一訳）〔二〇〇六〕、『グローバル企業の成功戦略』草思社
リチャード・A・ダベニー（東方雅美訳）〔二〇一一〕、『脱「コモディティ化」の競争戦略』中央経済社
藤本隆宏・武石彰・青島矢一〔二〇〇一〕、『ビジネス・アーキテクチャ』有斐閣
藤本隆宏・東京大学二一世紀ＣＯＥものづくり経営研究センター〔二〇〇七〕、『ものづくり経営学─製造業を超える生産思想』光文社
藤本隆宏・新宅純二郎〔二〇〇五〕、『中国製造業のアーキテクチャ分析』東洋経済新報社
トーマス・フリードマン（伏見威蕃訳）〔二〇〇六〕、『フラット化する世界（上）、（下）』日本経済新聞出版社
後藤康浩〔二〇一〇〕、『アジア力』日本経済新聞出版社
カジ・グリジニック他（ブーズ＆カンパニー訳）〔二〇〇九〕『グローバル製造業の未来』日本経済新聞出版社
長谷川総哲〔二〇一一〕、『ＡＰＥＣの市場統合』中央大学出版部
林正樹編著〔二〇一一〕『現代日本企業の競争力』ミネルヴァ書房
林昇一・高橋宏幸〔二〇一一〕、『現代経営戦略の展開』中央大学出版部

平田潤・平塚宏和・重並朋生［二〇〇三］、東洋経済新報社
石倉洋子［二〇〇九］、『戦略シフト』東洋経済新報社
泉谷渉［二〇〇七］、『日の丸半導体は死なず』光文社
経済産業省［二〇〇七］、『グローバル経済戦略―東アジア経済統合と日本の選択』ぎょうせい
経済産業省［二〇〇九］、［二〇一〇］、［二〇一一］、『通商白書』
木村福成他［二〇〇二］、『東アジア国際分業と中国』ジェトロ（日本貿易振興会）
北側史和・海津政信［二〇〇九］、『脱ガラパゴス戦略』東洋経済新報社
P・R・クルーグマン（高中公男訳）［二〇〇三］、『経済発展と産業立地の理論』文眞堂
小林秀夫［二〇〇〇］、『日本企業のアジア展開』日本経済評論社
小池洋一・川上桃子［二〇〇三］『産業リンケージと中小企業』アジア経済研究所、IDE-JETRO
小島清［二〇〇四］、『雁行型経済発展論』文眞堂
許斐義信［二〇一〇］、『競争力強化の戦略』PHP研究所
C・クリステンセン（伊豆原弓訳）［二〇〇〇］、『イノベーションのジレンマ』翔泳社
C・クリステンセン・M・レイナー（玉田俊平太・櫻井祐子訳）［二〇〇三］、『イノベーションの解』翔泳社
国吉澄夫・張季風編［二〇一〇］、『広がる東アジアの産業連携』九州大学出版会
丸川知雄［二〇〇七］、『現代中国の産業』中公新書、中央公論社
三木敏夫［二〇〇一］、『アジア経済と直接投資促進論』ミネルヴァ書房
宮崎智彦［二〇〇八］、『ガラパゴス化する日本の製造業』東洋経済新報社
永池克明［二〇〇三］、「エレクトロニクス産業における戦略提携の研究」九州大学経済学会『経済学研究』第七〇巻第一号、一―二八頁
永池克明［二〇〇三］、「グローバル時代における日中企業のコラボレーション」アジア経営学会『アジア経営研究』第九号、二〇〇三年、八二―九三頁

永池克明［二〇〇六］、「中国企業の対外進出戦略と日・中・アジア企業の国際競争力」九州大学経済学会『経済学研究』第七三巻第一号、二〇〇六年、一―一七頁
永池克明［二〇〇七］、『電機産業の発展プロセス―競争力を高める企業戦略』中央経済社
永池克明［二〇〇八］、『グローバル経営の新潮流とアジア―新しいビジネス戦略の創造』九州大学出版会
永池克明［二〇〇八］、「東アジアの代表的電機メーカーの企業戦略とわが国電機メーカーの対応戦略」、久留米大学『商学研究』第一四巻第一号別冊
永池克明［二〇〇九］、「海爾集団の高成長経営と企業戦略」、久留米大学『商学研究』第一四巻第四号別冊
永池克明［二〇一〇］「グローバル市場における垂直統合型経営と水平分業型経営」、国吉澄夫・張季風編［二〇一〇］、『広がる東アジアの産業連携』第四章、一〇一―一三二頁、九州大学出版会
永池克明［二〇一一］、「国際分業ネットワークと新興市場の勃興―周辺諸国の動向と日本企業の新しいビジネスモデルの構築―」、久留米大学「商学研究」第一六巻第四号別冊。
日本貿易会［二〇〇六］、『二〇一五年アジアの未来』東洋経済新報社
野口恒［二〇〇七］、『ものづくり日本の復活』産業能率大学出版部
小笠原泰・重久朋子［二〇〇九］『日本型イノベーションのすすめ』日本経済新聞出版社
大泉一貫［二〇〇九］、『日本の農業は成長産業に変えられる』洋泉社
大泉啓一郎［二〇一一］『消費するアジア』中公新書、中央公論社
太田辰孝［二〇〇三］、『アジア経済発展の軌跡』文眞堂
C・K・プラハラード／M・S・クリシュナン（有賀裕子訳）［二〇〇九］、『イノベーションの新時代』日本経済新聞出版社
榊原清則［二〇〇五］、『イノベーションの収益化』有斐閣
榊原清則・香山晋［二〇〇八］、『イノベーションと競争優位』NTT出版
妹尾堅一郎［二〇〇九］、『技術力で勝る日本がなぜ事業で負けるのか』ダイヤモンド社

島田克美・藤井光男・小林秀夫編著［一九九七］、『現代アジアの産業発展と国際分業』ミネルヴァ書房
進藤榮一［二〇〇七］、『東アジア共同体をどう作るか』ちくま新書、筑摩書房
新宅純二郎・天野倫文［二〇〇九］、『ものづくりの国際経営戦略』有非閣
新宅純二郎［二〇一〇］、「日本の製造業における構造改革―アーキテクチャのモジュラー化による競争力低下―」、橘川武郎・久保文克編著［二〇一〇］、『グローバル化と日本型企業システムの変容一九八五〜二〇〇八』第三章、六七―一〇三頁、ミネルヴァ書房
新宅純二郎［二〇一一］、「我が国機械関係企業の新興国市場戦略」、日本輸出組合『ＪＭＣ』二〇一一年六月、一一―三一頁
塩見英治・中條誠一・田中素香編著『東アジアの地域協力と経済・通貨統合』中央大学出版部
朱　炎［二〇〇五］、『台湾企業に学ぶものが中国を制す』東洋経済新報社
末廣昭［二〇〇二］、『キャッチアップ型工業化論』名古屋大学出版会
谷口誠［二〇〇四］、『東アジア共同体』岩波新書、岩波書店
土屋勉男［二〇〇六］『日本ものづくり優良企業の実力』東洋経済新報社
Ｊ・Ｍ・アッターバック（大津正和・小川進訳）［二〇〇〇］、『イノベーション・ダイナミクス』有斐閣
若林秀樹［二〇〇九］、『日本の電機産業に未来はあるのか』洋泉社
若林秀樹［二〇一一］、『日本の電機産業はこうやって蘇る』洋泉社
渡辺利夫＋日本総合研究所調査部太平洋研究センター［二〇〇四］、『東アジア経済連携の時代』東洋経済新報社
米倉誠一郎［二〇〇三］、『企業家の条件』アカデミーヒルズ選書
吉川尚宏［二〇一〇］、『ガラパゴス化する日本』講談社現代新書、講談社
吉川良三［二〇一一］、『サムスンの決定はなぜ世界一速いのか』角川書店
湯之上隆［二〇〇九］、『イノベーションのジレンマ　日本「半導体」敗戦』光文社

おわりに

世界の潮流を一言で言えば、「集中から分散へ」という流れであろう。一国単位、一国集中から複数国単位、多極化へ、さらには一国単位から地域単位へと分散化・分権化の方向にある。国際関係においても開放経済体制・自由貿易体制へとよりオープンなシステムに移行した。企業レベルでも自社中心・自己完結から企業間提携、アウトソーシング、工程間分業ネットワークへというように分散化の傾向にある。日本企業はこれまで研究開発→製品開発→部材調達→生産→販売→物流→サービスといった全ての工程を自前でまかなうという垂直統合型が中心であった。しかし、今や世界の主流は製品開発・企画は先進国企業が担当するが、設計、生産は台湾などの専門のEMS企業、ファウンドリー企業、さらには中国企業、アジア企業が担当するという垂直分業型モデル、あるいは各工程を地域間で分担する水平分業型モデルとなっている。多くの国、地域、企業がそのリンケージに参加し、外貨を稼ぐ。各地域はそのリンケージに参加できる競争優位を築く努力を惜しまない。

日本は国も、企業も、地域もこうした世界の趨勢に出遅れ、「失われた二〇年」を経験してきた。日本は途上国の先進国キャッチアップ型中央集権制度から地方分権制度に転換し、地方の特性と創意を活かすしくみを構築すべきである。貿易面ではFTA、TPPなど国際経済連携への対応で出遅れ、円高や高い法人税などとあいまって日本企業の国際優位性を減殺する結果となっている。無資源国日本としては資源エネルギー・食料資源獲得のため外貨を稼げる産業が必要である。現在外貨を稼いでいるのは、自動車・精密機械・電気機器などで就業者数でいえば全産業の一割でしかない。政府は産業や企業を後押しし、上記三業種のさらなる競争力強化と、外貨を稼げる他の産業をもっと広げるための政策を急ぐべきである。不況、円高、高率法人税、FTA締結遅れの悪条件の中で、今や大企業のみならず中小企業までも海外シフトを余儀なくされている。こうした状況を指をくわえて傍観するときではない。

日本企業は縮小する国内市場に固執せず、ビジネスチャンスと経営資源を世界に求め、絶えざる技術革新によって持続的成長をしなければならない。そのためには今後の主戦場である新興国市場の攻略は至上課題である。固定観念や発想から脱却し、現地人材を活用し、製品開発・設計からマーケティング戦略まで現地仕様、現地部材、現地ニーズに立脚し、その上に他の追随を許さない日本独自の優位性を加味した高品質製品・サービスづくりがカギとなる。また、新興国で不足している社会インフラ、環境、エネルギー関連の新規産業も高い技術力を持つ日本には有望である。ただし、この場合、国と企業の緊密な連携体制構築が成功のカギである。

我が国は東日本大震災を契機として、新しい出発をしなければならない。国は長期国家ビジョンを示し、国を世界に開き、国も企業も地域もそして私たち個人もそれぞれが外向き、前向きに行動し、世界で生き抜く競争優位性と気概を身につけなければならない。日本人はこれまでも幾多の国難に見舞われながらも、創意と努力と結束力で克服し、むしろ旧に倍する繁栄を実現してきた。いたずらに将来を悲観することなく、自らの持てる能力を発揮して未来を切り開いていかなければならない。

二〇一一年八月

〈著者略歴〉

永池　克明（ながいけ・かつあき）

1967年山口大学経済学部卒業。2005年中央大学大学院総合政策研究科博士後期課程修了，博士（総合政策）。1967年㈱東芝入社。経営企画畑を中心に36年間勤務。その間，㈳日本経済研究センター，ドイツ・キール大学世界経済研究所留学。東芝アメリカ（IEBS）社副社長，本社経営企画担当部長，国際本部アジア総括・企画/支援部長，経営トップ特別補佐等を歴任。2003年九州大学ビジネス・スクール教授。2007年久留米大学商学部兼大学院ビジネス研究科教授。ICABE九州・中国ビジネス研究会座長。九州アジア・中国ビジネス研究会座長。2009年から久留米大学ビジネス研究所長。

専門：国際経営論，アジア産業・企業論，企業戦略論。

著書：『電機産業の発展プロセス――競争力を高める企業戦略――』中央経済社（2007），『現代経営戦略の潮流と課題』（共著）中央大学出版部（2004），『グループ経営戦略――理論と実際』（共著）東京経済情報出版（2001），『グローバル経営の新潮流とアジア――新しいビジネス戦略の創造――』九州大学出版会（2008），『広がる東アジアの産業連携――グレーター・チャイナのダイナミズムと連携の力――』（共著）九州大学出版会（2010）他。

国際《こくさい》企業経営《きぎょうけいえい》の大転換《だいてんかん》

――激動するグローバル経済と日本企業の挑戦――

2011年10月25日　初版発行

著　者　永　池　克　明

発行者　五十川　直　行

発行所　(財)九州大学出版会
〒812-0053 福岡市東区箱崎7-1-146
九州大学構内
電話　092-641-0515(直通)
振替　01710-6-3677

印刷・製本／大同印刷㈱

ISBN978-4-7985-0050-8